el

La historia que *Proceso* censuró

Francisco Ortiz Pinchetti
Francisco Ortiz Pardo

el fenómeno

FOX

La historia que *Proceso* censuró

Planeta

Diseño de portada: Marco Xolio
Fotografías de Alfonso Murillo

© 2001, Francisco Ortiz Pinchetti y
        Francisco Ortiz Pardo
Derechos Reservados
© 2001, Editorial Planeta Mexicana, S.A. de C.V.
Avenida Insurgentes Sur núm. 1162
Colonia del Valle, 03100 México, D.F.

Primera edición: junio del 2001
ISBN: 970-690-314-3

Impreso en los talleres de Arte y Ediciones Terra, S.A. de C.V.
Oculistas núm. 43, colonia Sifón, México, D.F.
Impreso y hecho en México - *Printed and made in Mexico*

A los reporteros de México

Presentación
La ruptura

Controvertido y en ocasiones también contradictorio, carismático y dicharachero, entrón y lépero, ranchero y empresario, panista y aliancista, pragmático, testarudo, lenguaraz, sensible, francote, Vicente Fox Quesada se metió a zancadas en la historia de México al ganar el 2 de julio la elección presidencial y convertirse en el primer mandatario realmente electo por los mexicanos tras siete décadas de hegemonía unipartidista. Protagonista central de esta hazaña –una epopeya finalmente–, fue una ciudadanía que decidió tomar en sus manos su destino y encontró en el grandulón guanajuatense al líder del cambio que anhelaba. Fox, un político que se declara "no político", rompió moldes no sólo de la cultura política priísta sino también de la oposición y en particular de su propio partido –en el que sus actitudes provocaron desasosiego y críticas durante la precampaña–, adelantó tiempos e impuso el tono y el ritmo de la contienda electoral. Empecinado, notablemente seguro, llegó a donde se propuso llegar cuando menos ocho años atrás, según reconoce él mismo. Fue personaje central de un proceso inédito en el que cayeron muchos mitos y paradigmas, esquemas y reglas tradicionales de los hombres del poder. Y resultó sorprendente, tanto por su estilo –sobre todo– como por la respuesta que fue provocando en amplios sectores de la sociedad, aun en aquellos que se suponían cotos exclusivos del PRI, como las paupérrimas comunidades rurales apercolladas por los cacicazgos: la suya fue una campaña irreverente, intensa, alegre, llena de incidentes, tropezones y aciertos inesperados.

En su carrera por la presidencia de la república, Fox partió de un dato esencial. Antes de la campaña, según coincidían diversas encuestas nacionales, 60 por ciento de los mexicanos estaba en favor de un cambio, ya no más PRI. El reto era lograr que esa mayoría opositora no se fraccionara a tal grado que permitiera otra vez una victoria priísta así fuera en calidad de primera minoría. El ex gobernador de Guanajuato –que en julio de 1998 era conocido por apenas 11 por ciento del electorado nacional– promovió por ello una alianza opositora –de la que él venía hablando años atrás– particularmente entre las dos mayores fuerzas contrarias al PRI, su Partido acción nacional (PAN) y el Partido de la revolución democrática (PRD). Zanjadas diferencias, al margen cuestiones ideológicas, acordado un programa de gobierno básico, la alianza se frustró a la hora de definir la forma de elegir el candidato unitario. Los panistas con Fox a la cabeza defendían la vía de las encuestas; los perredistas, con Cuauhtémoc Cárdenas, planteaban la elección primaria, abierta. No hubo acuerdo. Vicente se conformó con una alianza menor con el Partido verde ecologista de México (PVEM) que a la postre resultaría mucho más beneficiosa para éste que para el PAN pero que se dio sin sobresaltos: la Alianza por el cambio.

El verdadero, único coordinador general de la campaña de Vicente Fox fue Vicente Fox. Un equipo tan esforzado como inexperto, profundamente motivado por su líder, con escasos recursos operativos, respondió a las directrices del jefe, y a pesar de no pocas pifias y resbalones logró alcanzar su cometido. Fox cimentó su campaña en tres pilares: uno, planeación y mercadotecnia; dos, financiamiento; y tres, contacto directo con los electores. A la propaganda televisiva dedicó casi cuatro quintas partes del gasto de campaña, que a la postre no alcanzó su tope legal de 490 millones de pesos y quedó en 439 millones (319 de ellos por publicidad pagada en medios de comunicación). La campaña propiamente dicha se caracterizó por su intensidad. Cumplió el candidato una tras otra jornadas agotadoras –en que brincaba de un extremo a otro del país–, sorprendente su resistencia física. Fue también marcadamente participativa, muy festiva, fincada efectivamente en la cercanía del candidato con electores que podían verlo, tocarlo, sentirlo. Al final de cuentas, la ciudadanía se apropió de la campaña, la hizo suya.

Campaña ciertamente de ocurrencias en la que más que repartir promesas –que también lo hizo– Fox asumió compromisos concretos, algunos muy puntuales, que tras su triunfo electoral se le convierten en enormes retos. El primero, fundamental, la formación de un gobierno incluyente y plural para la transición. Fue tal vez el compromiso político toral de su campaña; pero también los asumió en materia de desarrollo económico y social, educación, reforma fiscal, inscripción en la globalización mundial, seguridad pública, lucha contra la corrupción, eficacia administrativa, transparencia y honestidad, respeto a la diversidad étnica, religiosa y cultural; aliento a la rezagada producción agropecuaria y esfuerzo prioritario a favor de los más pobres.

El triunfo electoral de Vicente Fox se definió a partir de su supuesto fracaso en el predebate del llamado "martes negro", el 23 de mayo. En un mentís para quienes consideran que el papel de los medios es hoy definitorio de las contiendas electorales, del linchamiento a que la mayoría de los medios electrónicos e impresos sometió al candidato de la Alianza por el cambio surgió el impulso final que llevó al guanajuatense a la victoria. La actitud de Fox, terco con que el debate entre los tres principales aspirantes presidenciales debería efectuarse, como estaba acordado meses atrás, ese mismo día –"hoy, hoy, hoy"–, fue motivo de un alud de críticas y descalificaciones en las páginas de los periódicos llamados nacionales –que como en los viejos tiempos unificaron el sentido de sus encabezados para acribillar al panista– y en la radio y la televisión que transmitieron versiones editadas para sacar el máximo provecho al "error de mayo" del candidato con botas.

Feliz el priísta Francisco Labastida, feliz el perredista Cuauhtémoc Cárdenas –más sonriente que nunca–, festejaron el derrumbe de su opositor. Sin embargo, en encuestas telefónicas efectuadas esa misma noche por tres diferentes empresas, pero por obvia razón no difundidas, la percepción ciudadana respecto al predebate y en particular a la postura de Fox dio resultados en contrario. Vicente habría ganado en la escaramuza verbal del "martes negro" y sus bonos subían en las preferencias electorales. El "derrumbe" había ocurrido sólo en las páginas de los diarios, en los comentarios de televisión, en los sesudos análisis de los politólogos.

Vicente fracasó en cambio en su intento –más propagandístico que posible– de alcanzar los 20 millones de votos a su favor, lo que equivaldría, según los cálculos de sus estrategas, a contar con el respaldo de 51 por ciento de los electores, una mayoría que consolidaría su legitimidad. Al interior del equipo foxista, en realidad, la meta era lograr 16 millones de votos, suficientes para superar la barrera de 40 por ciento que pondría a Fox necesariamente arriba de su contendiente priísta. La Alianza por el cambio obtuvo en efecto 15 millones 988 mil 545 votos, equivalentes a 42.5 por ciento. El PRI consiguió 13 millones 574 mil 677, que no son pocos, para alcanzar 36.1 por ciento. El dato notable es que con la suma de 42.5 por ciento foxista y de 16.6 por ciento logrado por la Alianza por México de Cuauhtémoc Cárdenas (con 6 millones 259 mil 18 sufragios), el voto opositor totaliza 59.1 por ciento: Prácticamente el mismo nivel de votos a favor de un cambio mostrado por las encuestas antes del proceso electoral.

El resultado de la votación sorprendió a muchos, sobre todo a aquellos que consideraban inamovible –o deseable, o conveniente– el dominio del PRI y que dudaban de la certeza de las encuestas de opinión, que cuando menos indicaban un "empate técnico" entre Labastida y el candidato de la alianza PAN-Verde ecologista. No sorprendió igual a quienes, como los reporteros asignados a la campaña, habían seguido de cerca los recorridos, concentraciones, movilizaciones y se habían percatado del surgimiento y del crecimiento de un fenómeno político sin precedente en las últimas décadas, que desembocó en un acontecimiento histórico de dimensiones todavía no suficientemente dilucidadas: el *fenómeno Fox*.

Por lo demás, a pesar de los negros augurios alentados por lo enconado de la lucha, sobre todo en la etapa final –cuando se desató la guerra sucia contra el guanajuatense–, la jornada electoral del 2 de julio resultó insólitamente limpia y ordenada. Sólo 125 denuncias por presuntos delitos electorales se presentaron en todo el país ante la Fiscalía especial de la Procuraduría general de la república. Todos los partidos aceptaron el resultado avalado por el Instituto federal electoral y que el presidente Ernesto Zedillo asumió la noche misma de los comicios.

Asignados a la cobertura de la campaña por la dirección del semanario *Proceso*, los reporteros Francisco Ortiz Pinchetti y Francisco Ortiz Pardo fueron testigos privilegiados de ese acontecimiento inédito. A lo largo de seis meses, en las arduas, agotadoras jornadas de la campaña proselitista del candidato de la Alianza por el cambio, ellos fueron descubriendo los rasgos de ese fenómeno político sin parangón. Un golpe represor en su propio medio informativo –fundado en 1976 precisamente como respuesta a un golpe contra la libertad de prensa– convirtió a los periodistas en involuntarios personajes de esta historia. Habituados a su trabajo como simples observadores y relatores del acontecer noticioso, se vieron de pronto envueltos en la vorágine represiva de los días cruciales de la histórica contienda, cuando el aparato priísta agonizante accionó todos sus recursos de presión para cerrarle espacios al peligroso opositor panista. De un día para otro estaban en la calle, sin trabajo e impedidos por el autoritarismo y la censura de ejercer su oficio a favor del derecho que tiene la sociedad a estar cabalmente informada. Decidieron continuar en la campaña acreditados como reporteros independientes. Pudieron así atestiguar los sucesos de la etapa final y su desenlace.

Este libro es la crónica de la campaña, desde sus prolegómenos hasta su culminación el 2 de julio de 2000. Los reporteros repasan la trayectoria política del ex director de la Coca Cola, a partir de su decisión de contender como candidato a diputado federal en 1988, hasta su postulación como candidato presidencial del PAN, partido que se jugó todo por él en 1991 cuando, como candidato a gobernador por Guanajuato, fue víctima de un fraude electoral. En la parte medular de este relato ofrecen la crónica periodística puntual de una campaña *sui generis*, en sus diferentes, variadísimos aspectos. Los periodistas cuentan también, en *interiores,* sus vivencias profesionales, incluida la resistencia a las presiones de la dirección de su revista para que variaran el tono y el sentido de sus informaciones, la censura abierta de uno de sus reportajes, el reclamo público por ese hecho que el semanario aceptó publicar y la represalia final al ser despedidos por su trabajo. Y encuentran, en el trasfondo político, los motivos reales de la represión que sufrieron.

Esta es la historia.

11

Primera parte
Los pasos

1. El foxismo del pan

Poco después de las once de la mañana del martes 20 de agosto de 1991, Luis H. Álvarez y Diego Fernández de Cevallos llegaron a la residencia oficial de Los Pinos. Llevaban consigo un voluminoso legajo –copias de actas de escrutinio, protestas de sus representantes de casilla, reportes de anomalías– relativos a la elección estatal realizada dos días antes en Guanajuato.

La dirigencia panista había recibido seguridades del presidente Carlos Salinas de Gortari de que los triunfos electorales del PAN le serían reconocidos siempre que pudieran documentarlos. Así ocurrió en efecto en Baja California en 1989, cuando la victoria panista fue respetada y Ernesto Ruffo Appel se convirtió en el primer gobernador de oposición de la historia. Era parte del reconocimiento condicionado del PAN al mandatario "ilegítimo de origen" que tendrá que legitimarse en el ejercicio del poder.

Álvarez y Fernández de Cevallos iban dispuestos a defender el triunfo de Vicente Fox Quesada, el candidato de su partido a la gubernatura de Guanajuato, y a demostrar el cúmulo de irregularidades registrado durante los comicios del 18 de agosto, que según cifras oficiales preliminares habría ganado el candidato priísta Ramón Aguirre Velázquez.

Para sorpresa de los dirigentes panistas –que fueron hechos pasar con celeridad a la oficina presidencial– Salinas de Gortari no esperó a oír su alegato para hacerles una propuesta inesperada:

"Sabemos que Ramón no ganó bien. Estamos dispuestos a que las elecciones de Guanajuato sean anuladas y que a la brevedad se celebre una elección extraordinaria de gobernador. La única condición es que en esa extraordinaria no participen ni Fox ni Ramón Aguirre como candidatos. Ninguno de los dos."

El rechazo fue fulminante. "De ninguna manera, señor presidente –dijo Álvarez, entonces dirigente nacional del PAN–. Aquí tenemos las pruebas de las tropelías que cometió el PRI en las elecciones y nuestra demanda es en el sentido de limpiar la elección y reconocer el triunfo de Vicente Fox."

Esa misma noche, Luis H. Álvarez advirtió, ante la multitud que desbordaba la plaza "Mártires del 2 de Enero" de León –en la primera, multitudinaria concentración poselectoral–, que el PAN estaba dispuesto a llegar "hasta las últimas consecuencias" para evitar que se consumara "el atropello".

El respaldo pleno de la dirigencia nacional panista a su candidato al gobierno del estado de Guanajuato fue ratificado una semana después, el martes 27 de agosto, en una nueva concentración en la plaza principal de León. Ahí, a nombre del CEN, Diego Fernández de Cevallos afirmó que su partido "está dispuesto a jugarse todo por Guanajuato" y que lo que ocurriera en el proceso electoral de ese estado podría condicionar las futuras relaciones del PAN con el ejecutivo federal.

Álvarez designó a Carlos Castillo Peraza como una suerte de delegado especial en Guanajuato, el enlace entre el CEN, la dirigencia estatal y el candidato Fox. Durante 10 días de intensas movilizaciones –marchas, mítines, plantones– miembros de la dirigencia nacional panista, además de Castillo Peraza, acompañaron a Fox. No hubo ya ningún nuevo intento de negociación por parte del gobierno federal. Únicamente pidieron al CEN del PAN, a través de la Secretaría de gobernación, la documentación completa de la elección que tuvieran en su poder. Y el nombre de aquel a quién los panistas estarían dispuestos a aceptar como eventual gobernador interino. "A ver, que pongan a Carlos Medina", le dijo Fox a Luis H. Álvarez cuando lo consultó al respecto. Cuando ocurrió el desenlace con la "renuncia" del ya gobernador electo Ramón Aguirre Velázquez, la noche del jueves 29 de agosto, y la designación en efecto del alcalde panista de León, Medina Plascencia, como gobernador interino tres días más tarde, Luis Álvarez feliz, rejuvenecido su aspecto, declaró: "México va a ser democrático. Y lo será en gran medida por la voluntad del pueblo de Guanajuato, este pueblo admirable que apoya a Vicente Fox."

También con el sentido de hacer patente el interés subrayado de la dirigencia panista en el caso de Guanajuato, se decidió que fuera León la sede de una reunión extraordinaria del Consejo nacional del PAN, el sábado 7 y el domingo 8 de septiembre, para evaluar los resultados del proceso electoral de 1991.

En el seno de esa reunión, efectuada a puerta cerrada, el proceso electoral guanajuatense y su controvertido desenlace fueron tema central. Álvarez advirtió que la legitimidad secundaria del gobierno de Salinas de Gortari seguía pendiente. "Tenemos que ser capaces de obligarlo a adquirirla", dijo el chihuahuense. Negó "rotundamente" la existencia de componendas o contubernios de la dirigencia panista con el gobierno. "No nos dejaremos encajonar en la renuncia a cualquier intento lícito de reparación, aunque sea parcial, del daño y el agravio sociales producto de fraudes electorales."

Hubo un prolongado, ríspido debate, en particular en torno a los aspectos jurídicos –ampliamente cuestionados– de la designación de Carlos Medina como gobernador interino. El consenso fue finalmente de apoyo a la aceptación de esa designación. En el comunicado oficial dado a conocer al finalizar el Consejo, se reiteró que "Vicente Fox fue el triunfador en los comicios" y se condenó "el atropello de que fue víctima la ciudadanía".

Todavía tuvieron los panistas que dar otra batalla cuando, en un nuevo intento por cerrarle a Fox el camino a la gubernatura en las elecciones extraordinarias, el Congreso del estado, de mayoría priísta, introdujo inopinadamente el martes 10 de septiembre una reforma constitucional para agregar a los requisitos de elegibilidad para el gobernador de Guanajuato ser oriundo del estado, lo que cancelaba esa posibilidad al grandulón nacido en el Distrito Federal el 2 de julio de 1942. Hubo nuevas movilizaciones, plantones y en el más encendido de los mítines panistas hasta entonces celebrados en León, el miércoles 11, Felipe Calderón Hinojosa gritó a nombre del CEN del PAN: "¡Este nuevo atentado contra el pueblo de Guanajuato no lo vamos a permitir!" Y advirtió: "Estamos dispuestos a pagar el precio que sea para que se respete la dignidad del pueblo de Guanajuato". Dos veces repitió: "el precio que sea" y precisó que "el PAN está dispuesto hasta a perder el registro, a lo que sea".

Al día siguiente, jueves 12, el gobernador priísta Rafael Corrales Ayala envió al Congreso un oficio en el que ejercía su facultad de veto a la reforma constitucional referente a los requisitos de elegibilidad del gobernador del estado. Marcha atrás: La enmienda quedaba –quedó– pendiente.

2. EL BUEN OJO DE MAQUÍO

La candidatura presidencial de Vicente Fox Quesada en el año 2000 empezó a gestarse casi una década atrás, cuando el ex empresario buscó por primera vez, en 1991, la gubernatura de Guanajuato. Fox tenía entonces 49 años de edad. Hijo de padre mexicano y madre española, educado en escuelas de los lasallistas y los jesuitas en León, Guanajuato, había cursado la licenciatura de administración de empresas en la Universidad iberoamericana, en la ciudad de México, entre 1960 y 1964 –aunque se recibiría hasta 1999– y cursó luego un diplomado en alta gerencia en la universidad de Harvard (1970). Hizo una exitosa carrera profesional en la trasnacional Coca Cola, donde empezó en 1964, justo cuanto terminaba su carrera, como supervisor a bordo de un camión repartidor y acabó como director general para México y Centroamérica. Avecindado en el rancho San Cristóbal, en San Francisco del Rincón –al que llegó a los tres días de nacido y que heredaría de su padre José Luis Fox Pont–, era dueño junto con sus hermanos de una congeladora de verduras y una fábrica de botas, Botas Fox, en León.

Había ingresado al PAN tres años atrás, a finales de 1987, a invitación del entonces candidato presidencial del PAN Manuel J. Clouthier, que lo conocía desde los tiempos de sus mutuas andanzas empresariales. Lo tenía como un hombre honesto, trabajador y carismático, con madera de líder. Así que cuando el dirigente estatal panista Alfredo Ling Altamirano le sugirió la idea de emboletar a Vicente, Maquío agarró el teléfono. "Oye, Fox –le dijo apenas lo tuvo en la línea–: en México siempre nos quejamos del sistema, de la deshonestidad y la

16

corrupción, pero no hacemos nada para cambiarlo. Hagamos algo ahora. Éntrale."

Clouthier intentó todo para convencerlo. Habló con doña Mercedes, la madre de Vicente. Habló con Luis H. Álvarez, a la sazón dirigente nacional del PAN. Le pidió que lo acompañara a León para convencerlo de que ingresara al partido y se lanzara como candidato a diputado federal. "Maquío tuvo buen ojo, sin duda", dice Álvarez. "Efectivamente, se hizo una cita y los tres nos reunimos en León. Desde entonces tuve la mejor impresión de Vicente. Es un líder carismático y muy buen comunicador. Y mire a dónde ha llegado."

Fox la pensó tres, cuatro semanas. Finalmente aceptó ser candidato, pero pidió serlo por el III distrito federal de Guanajuato con cabecera en León, el más difícil entonces para el PAN en ese municipio zapatero por su componente rural. Según una versión, que Vicente entre risas no confirma ni desmiente, al aceptar participar en política le habría advertido a Clouthier, en una conversación telefónica:

—Le entro porque voy a ser diputado, luego gobernador de Guanajuato y después presidente de la república.

—Órale, no más no te me rajes –le contestó el gordo sinaloense muerto de risa, sin tomar en serio la advertencia.

La decisión de Vicente claro que iba en serio. Por lo pronto, empresario al fin, convocó a una junta de planeación estratégica con los dirigentes y otros candidatos del PAN guanajuatense. Elaboraron un plan que permitiera tres objetivos perfectamente definidos: ganar las tres diputaciones federales y las tres locales con cabecera en León que se disputarían el 6 de julio de 1988; después, en las elecciones municipales de diciembre siguiente, conquistar la alcaldía leonesa, y en 1991 ir tras la gubernatura del estado.

A pesar de su absoluta inexperiencia política y de que era virtualmente desconocido entre el electorado, Fox hizo una campaña intensa y novedosa y ganó de manera sorpresiva la diputación federal. Cuentan que cuando fue informado de ello, Maquío peló tamaños ojos: "Carajo –dijo–, ese cabrón va a ser presidente de la república".

El primer paso del plan estratégico se alcanzó: el PAN ganó en efecto las seis diputaciones leonesas en disputa. También el segundo: en diciembre, Carlos Medina ganó la alcaldía de León. Dos años después, en octubre de 1990, sin rival al frente y de manera inusualmente temprana, Fox se convirtió en candidato del PAN al gobierno de Guanajuato para los comicios estatales de 1991. Casi de inmediato inició su campaña, que duraría 294 días y durante la cual recorrería varias veces los 46 municipios de esa entidad de entonces cuatro millones de habitantes. Su actividad proselitista tuvo desde un principio el sello de la eficacia empresarial. Una campaña larga, cuidadosamente planeada, moderna, propositiva. Y muy intensa.

Ante la cerrazón de los medios de comunicación, sobre todo los electrónicos, y las limitaciones de su presupuesto, Fox rompió desde entonces tiempos y costumbres de la política a la mexicana. Ya para esos momentos, relativamente conocido en León, pero prácticamente desconocido en el resto del estado –aun en las filas del panismo– innovó formas de proselitismo al emprender jornadas agotadoras para recorrer calles, mercados, plazas y saludar de mano a los ciudadanos, platicar con ellos. "Nos vemos obligados a ir por la vía directa de contacto con el ciudadano", dijo sudoroso entre los puestos del mercado de Salamanca durante uno de esos recorridos. "Esta es la razón de una campaña larga, durante la cual pretendemos recorrer completo el estado, pueblo por pueblo, ejido por ejido, casa por casa."

Poco a poco su popularidad fue en aumento, como lo hacía evidente la respuesta de los ciudadanos en sus recorridos y, más adelante, en los mítines cada vez más concurridos, y sobre todo entusiastas, que contrastaban con la frialdad y el acartonamiento de los actos de su contendiente priísta, Ramón Aguirre Velázquez. Tres meses antes de las elecciones, llenó por primera vez la plaza principal de León –para entonces ya fuerte bastión panista– y tuvo actos muy lucidos en Celaya, Irapuato, Salamanca, Silao y San Miguel Allende.

Era el suyo un discurso llano, pragmático, sin referencias doctrinarias, muy enfocado a la participación ciudadana y a la defensa del voto ante la inminencia de un fraude electoral. Un discurso ayuno de contenido, según sus críticos, vacío, que sin embargo atraía al ciudadano común. Porfirio Muñoz Ledo, su rival entonces, candidato del Partido de la revolución democrática (PRD) a la gubernatura, apodó a Fox, en referencia a su estatura y a su escasez de ideas, "el alto vacío".

18

"A veces nos sentimos como los primeros cristianos, a los que aventaban desnudos a la arena para enfrentar a las fieras y a los gladiadores", comentó Fox en uno de sus recorridos por el norte del estado a bordo del legendario *Aguafiestas*, el que fue autobús de prensa en la campaña presidencial de Maquío en 1988 y que luego utilizarían en sus campañas estatales numerosos candidatos del PAN. "Así es como vemos esta campaña. Sin embargo, al igual que sucedió con aquellos cristianos que tenían autoridad moral, hoy nosotros, apoyados por los ciudadanos, tenemos la autoridad moral para ir por el cambio el 18 de agosto."

Fox, que lucía entonces una barba corta y rala, parecía ya ensayar recursos proselitistas que nueve años más tarde aplicaría en su campaña presidencial. Su apariencia y su lenguaje de ranchero, su vestimenta, sus peculiares giros, sus ocurrencias, su espontaneidad con frecuencia atrabancada, su cercanía con los niños. A medida que transcurrió la campaña, las manifestaciones de popularidad se multiplicaban. Empezó a hablarse de una foximanía. Y llegó a los comicios estatales con un halo de triunfador, luego de sus multitudinarios, espectaculares cierres de campaña.

El resultado oficial le fue adverso. Y no se amilanó. Al día siguiente de las elecciones se proclamó triunfador, avalado por el reconocimiento del candidato perredista Porfirio Muñoz Ledo, con quien desayunó a solas esa mañana del lunes 19 en el restaurante del hotel León. "La victoria de Vicente es inobjetable", proclamó el perredista. Célebre fue la escena en que Muñoz Ledo levantó la mano a Fox, unas horas después, en el Centro de convenciones leonés.

"Hicieron de la elección una marranada", acusó Vicente frente a los enviados de medios nacionales y extranjeros –que con notable interés siguieron el proceso electoral guanajuatense y el conflicto poselectoral–, mientras mostraba legajos, centenares de actas de escrutinio irregulares. "Estas actas están llenas de marranadas", insistía. Panistas y perredistas denunciaron un fraude de grandes proporciones a favor del candidato priísta Aguirre Velázquez, cuya votación oficial superaba con mucho las aspiraciones y los cálculos más optimistas de su propio partido. Obtenía 208 mil votos de ventaja sobre el aspirante panista, a quien se reconocieron 418 mil sufragios.

Fox inició entonces una segunda campaña, ahora de protesta por el fraude, en todo el estado. Encabezó marchas y mítines en las principales ciudades, que superaron los actos de la campaña formal, y realizó una caminata de 50 kilómetros desde León hasta Guanajuato, para llegar a la placita del mineral de Cata, en las goteras de la capital, y mantenerse en plantón junto con unos 300 panistas frente al local del Tribunal estatal electoral (TEE). Ahí, en la madrugada del jueves 29, el pleno del TEE ratificó el resultado de las elecciones, a pesar de la abundancia de imputaciones y recursos interpuestos por la oposición. Únicamente 30 de más de 700 casillas impugnadas fueron anuladas. Los recursos de queja fueron rechazados sin más, "por improcedentes", por los magistrados del TEE. Era, parecía, el golpe final. Felipe Zavala, entonces reportero de la oficina de prensa de la campaña y que a la vuelta de los años se convertiría en el hombre más cercano al grandulón con botas, como su secretario particular, recuerda haber visto llorar esa noche a Vicente, alejado de sus seguidores, en un recoveco de la plaza de Cata. "Era la impotencia, la rabia", dice Felipe.

Horas más tarde, un refortalecido Fox encabezaba un nuevo mitin en su terruño, San Francisco del Rincón. "¡No permitiremos la imposición!", advirtió más vehemente que nunca. "¡No permitiremos, a ningún precio, que Ramón se siente en la silla de gobernador!" Y hasta el templete subió el rumor. Esa noche del jueves 29 de agosto, en efecto –minutos después de ser declarado gobernador electo por el Congreso del estado–, Ramón Aguirre anunció en la capital del estado su decisión de no acudir a rendir protesta como gobernador de Guanajuato.

3. EL ENEMIGO

En 1991 todo se intentó desde el poder presidencial para detener la carrera política de Vicente Fox. Primero, se impugnó su candidatura al gobierno de Guanajuato bajo el argumento de que no había renunciado a su presunta doble nacionalidad como hijo de madre española. Luego, se toleró y se apoyó un fraude electoral para evitar su triunfo en las elecciones del 18 de agosto. Se buscó enseguida, sin éxito, una negociación para anular las elecciones con la condición de que Fox no volviera a ser el candidato del PAN.

En las tres semanas siguientes, el escenario político guanajuatense fue convertido en una zahúrda. Se violó sin empacho la soberanía estatal. Se hizo renunciar al candidato oficialmente ganador, el priísta Ramón Aguirre Velázquez. Se concedió el gobierno interino, por los caminos más tortuosos, al panista Carlos Medina. Se obligó al gobierno y al congreso estatales a acatar consignas de sentido contradictorio. Se mancilló a los priístas locales. Y finalmente se recurrió a una reforma constitucional que invalidara para siempre a Fox, luego suspendida por el veto del gobernador del estado.

Tal inquina no parecía tener una explicación razonable, lógica. Acaso se le consideraba ya como un opositor particularmente peligroso, el enemigo número uno del sistema priísta. Acaso todo obedeció al cobro de un agravio personal.

Corte a:

Cámara de diputados (San Lázaro). Colegio electoral. Calificación de la elección presidencial. Madrugada del 10 de septiembre de 1988. Miguel Montes García, diputado guanajuatense, preside la tormentosa sesión. Han ocurrido desórdenes sin cuento. Hay boletas electorales –pruebas del fraude, según la oposición– regadas por el piso, en las escalinatas, sobre las curules. Vicente Fox Quesada, flamante diputado panista por el III distrito de Guanajuato, con cabecera en León, se coloca dos boletas electorales a manera de grandes orejas. Levanta ambos brazos por encima de sus casi dos metros de estatura. Pide la palabra "para hechos".

Con todo y "orejones" sube el legislador a la tribuna, entre aplausos, risas y abucheos. Invita a sus compañeros diputados a ubicarse imaginariamente en la casa del hasta ese momento todavía candidato del PRI a la presidencia de la república. Hace una sátira. Lo imagina en su sala, "sentado con su señora y sus hijos" en vísperas de tomar posesión. Fox lee un texto de tres cuartillas, como si su personaje hablara ante su familia. "Quiero aprovechar estos momentos de inti-

21

midad en nuestro hogar para comentarles cómo me siento", emula. "Hijos: me encuentro incómodo, me siento triste por un lado y siento miedo por otro. Me siento triste porque me he visto obligado a pedir a muchos de mis amigos a que, aun por encima de sus principios morales, me ayudaran a conseguir este triunfo. Y lo tuve que hacer porque pienso que México no está preparado para la democracia... Tengo que cuidar que por la vía democrática nadie llegue al poder. Siento miedo de no cumplir con esta altísima responsabilidad..."

Tres veces tratará el presidente del Colegio electoral de interrumpirlo. Y tres veces seguirá, sin inmutarse, la lectura de su "estudio literario", como le llama el propio Montes García. El "Salinillas" de Fox expresa sus temores y anhelos, sus preocupaciones y remordimientos. "Cómo quisiera que el colegio electoral no sólo pudiera abrir los paquetes electorales, sino que en apoyo a la Constitución y al derecho pudiera legitimar ante todo el pueblo mi triunfo electoral. Quisiera que, de no haber sido un proceso electoral limpio, se me relevara de la obligación de tomar este trago amargo de gobernar contra la voluntad del pueblo; se me relevara de tener que enfrentar la mirada de mis auténticos amigos y, sobre todo, de mis hijos y de mi esposa." Y a sus hijos recomienda "que vivan una vida de verdad, que sean congruentes consigo mismos, que rijan sus vidas bajo principios sólidos, metas claras y honestidad en todas sus acciones".

Corte a:

Cuartel del candidato presidencial del PRI en San Ángel, al sur de la capital. Noche del 9 al 10 de septiembre de 1988. Carlos Salinas de Gortari sigue por circuito cerrado de televisión el debate del Colegio electoral que califica su elección. Lo acompañan, entre otros, Otto Granados Roldán, Patricio Chirinos, Manuel Camacho, Pedro Aspe. El futuro presidente de México está atento a cada intervención. Pide informes sobre algunos de los oradores en especial, que le proporciona, diligente, Granados Roldán. Calibra a sus legisladores. Valora, conoce a sus opositores. Salinas de Gortari observa en la pantalla cómo Vicente Fox Quesada sube a la tribuna con sus boletas-orejas. Escucha la intervención del diputado panista. Se irrita. "Y éste quién se cree que es", comenta furioso, según una versión conocida luego por el entonces diputado federal perredista por Guanajuato Carlos Navarrete.

"Quiero saber todo sobre ese cabrón."

4. LAS TARDES DE VICENTE

La presunta solución al caso guanajuatense no satisfizo cabalmente a nadie. Ni siquiera a los panistas, a los que repentinamente se decidió entregarles el gobierno del estado a través del interinato de Carlos Medina Plascencia. "El único gobernador electo de Guanajuato soy yo", reclamó Fox. "El retiro de Ramón y la designación de Medina como interino corrigen parcialmente el resultado fraudulento de las elecciones, pero no nos satisface." Dijo que Medina asumía el gran compromiso de asegurar elecciones extraordinarias "auténticas, limpias y equitativas" y que bajo esas condiciones estaba dispuesto a contender nuevamente.

Medina Plascencia tomó posesión como gobernador interino el jueves 26 de septiembre de 1991. A la ceremonia efectuada en el auditorio del estado, en Guanajuato capital, asistió el presidente Salinas de Gortari, que unificó los reclamos de priístas y panistas: para aquéllos, Ramón Aguirre debía ser quien estuviera en ese estrado y rendir protesta como gobernador; para éstos debió ser Vicente y no Carlos Medina.

El semblante sereno y hasta risueño del presidente de la república se transformó de golpe cuando al descender del estrado, al finalizar la ceremonia, enfrentó un mar embravecido que coreaba sin cesar "¡Vi-cen-te! ¡Vi-cen-te! ¡Vi-cen-te!". La gritería duró los treinta, cuarenta segundos que tardó la comitiva en salir del recinto y siguió luego, durante cuatro, cinco minutos, hasta que Fox, casi en vilo y con los pulgares de sus manos en alto, abandonó la sala. Pero la manifestación siguió afuera, en el vestíbulo del auditorio. Las porras, las consignas, los abrazos, la foximanía. Mientras, Salinas y Medina Plascencia se sometían al "besamanos" oficial, en un salón adyacente. Ahí, la panista Beatriz Rodríguez saludó al presidente: "Espero saludarlo otra vez

–le dijo– cuando el licenciado Vicente Fox tome posesión como gobernador". Salinas sonrió y señaló a Medina: "Con uno es suficiente…"

Fue la gran tarde de Vicente Fox, que tuvo su prolongación esa noche durante la verbena en la que Carlos Medina presentó a su gabinete, en la explanada de la Alhóndiga de Granaditas. Acabado el acto, Medina se retiró y la fiesta siguió en torno de "El Grandote", materialmente impedido de avanzar entre el gentío que lo vitoreaba, lo saludaba, quería tocarlo. "¡Queremos a Vicente! ¡Queremos a Vicente!", fue la nueva consigna.

Fox mismo diría después, envuelto por la multitud que lo aclamaba, que esa manifestación a su favor "debió recordarle a Salinillas que las elecciones no fueron limpias y que yo gané". Reiteró su decisión de volver a ser candidato a gobernador en los comicios extraordinarios y precisó: "El primero de enero iniciaré mi nueva campaña, se haya o no convocado a nuevas elecciones".

La constitución estatal faculta al congreso local a convocar a elecciones extraordinarias ante la ausencia definitiva del gobernador constitucional, como era el caso; pero no establece plazo. Y el congreso del estado, de mayoría priísta, no convocó a elecciones extraordinarias ni en 1992 ni en 1993 ni en 1994. Si esa era su intención, Carlos Salinas consiguió a final de cuentas que Vicente Fox no fuera gobernador de Guanajuato mientras duró su mandato. No pudo ya impedirlo fuera del poder, en 1995.

Rumbo al 2000

En enero de 1992, Fox reconoció por primera vez sus ganas de contender por la presidencia de la república, a pesar de que el todavía no modificado artículo 82 constitucional cancelaba sus aspiraciones al establecer como requisito para ser presidente de la república la calidad de "mexicano por nacimiento e hijo de mexicanos por nacimiento". Tenía claro que no sería candidato presidencial en 1994, pero instaba a la oposición mexicana "a prepararse desde ahora para tumbar al gigante oficial en las próximas elecciones".

Entrevistado por aquellos días en las oficinas del Grupo Fox, en León, pareció delinear lo que años más tarde sería la estrategia de su propia campaña presidencial: para triunfar electoralmente en México, dijo, se requiere ciertamente de experiencia política, de ideología y de doctrina, pero también –y más allá de eso– "se requiere dinero y finanzas, se requiere organización administrativa, planeación, logística, metodología electoral, mercadotecnia, porque el competidor que tenemos, el sistema priísta, está parapetado con una moderna tecnología en esos campos". Y advertía: "No podemos apostar a los errores o deficiencias del gobierno. Salinillas se encuentra en una posición extraordinaria para manejar la sucesión presidencial y va a ser muy cuidadoso de no cometer pifias en estos dos últimos años. Entonces, debemos salir con una enorme capacidad de retar al sistema, con organización, con inteligencia, con imaginación."

Recomendaba tanto al PAN como al PRD que "aprendamos de la experiencia del 91: no podemos caer nuevamente en el juego del sistema al llevar a cabo campañas dentro de las reglas del juego que ellos marcan y manejarnos en la estructura de normas e instituciones electorales preestablecidas, porque lo único que hacemos con ello es avalar la presencia poderosa del sistema. Tenemos que usar mucha innovación, mucha creatividad, reglas del juego que correspondan a valores universales, a principios de honestidad, de transparencia, de verdad, y no a reglas engañosas de mayoriteos y dedazos a las cuales nos tienen sometidos estos cuates".

Ante eso, consideraba que la oposición debía ir a la batalla del 94 sobre tres pilares fundamentales: uno, un fuerte y extraordinario liderazgo en la persona de quien sea el candidato a la presidencia; dos, un programa de gobierno amplio, profundo, sofisticado, bien respaldado, que realmente le plantee a la nación su personalidad, su carácter, sus valores, sus potencialidades: un programa elaborado seria y profesionalmente para sacar al país de la mediocridad y el subdesarrollo; y tres, una planeación estratégica de campaña, organizada profesionalmente y necesariamente sustentada por un partido político bien organizado en las 32 entidades del país, bien presente en los 2,500 municipios y bien preparado para responder a la energía ciudadana que se va a sumar a la campaña, al llamado del líder. "Con esos tres pilares se puede cambiar el destino de este país, se puede por fin cambiar el viejo sistema político en el que estamos inmersos." Estaba también consciente desde entonces de que la contienda presidencial en México "es una carrera de larga distancia" y que por lo tanto quien aspirara a romper la hegemonía del partido oficial "tiene que trabajar mínimo seis años".

—¿Existe ese líder-candidato con las cualidades que señala?

—Ahorita, a la vista, no. Sin embargo, los liderazgos no son de larga elaboración. Para mí, los liderazgos están latentes en muchos seres humanos, y cuando se da el tiempo, la circunstancia, la gran causa, surgen grandes líderes. Si la nación entera cobra conciencia de la necesidad de cambio que requiere el país, la misma sociedad va a entregar grandes líderes.

—¿Considera viable una candidatura única de la oposición en 1994?

—Sin duda es una alternativa. Una alternativa siempre y cuando conjunte los tres pilares de que hablaba. De otra manera, una candidatura única forzada, que no pueda cohesionar un programa de gobierno o no pueda mantener una organización nacional que la respalde, sería débil y nos llevaría al fracaso.

Tras examinar las peculiaridades de las dos corrientes enfrentadas en su partido –la de los "dialoguistas" y la de los "confrontacionistas"– se inscribía "en la versión del diálogo, pero con mucho cuidado de que estén bien claras las posturas, de que sea abierto y de que se informe a la ciudadanía".

—¿Ha sido ese el sentido del diálogo sostenido por la dirigencia nacional del PAN con el gobierno de Salinas?

—Es muy difícil juzgar. Ha sido un diálogo intermitente. Continuo, pero intermitente. Un diálogo que toca muchos y diferentes aspectos. En lo general, pienso que lo importante y valioso de Acción nacional ha sido abrir el diálogo. No sólo lo abrió, sino que obligó a Salinas al diálogo. Con sólo eso hay una gran aportación. Ahora, en lo particular de cada diálogo, de cada arreglo, yo no tengo elementos para juzgarlo.

Pensaba Fox en el futuro del PAN: "A este partido no le caería nada mal tres años de presidencia nacional de un tipo pragmático. De un administrador, un cuate que organice, que planee, que le dé fortaleza financiera al partido y que se olvide de doctrina por tres años. Tres años dentro de 50 que lleva el PAN le van a sumar mucho poder al panismo. En lo doctrinario, el PAN está fortalecido y tiene el mejor producto político que hay en el país. Eso hay que balancearlo ahora con una cultura organizacional para complementar su fuerza y proyectarlo de veras para adelante."

—¿Aspiraría a dirigir nacionalmente al PAN?

—Ahí sí no. No creo reunir las cualidades necesarias. No soy hombre de partido en ese sentido. Soy hombre de candidatura, de la calle, de la plaza.

Fox dijo estar en receso político "por ahora". Se dedicaba, platicó, a fortalecerse físicamente a base de ejercicios, espiritualmente por medio de lecturas y económicamente al retomar las abandonadas riendas de su negocio zapatero. "Voy a regresar a la brega y quiero hacerlo fuerte, con ganas, para concluir la tarea que quedó incompleta en Guanajuato. Que no quepa duda: vamos por la gubernatura."

Postergada sin embargo una y otra vez la convocatoria a elecciones extraordinarias en Guanajuato, en litigio una nueva ley electoral entre el gobernador Medina y el congreso local priísta un año después Fox apuntó sus baterías más allá del escenario político guanajuatense: "Tengo interés en serio de participar como precandidato del PAN a la presidencia de la república", dijo en mayo de 1993. "Aun con el artículo 82 enfrente, no voy a desistir. Voy a hacer el esfuerzo grande de ir adelante. Algo tiene que ocurrir en este país."

Ante los comicios presidenciales de 1994 consideraba que su partido, el PAN, debería hacer "una campaña electoral de pasión, de sangre caliente" y pedía no caer de nuevo en las trampas del sistema. "Tenemos que dejar de bailar al son que esos pillos nos toquen. Ahora somos nosotros los que vamos a poner la música." Retomaba la lucha por la reforma al artículo 82 constitucional que encabezó sin éxito cuando fue diputado federal entre 1988 y 1991. Iniciaba de hecho una nueva campaña, ahora contra el precepto constitucional que bloqueaba sus aspiraciones presidenciales por ser hijo de madre española: "Es un artículo discriminatorio, porque distingue dos derechos, uno para unos mexicanos y otro para otros mexicanos. Es también contradictorio, porque la misma Constitución, en artículos anteriores a ese, otorga todos los derechos para todos los mexicanos. Además es un artículo que está fuera de tiempo ya, fuera de moda, fuera de contexto".

Esta vez, la propuesta de reforma al 82, que rescató con ahínco Diego Fernández de Cevallos como líder de la fracción panista en la Cámara de diputados, prosperó. Con la anuencia de Salinas de Gortari y su diputación priísta, la reforma fue aprobada, aunque mediante un artículo transitorio se postergó su aplicación hasta las elecciones del año 2000. Fox quedaba invalidado para contender en la elección de 1994. Y el candidato del PAN fue Fernández de Cevallos.

Vicente anunció que se retiraría de la política activa, una suerte de "huelga", en tanto Salinas de Gortari estuviera en la presidencia. De hecho se sumió en el ostracismo durante más de un año; pero apenas pasadas las elecciones federales de 1994 y ante la nueva, contundente victoria del PRI que llevó a la presidencia a Ernesto Zedillo Ponce de León, decidió volver a la brega "en serio y con todo".

Con sus dos metros de estatura y su habitual atuendo campirano, su gran hebilla con la palabra "FOX" al cinto, la camisa arremangada, la barba corta, dijo a finales de agosto de ese año electoral que, además de la rabia, su reacción obedecía al riesgo de que ocurriera un "desinfle" de la ciudadanía, que cayera en la apatía y el desánimo. "Por eso vuelvo, en contra de mi compromiso de no participar en política activa mientras Salinas fuera presidente. Me parece muy grave lo que puede ocurrir en este país de aquí en adelante. Y no hablo de que se pueda ir a la violencia, sino algo tal vez peor: que se pueda destruir, si no es que ya se destruyó, la esperanza, la posibilidad de trabajar juntos por construir esta nación." Esto es grave, repitió, "y por lo tanto creo que hay que hacer un gran llamado a la sociedad, a la ciudadanía, de que estamos en pie de lucha, que no se vale la desesperanza, que no se vale que decaiga el ánimo y que tenemos que empujar para adelante esto. De que se puede, me canso que se puede".

Hizo entonces por primera vez, entrevistado en su empresa congeladora de verduras Don José, a unos doce kilómetros de León, un llamado a construir una "gran alianza" opositora –con el PAN y el PRD incluidos– para derrocar a la "dictadura perfecta". Y con subrayada vehemencia advirtió: "Estoy en pie de lucha. De una u otra manera, no descansaré, hasta estar muerto, en poner mi granito de arena para que esto cambie".

—¿Camina ya hacia el 2000, cuando podrá legalmente participar como candidato a la presidencia de la república?

—Sí, a partir del 22 de agosto (de 1994), con ese balde de agua fría que nos aventaron Salinas y Zedillo. Desde ese momento estoy en pie de lucha, hacia adelante. Y no hay duda de que la meta final tiene que ser el 2000. No la personal de una presidencia para Vicente Fox, para nada, sino la lucha para que en el 2000 sí gane la ciudadanía, sí gane la democracia y sí haya la alternancia en el poder. Con quien quiera que sea, con el partido que sea y con el candidato que sea. Esto tiene que cambiar.

5. LA SEGUNDA VUELTA

Cuando el 6 de marzo de 1995 Ignacio Vázquez Torres protestó como candidato del PRI a la gubernatura en Guanajuato ante la dirigente nacional de su partido, María de los Ángeles Moreno, Vicente Fox Quesada ya lo estaba esperando. El candidato del PAN llevaba una delantera de un mes de campaña por el estado, luego de que fue electo nuevamente candidato por la convención de su partido.

Fox enfrentó su segunda campaña en condiciones incomparablemente más favorables que las que tuvo en 1991. En primer lugar, era ya harto conocido en toda la entidad como fruto de su campaña anterior y la poscampaña de protesta por el fraude electoral. Había una nueva, avanzada ley electoral y un órgano electoral ciudadanizado, autónomo, que manejaría la elección extraordinaria fijada para el 28 de mayo. El gobierno del estado estaba en manos de un panista, Carlos Medina, y ya no bajo el control priísta que facilitaba las "marranadas" comiciales denunciadas por el propio Vicente cuatro años atrás. Competía además con un candidato priísta de viejo cuño, dinosáurico, gastado a lo largo de 18 años de aspirar a la gubernatura de Guanajuato. Y de pilón obraba a su favor el deterioro del PRI y la crisis económica agudizada en los meses recientes a raíz del error de diciembre.

Esto marcó desde un principio un estilo diferente a su campaña. En los mítines pueblerinos –durante los cuales al estilo del PRI el PAN

ía camisetas, gorras, dulces, pelotas, llaveros– se le miraba de-
..........dado, bromista, espontáneo, muy confiado. Invariablemente im-
provisaba sus discursos. No hacía promesas, pero ofrecía compromisos e instaba a la participación ciudadana. Y el fraude electoral no
estaba ya en su repertorio. Por su estilo y su discurso, se apartaba de
la ortodoxia panista. No parecía la suya una campaña blanquiazul,
como otras. Lo era en efecto más de Fox que del PAN. O más del PAN
de Fox que del PAN formal de Guanajuato.

El candidato repetidor viajaba en *El Jefe*, el autobús acondicionado que utilizó Diego en su campaña presidencial del 94. Lo acompa-
ñaba una comitiva muy reducida, de no más de ocho, 10 personas.
Una noche de fines de abril, de regreso de una gira por pueblos pau-
pérrimos del norte del estado –Santa Catarina, Tierra Blanca, El
Capulín, El Salitre– sólo cuatro pasajeros viajaban en *El Jefe*: el candidato, su hijo Vicentillo –dormido como lirón durante todo el trayecto–, Felipe Zavala, entonces ya jefe de prensa de la campaña, y el
reportero Ortiz Pinchetti.

"Felipe: préstame el celular", pidió Fox con su vozarrón apenas
tomó el camión el bulevard de entrada a León. Se comunicó con su
hija Paulina, al rancho San Cristóbal. "¿Quieren cenar pizza, mi'ja?
–preguntó–. *Órale*. Ya voy para allá". Colgó y de la bolsa posterior
de su pantalón vaquero sacó un volante arrugado. Marcó: "¿Bueno?
¿Dóminos Pizza? ¿Todavía tienen la oferta del dos por uno? Juega: le
encargo dos grandes, una de champiñones y la otra surtida. Habla
Vicente Fox. Conste, al dos por una. Ahorita paso por ellas". Quince
minutos más tarde *El Jefe* se detenía frente al local de Dóminos Pizza.

Desde abril, las encuestas apuntaban a una holgada victoria del candidato panista. Hasta los sondeos encargados por el equipo del priísta
Vázquez Torres coincidían en ello. Y empezó la guerra sucia. En la
campaña negra en su contra –a través de columnas políticas, panfle-
tos, rumores, desplegados, llamadas telefónicas, volantes apócrifos–
se le "acusaba" de divorciado, de gachupín, de violento, de fanático,
de subversivo, de no haber podido "gobernar a su mujer" y hasta de
tener hijos adoptados. Hacia el final de la campaña proliferaron pan-
fletos y volantes con textos y caricaturas más agresivos, impresos en
azul y naranja, los colores de la campaña del PAN. En uno de esos

volantes, que circularon por miles en todo Guanajuato, se pintaba al aspirante panista con tamaños cuernos retorcidos en la cabeza, bajo un título que ponía: "Fox en el gobierno del estado es un peligro para la sociedad guanajuatense". Y al pie: "¿Podrá su alteza serenísima Vicente Fox y Quesada gobernar la entidad? ¡Claro! Tiene la experiencia de haber gobernado a su mujer".

Ante esa campaña que calificó de "infame y vil", Fox decidió hacer pública su vida privada. En una entrevista reconoció sin ambages que su mujer, Lilián de la Concha –con quien casó en 1971– lo abandonó en 1991, durante su primera campaña por la gubernatura. Aseguró que aunque legalmente estaba divorciado, él consideraba, a partir de su compromiso "ante Dios, ante mis cuatro hijos adoptados y ante la sociedad", que seguía estando casado. Dijo estar dispuesto a aceptar de nuevo a su esposa si ella decidiera regresar.

Entre temores generalizados acerca de maniobras fraudulentas y hasta acciones violentas de la "guerrilla" de Vázquez Torres –como a sí mismos se llamaban– y las seguridades de las autoridades federales de que amarrarían las manos a los "mapaches", la jornada electoral del 28 de mayo resultó sorprendentemente limpia, hasta aburrida. Hubo sólo incidentes menores, aislados. Fox arrasó. Obtuvo el más contundente triunfo logrado por la oposición hasta entonces en todo el país. Ganó la gubernatura casi al dos por uno sobre su contrincante priísta. Alcanzó 58.3 por ciento de los votos, contra 32.8 por ciento de Vázquez Torres.

La noche del lunes 29 en León –donde el triunfo foxista fue de tres a uno– los panistas festejaron ruidosamente su victoria. Unas 20 mil personas se reunieron en la Plaza de los Mártires para vitorear a Vicente... Y también a Diego, que por ahí apareció. Vicente aseguró que "gobernaré para todos los guanajuatenses, sin partidarismos" y llamó a "la gran alianza por Guanajuato". Luego adelantó lo que para el ámbito federal postularía: "No será el PAN, sino Vicente Fox, quien gobierne en Guanajuato. Aquí no habrá PAN-gobierno". Precisó que por supuesto seguiría su relación y su militancia con su partido, pero independientemente del gobierno. "Esto significa romper el cordón umbilical, que es lo que debería ocurrir también entre el gobierno federal y el PRI."

6. EL PILOTO DE LA NAVE

Tres días después de su triunfo contundente en Guanajuato, Vicente Fox estaba otra vez en campaña. "Me encantan los retos", dijo al ser entrevistado en el restaurante del hotel leonés La Estancia, el 31 de mayo de ese 1995. "Ahora es necesario construir la gran nave opositora que termine con la hegemonía del PRI en el año 2000. En esa tarea estoy comprometido hasta los huesos. Y en esa nave electoral que tenemos que preparar la sociedad y los partidos de oposición se tendrá que sentar un piloto. ¿Quién va a ser ese piloto? Yo digo que el que esté en su momento, el que tenga el carisma, el que tenga los pantalones, el que tenga el amor a México y la visión, la capacidad de soñar y llegar a concluir ese sueño de un México diferente. Con toda honestidad digo que no es la política mi proyecto de vida. Lo digo con el corazón en la mano; pero si en la selección de ese piloto me llegara a tocar, yo estaría dispuesto. Y ojalá tuviera que competir con 10 o 20 rivales de primera. Aunque lo más importante, subrayo, es la nave, no el piloto."

Terco, bronco, machacón, insistió, ante las elecciones federales intermedias de 1997, en la "responsabilidad histórica" de la oposición de unirse para tumbarle al PRI la mayoría en la Cámara de diputados. "Este es el momento de dar el primer paso para echar a esos barbajanes de Los Pinos en el año 2000." Pidió el entonces gobernador de Guanajuato "no anteponer intereses personales o partidistas al interés superior del país", e instó nuevamente a la oposición, concretamente al PAN y al PRD, a unirse "ante la gran oportunidad que se nos presenta".

No ocurrió tal alianza electoral, pero en las elecciones del 7 de julio de 1997, en efecto, el PRI perdió su mayoría absoluta en la Cámara de diputados. Perdió también el gobierno del Distrito Federal, por primera vez sometido a una elección, y el perredista triunfador Cuauhtémoc Cárdenas se perfiló desde ese momento, por tercera vez, como el candidato presidencial del PRD para el 2000. Ese mismo día, luego de votar en la escuelita del rancho San Cristóbal, en San Francisco del Rincón, Vicente Fox, a quien acompañaban sus cuatro hijos, anunció a los reporteros –por vez primera de manera formal– su decisión de buscar la postulación del PAN como candidato a la presidencia para el

Año 2000. "Fue un gran acierto de Vicente no dejar sólo en la palestra a Cuauhtémoc, ni un momento", comentaría tiempo después Ernesto Ruffo, que en 1989 ganó en Baja California una gubernatura para la oposición por primera vez en la historia priísta.

De inmediato emprendió el "Grandote" por todo el país una precampaña proselitista, particularmente al interior de las filas panistas, a la que dedicaba el asueto de fin de semana como gobernador. "Quiero un partido con sed, hambre, deseos profundos de triunfo, no un partido titubeante a la hora de llegar a las puertas del poder", dijo en septiembre de 1997. "Que vaya a fondo, hasta la cocina, por el triunfo, que no acepte nada más que el triunfo en el año 2000." Dos años anduvo de aquí para allá en esa tarea, en cumplimiento de un plan preconcebido por él, el Plan Centénium: conformar una red dentro del PAN y un comité de precampaña integrado por casi todos los miembros del comité directivo estatal de Guanajuato. Y a partir del 5 de agosto de 1999, cuando solicitó licencia como gobernador –todavía precandidato del PAN a la presidencia– le dedicó a su campaña tiempo completo.

Horas antes de solicitar licencia para dejar la gubernatura guanajuatense, en el aeropuerto de El Bajío, insistió en las posibilidades de "una gran alianza opositora que permita sacar al PRI de Los Pinos". Una alianza así, del PAN con el PRD y otros partidos, no limitaría, sino enriquecería las posibilidades de un gobierno por él encabezado: "Juntos, con un gobierno plural, podemos lograr el crecimiento económico con rostro humano que demanda el país y construir un México exitoso y triunfador". Precisó, sin embargo, que no aspiraba sólo a ser el candidato de una alianza de partidos políticos, sino "el líder de una gran alianza de toda la ciudadanía, de toda la sociedad". E hizo gala de pragmatismo: "No estoy en esto para gobernar con ideologías, sino para darle resultados a los ciudadanos, que son los que nos pagan a los gobernantes y los que tienen siempre la última palabra de lo que debe hacer un gobierno". Dijo también que en el gobierno de la alianza el PAN podía aportar su comprobada capacidad para generar riqueza y hacer crecer la economía, y el PRD su visión social de justicia y equidad para distribuir esa riqueza. "Esa es la fórmula del éxito", acuñó feliz.

Todavía gobernador de Guanajuato, pero ya en abierta precampaña por la candidatura presidencial, Vicente Fox comprendió que la estructura del PAN, con unos 360 mil militantes y adherentes en la república, no sería suficiente para alcanzar su objetivo presidencial. "Es necesario involucrar a ciudadanos comunes y corrientes en todo el país", insistía ante sus allegados, los primeros marineros de su nave. "Sólo así podremos hacerla." El propio Fox y sus amigos, los empresarios José Luis González y Lino Korrodi, antiguos compañeros en la Coca Cola, concibieron a principios de 1998 la creación de una agrupación cívica autónoma, al margen de la estructura partidista aunque vinculada a ella. Así nació Amigos de Fox, una insólita asociación civil destinada a servir de andamiaje para el ascenso de Vicente al poder.

La agrupación quedó formalizada en febrero de 1998 y su primer coordinador nacional fue José Luis González (que un año más tarde dejaría el cargo por desavenencias personales con Fox). Por su parte, Korrodi se hizo cargo de un área vital, la de finanzas. La misión: "Proponer a los ciudadanos mexicanos la candidatura presidencial de Vicente Fox, dándolo a conocer como hombre, como político y como gobernante". El juego que jugarían los Amigos de Fox tenía reglas sencillas: "Sumar y multiplicar, por ningún motivo restar o dividir; trabajar con seriedad profesional, ser tolerante y participar". Sobre esas premisas básicas se montó una inédita estructura preelectoral, que un año después de fundada tenía ya presencia en todas las entidades del país. Tal éxito se convirtió pronto en motivo de recelo –o envidia– de no pocos panistas, inconformes con que Fox armara un "partido paralelo" para instrumentar su campaña. Los Amigos de Fox llegarían al millón 200 mil al finalizar 1999.

La asociación descansaba en una dinámica red de enlaces armada por ciudadanos, panistas o no, que en su cuadra, en su colonia, en su ciudad, establecían contacto con otros y formaban "círculos ciudadanos" para organizar los trabajos que les permitieran alcanzar sus metas. Se llamaban círculos "porque nadie impone su parecer y se escucha a todos". El que podía prestaba un local, un teléfono, un vehículo. Cada amigo debía responsabilizarse del trabajo en una sección electoral, donde habría de descubrir a aquellos vecinos que simpatizaran con Fox. "El éxito de nuestro trabajo –ponía un instructivo interno– se mide por el número de ciudadanos que convencidos y conscientes responden: 'yo voy a votar por Vicente Fox'. Ese número debe reportarse junto con la sección electoral para que podamos ir midiendo el avance de nuestro candidato."

La estrategia estaba basada en el convencimiento de persona a persona, al estilo de las redes comerciales estadunidenses: cada amigo convencía a otras cinco, seis o siete personas de afiliarse, y así sucesivamente. La organización estaba estructurada en grupos de 70 personas, afiliadas a través de "cadenas telefónicas", casa por casa o por la internet. Para ser amigo sólo se pedía como requisito "estar plenamente convencido del cambio que requiere México". Los miembros tenían por objetivo "trabajar activamente en los propósitos del voluntariado, invitar a otras personas y convertirse en miembros del equipo de Vicente Fox". Pero la organización como tal tenía una misión mucho más ambiciosa: lograr afiliar, antes del 2 de julio del 2000, a 20 millones de personas y cubrir con dos representantes la totalidad de las casillas electorales en el país durante los comicios presidenciales.

Los Amigos se comunicaban a través de teléfono, correo electrónico o fax y la asociación abrió una página en internet. Con base en esos círculos ciudadanos se estructuraron coordinaciones municipales, cuyo número se multiplicaba de manera geométrica. En el piso siguiente estaban las coordinaciones estatales y las nueve coordinaciones regionales, a cargo de sus respectivos mariscales, en que se dividió al país: golfo, norte, sur, centro, Pacífico, Pacífico sur, Bajío y sureste. Tan sólo en el primer año se establecieron en el país 85 casas de Amigos y 40 grupos de Mujeres con Fox.

El financiamiento de la asociación se hacía través de donativos voluntarios, que se depositaban en una cuenta abierta en Bancomer. El dinero que se recaudaba localmente se gastaba localmente, con la orientación de la oficina central para fijar prioridades. Cada localidad era responsable de autofinanciar su oficina y sus actividades. Además se hacían aportaciones especiales para los gastos de las giras del precandidato. También se efectuaban boteos en la vía pública, con mucho éxito. En uno que se realizó en León, en marzo de 1999, se recaudaron cinco millones de pesos en sólo una semana. En sus primeros 12 meses de actividad, la asociación recibió donativos por 19.7 millones de pesos y préstamos por 2.3 millones más. Sus egresos sumaron en ese lapso 25 millones de pesos, de los cuales la mayor parte, 16.6 millones de pesos, se destinó a publicidad en medios electrónicos. Otros gastos fueron para encuestas (1.6 millones), mobiliario y equipo, sueldos, viajes (1.8 millones) y eventos (2.5 millones).

Amigos de Fox, A.C. era orgánica y financieramente independiente del PAN, aunque frecuentemente sus ingresos se nutrían con patrocinadores tradicionales del partido en las diversas entidades del país, cosa que tampoco gustaba a los dirigentes estatales y nacionales que veían así ordeñadas sus fuentes de financiamiento. Aparte de la estructura formal de la asociación, aunque muy vinculado a ella, se formó un consejo de precampaña integrado por panistas y por Amigos. Entre los primeros se contaban el ex gobernador bajacaliforniano Ernesto Ruffo, el senador Emilio Goicoechea (dos veces candidato al gobierno de Sinaloa), Rodolfo Elizondo (ex candidato al gobierno de Durango) Juan Manuel Oliva (dirigente panista de Guanajuato), Carlos Arce (diputado federal por Guanajuato) y Fernando González Corona. José Luis Salas, que trabajó en las campañas presidenciales de Manuel Clouthier (1988) y de Diego Fernández de Cevallos (1994), era el enlace designado por el CEN del PAN para establecer una coordinación entre ambas instancias, mantener una comunicación abierta y dar cauce a problemas que se presentaran.

Había también una suerte de consejo político, coordinado por Santiago Creel Miranda, entonces vicecoordinador de la fracción panista en la Cámara de diputados. En ese consejo participaban los politólogos Jorge G. Castañeda, Adolfo Aguilar Zinser, Federico Estévez, Alberto Azis, José Antonio Crespo y Emile Misrachi, entre los no panistas. Norberto Corella, Salvador Beltrán del Río y Javier Corral Jurado se contaban entre los miembros del PAN que habían concurrido a las reuniones.

La ventaja de una organización de esta naturaleza, según Fox, era que permitía a todos aquellos que estaban renuentes a incorporarse a un partido político, integrarse el día de mañana a las filas de Acción nacional si así fuera su deseo. "La meta, por supuesto, es que todo los miembros de Amigos de Fox se sumen al PAN", decía.

8. TEMORES EN EL PAN

El Factor Fox metió ruido –mucho ruido– y causó no pocos zangoloteos en el interior del Partido acción nacional, que como nunca miraba posibilidades reales de alcanzar la presidencia de la república. Panistas ortodoxos, asustados, veían en el gobernador de Guanajuato un advenedizo irreverente y hasta peligroso, que desdeñaba reglas, tiempos y principios del partido. Otras corrientes, en cambio, encontraban en él –y sólo en él– al líder carismático e innovador capaz de levantar para el PAN una cosecha victoriosa. La de Vicente Fox era, en suma, una candidatura para muchos incómoda pero que poco a poco se imponía como irremediable.

A mediados de 1999 cabalgaba a galope. Dispuesto desde cuatro años atrás a ser el piloto de la "gran nave opositora" para el año 2000, insistente en el afán de "echar a los priístas de Los Pinos", partidario de las alianzas, en precampaña intensa desde hacía dos años, ausentes en su discurso los postulados doctrinarios del PAN, irreverente y coloquial, basada su estrategia más en criterios de mercadotecnia que de propuesta política, muy apoyada en la estructura de los Amigos de Fox, cuya presencia se multiplicaba en todo el país: más de 206 mil miembros tenía entonces, según sus registros, esta organización *sui generis* que esperaba superar el millón de afiliados en los siguientes meses.

"Se les adelantó a todos, dentro y fuera del partido", dijo en mayo de 1999 Ernesto Ruffo, ex gobernador de Baja California y pieza operativa clave de la campaña foxista. "Ese fue su primer logro: rompió los esquemas tradicionales y adelantó los tiempos políticos del país." Otros, como el ex candidato presidencial Diego Fernández de Cevallos, no negaban su preocupación ante el ascenso de Fox. "Creo que su esfuerzo es muy laudable, muy respetable, pero que es necesario acotarlo para no dañar la institucionalidad del partido", decía "El Jefe", que sin embargo adelantaba su pleno apoyo "al candidato que los panistas elijan". El caso era que, entre críticas y suspicacias, ocurrencias y sorpresas, a patadas como él mismo diría, el guanajuatense se encaramó en el primer lugar de las preferencias electorales, según todas las encuestas nacionales previas a la campaña. Y ya nadie negaba –ni dentro ni fuera del PAN, con susto o con entusiasmo– sus posibilidades de llegar a la presidencia de la república.

Ires y venires

Vicente Fox no se atuvo a los tiempos tradicionales del partido. Decía que "sacar al PRI de los Pinos es una epopeya mayor que la llegada del hombre a la Luna en 1969" y eso requería mucho trabajo y mucho tiempo. Así que no esperó la apertura del procedimiento de selección interna ni a la formulación de la plataforma electoral del PAN: se fue por la libre "El Grandote" con botas.

Eso, ya de entrada, provocó turbulencias. "No hay en el PAN alguna corriente antifoxista organizada, con una cabeza y una estructura", explicaba el entonces diputado federal Javier Corral Jurado, miembro del CEN, uno de los impulsores de la precandidatura del ex gobernador chihuahuense Francisco Barrio. "Lo que pasa es que Vicente ha generado su propio antifoxismo, sobre todo con algunas declaraciones poco afortunadas y con la creación de una estructura paralela a la del partido que provoca muchas suspicacias. Hay quien piensa que se pasó de tueste."

Más allá de esa irreverencia ante las normas, más allá de un estilo nada ortodoxo entre los panistas, las desconfianzas de muchos de ellos –incluidos cuadros dirigentes– no eran gratuitas. Al margen de las diatribas, los chascarrillos y hasta las majaderías entre él y otros personajes del PAN, había de tiempo atrás antecedentes de desavenencias e incluso confrontaciones del arrancherado gobernador con la dirigencia partidaria. La tortuosa solución al conflicto poselectoral de 1991 en Guanajuato –en la que participó activamente Diego Fernández de Cevallos– fue el origen de los primeros roces entre Fox y su partido. Aunque de hecho fue el propio Vicente quien propuso a Carlos Medina Plascencia como "el único al que aceptaría como interino", quedó en el ambiente un olor a agravio por el supuesto aval del

38

CEN panista al despojo de que había sido víctima su candidato. "Vicente me pidió que aceptara el interinato", recuerda el propio Medina Plascencia, ex coordinador de la bancada panista en la Cámara de diputados. "Fue él el primero que me lo planteó."

Coqueteos preocupantes

En plena campaña presidencial de 1994, y pese a su "retiro", Fox tuvo acercamientos con el PRD y particularmente con su candidato presidencial Cuauhtémoc Cárdenas. Se especuló que aceptaría un cargo en el gabinete cardenista o ser candidato a senador por el PRD. En abril de ese año, hizo saber al dirigente nacional panista, Carlos Castillo Peraza, de su alianza con el candidato perredista y su decisión de anunciarla públicamente. Castillo Peraza –según contó Juan Miguel Alcántara Soria, vicecoordinador de los diputados federales panistas en la 57 Legislatura– le pidió a Fox que, cuando menos, esperara a que pasara el debate del 12 de mayo entre los candidatos presidenciales. Aceptó. Y cuando el debate puso a Fernández de Cevallos, como se dice, en los cuernos de la luna, Fox reculó: su alianza con Cuauhtémoc nunca se concretó. Para no pocos panistas, sin embargo, su actitud constituyó una traición. Y no la olvidaban.

Vicente no negó su acercamiento con Cárdenas. En septiembre de 1994, pasadas las elecciones, aceptó en una entrevista que su línea, dura y bronca, era más afín a la seguida por Cuauhtémoc en la campaña que la que adoptó Diego, pero reconoció que finalmente la de éste resultó "enormemente exitosa" y logró un gran consenso. Aclaró también: "En mi relación con Cárdenas jamás de los jamases hablé de dejar de ser panista. Al revés: buscábamos dibujar la posibilidad de una alianza grande por la democracia. Yo en mi calidad de panista, no en representación del PAN, aclaro, estuve platicando en búsqueda de esas posibilidades. Para nada, nunca, consideré ni se me planteó que yo me hiciera perredista. De ninguna manera. Soy panista ciento por ciento".

El guanajuatense había sido criticado por Castillo Peraza por sus señalamientos contra la precipitada aceptación de Diego y el PAN de los resultados de la elección presidencial que favorecían a Ernesto

Zedillo, en 1994. El líder nacional panista dijo que Vicente no tenía derecho a opinar o criticar cuando "pudiéndolo haber hecho, no quiso participar en la toma de decisiones, en la campaña". Fox replicó: "Tenemos estilos muy diferentes. Mi forma de ser y de pensar es bien conocida dentro del partido. Ellos lo saben y yo lo reitero. Vicente Fox hará política como él la entiende. Creo que en el partido hay madurez para que coexistan diversas corrientes sin ningún problema". La desavenencia quedó cantada.

Cuando en 1995 compitió nuevamente por la gubernatura de Guanajuato, fue significativa la escasa presencia de dirigentes nacionales del PAN a lo largo de su exitosa campaña electoral, así como las frecuentes escaramuzas verbales entre el candidato y el presidente nacional Castillo Peraza. Al final quiso el yucateco borrar esa impresión. Asistió al cierre de campaña de Fox en Guanajuato, la capital. Y ahí, tras encendido discurso, eufórico, Castillo Peraza se quitó la corbata en tonos azules y blanco que llevaba, para ofrecerla al abanderado: "Vicente, te regalo mi corbata para que la uses el día de tu toma de posesión", le dijo antes de abrazarlo.

En elecciones extraordinarias normadas por una nueva Ley electoral, la más avanzada del país hasta entonces –logro primordial del gobierno interino de Medina Plascencia–, Fox obtuvo el 28 de mayo la más contundente victoria lograda por la oposición en elección alguna, al derrotar casi al dos por uno a su contendiente priísta, Ignacio Vázquez Torres.

Al paso del tiempo resultaría muy significativa la composición de la mesa principal durante la cena con que se festejó su toma de posesión como gobernador, el 26 de junio de 1995, en el salón principal del hotel Parador San Javier de la capital guanajuatense. En torno a esa mesa compartieron viandas y bebidas: Porfirio Muñoz Ledo, Ernesto Ruffo, Manuel Camacho Solís, los todavía entonces no panistas Santiago Creel –ex consejero ciudadano del IFE– y Julio Faesler, el entonces gobernador priísta de Tlaxcala José Antonio Álvarez Lima, la ex candidata del PRD a la gubernatura, Malú Micher, y el propio Fox, que hizo así gala de pluralidad.

—¿Usará la corbata de Castillo Peraza? –se le preguntó la víspera de su toma de posesión.

—¡Ni madres! –contestó con una risotada al reportero Ortiz Pinchetti.

Ni Diego ni Barrio

Cada vez que los coqueteos de Fox con personajes de otras corrientes o fuerzas políticas –que si con Cuauhtémoc, que si con Porfirio, que si con Manuel Camacho, que con el grupo San Ángel– inquietaban a sus compañeros de partido, el propio Vicente se encargaba de ratificar su militancia y convicciones panistas. Una y otra vez: "No soy ningún iluso. Soy un hombre pragmático. Y sé que es prerrequisito fundamental contar con una organización sólida, nacional y dinámica. Y ésta la tiene el Partido acción nacional… No se puede mover a la ciudadanía si no es con profundidad. Y ahí la doctrina del PAN, pésele a quien le pese, reúne un juego de valores que son aceptados por todos y que le dan ese vigor y esa fortaleza".

Quiso dejar bien claro su perfil partidista cuando en mayo de 1998 dijo en una entrevista: "Con el PAN, por el PAN y por México. Sin el PAN, nunca. Soy profundamente panista y ser panista es comulgar con los principios, los valores, la ideología. Por eso estoy en el PAN. Yo vivo el panismo en los hechos. Lo vivo en el gobierno y gobierno con los principios y los valores panistas. Por eso les pido a los panistas que me tengan confianza, que no se vayan con la finta de tantas cosas que salen".

No obstante, la duda anidaba en no pocos corazones. "Es innegable que la precandidatura de Fox ha provocado preocupación en sectores importantes del partido", decía el diputado Corral Jurado. "Y es que Vicente adelantó los tiempos, rompió esquemas, tradiciones panistas. Algunos sienten en su actitud un desprecio por la institución, poco apego partidista. Temen que vaya a usar al PAN como mero instrumento, como coyuntura. Preocupa una campaña hasta ahora despartidizadora, que pone toda la apuesta en el candidato." Ernesto Ruffo opinaba en cambio que efectivamente el guanajuatense "está adelantado en los términos del PAN, pero en términos de la política nacional, del país, lo que hace es muy positivo. Vicente opone la política real a las formalidades".

En la primera reunión del consejo político nacional del PAN bajo la presidencia de Luis Felipe Bravo Mena, en febrero de 1999, el factor Fox fue tema de acaloradas discusiones. Abundaron las impugnaciones, fuertes, al "candidato sin partido", como algunos lo llamaban, y Fernández de Cevallos reclamó airadamente al ex presidente Felipe Calderón Hinojosa "no haber detenido a tiempo" al huracán guanajuatense. También se aventaron duro, entre otros, Juan Manuel Gómez Morín, Germán Martínez Cázares y Ricardo García Cervantes. A raíz de esos señalamientos, el CEN panista estableció mecanismos de enlace con la estructura foxista y llegó al acuerdo de que la dirigencia nacional pudiera vetar a elementos del equipo del precandidato que le parezcan nocivos para los intereses partidarios.

"Siento que las cosas empiezan a encauzarse debidamente", dijo Santiago Creel, que coordinaba el consejo político de la precampaña foxista. "El hacer las cosas de una manera distinta sorprendió un tanto. Eso es entendible; pero poco a poco la presencia de Vicente ha ido en ascenso entre las bases panistas y tanto él como el partido se ven fortalecidos. Así lo muestran las encuestas: el PAN está ya prácticamente a la par que el PRI en las preferencias electorales." El también ex vicecoordinador de la diputación federal panista ponderaba que habían mejorado los espacios de comunicación entre los Amigos de Fox y el PAN tradicional. "El reto es lograr una unidad de coordinación entre ambos, tarea especialmente asignada por el CEN a José Luis Salas, miembro del equipo de Fox." Pensaba Creel que no había fundamento para la desconfianza. "Por el contrario, la apertura que planea Fox es muy necesaria en los momentos que vive el país. Se requiere hoy de la conjunción de diversas visiones que dé un piso sólido para encarar los grandes rezagos nacionales. Sus acercamientos con Cuauhtémoc Cárdenas y otros personajes de la oposición enriquecen su precampaña. No desconozco que hay dentro del PAN sectores que ven esos acercamientos con reticencias. Es natural, porque se han dado confrontaciones muy fuertes con el PRD en diversas partes del país, hay una carga de agravios."

—Algunos panistas temen que un eventual triunfo de Fox significaría la llegada del propio Fox a Los Pinos, pero no la del PAN.

—No estoy de acuerdo. Por supuesto que llegaría el PAN. Lo que hoy está en juego es la transición, el avance político y social del país. Esto embona con el pensamiento de Manuel Gómez Morín y de Efraín González Luna. En 1915 Gómez Morín planteaba ya este encuentro entre diversas visiones en un proceso común: avanzar políticamente hacia la democracia. Vicente representa ese avance. Y el PAN llegaría de plena forma al poder, porque lograría uno de sus objetivos primigenios.

Fox, decían sus detractores, "agarra cualquier apoyo" en aras de sus ambiciones. Él lo había dicho: "No me importa echarme al seno toda clase de alimañas, culebras y sabandijas; ya en Los Pinoles me los saco del seno". Y el temor de uno que otro panista distinguido era ser considerados, a la hora de la hora, entre esas alimañas.

"Para Vicente, en primer lugar, mi respeto a su persona", dijo en mayo de 1999 Diego Fernández de Cevallos, uno de sus principales impugnadores en el interior del CEN panista. "En segundo lugar, mi reconocimiento a lo que es un denodado esfuerzo. Y en tercero, mi preocupación que deriva de esa realidad inédita como la que constituye una precampaña muy larga, muy costosa y explicablemente al margen, en algunos momentos, de Acción nacional." Según él, en el PAN sí existían voces que expresaban preocupación, aunque no desconfianza. "Me parecen voces muy atendibles por cuanto se haya dado un trabajo paralelo a la institución que en algunos momentos ha implicado roces que por fortuna no llevan a divisiones ni a fracturas. Pienso que el partido debe procesar esta experiencia y establecer normas claras que regulen estas actividades para el futuro, a fin de evitar los riesgos de iniquidad y desorden que la falta de una legislación cabal implican. También creo que las leyes generales del país deben abrir un capítulo para regular las precampañas en los partidos."

—¿Comparte usted la impresión de que Vicente Fox no representa los intereses del partido ni actúa como un verdadero panista?

—Todos los panistas tenemos algo de igual y algo de diferentes. No creo que se pueda definir un arquetipo del panista. Fox tiene una buena parte de panista y otra parte de Fox.

Aunque algunos allegados suyos aseguraban que estaría dispuesto a disputar con Fox la candidatura "si se tratara de salvar al partido",

43

Diego reiteró su decisión de no participar en la contienda. "Hacerlo a estas alturas sería propiciar una división."

Tampoco Pancho Barrio: "Desde finales de 1997, después de un ejercicio de análisis muy minucioso y de ponderar aspectos personales y familiares, decidí no participar", dijo. "Esa decisión, rotunda, no ha variado." El ex gobernador chihuahuense minimizó los roces que la estructura foxista hubiera causado en el seno del PAN. "No ha habido en realidad ningún problema mayor. El CEN tiene clara la necesidad de estar atentos a cualquier dificultad, mantener una activa comunicación y asegurar una postulación sin riesgos, tersa, de nuestro candidato presidencial. Vicente está ya muy posesionado y está jalando al partido hacia arriba en las preferencias. Pienso que es muy importante cuidarlo y aprovechar su enorme potencialidad."

Al transcurrir los meses, aun sus más severos críticos dentro del partido aceptaban la candidatura del guanajuatense como algo inevitable. Sabían además que sólo él podía ganar para el PAN la presidencia de la república. "Queremos un candidato ganador, pero con el sello del PAN bien marcado", decían. Y se veían preocupados porque "si no se acota la prominencia del candidato", éste podría alcanzar una fuerza excesiva a la hora de decidir plataforma electoral y candidaturas para el congreso. Y había quienes, como el propio presidente nacional del partido, Luis Felipe Bravo Mena, y el secretario general adjunto José González Morfín, no descartaban la participación de otros precandidatos. "De adoptarse la forma de elección de candidato presidencial a través del voto directo de militantes y adherentes y ya no por convención nacional de delegados –cambio que se aprobaría efectivamente en la XI Asamblea nacional extraordinaria– habría otros que se verían alentados a entrarle", aventuró González Morfín. Mientras, Vicente Fox iba ya lejos. Dijo Ruffo: "Fox personifica su liderazgo en Vicente Fox".

9. Bienvenido a Foxilandia

Se fue Vicente Fox, su mirada y sus afanes puestos ya en la presidencia de la república. Cuatro años gobernó Guanajuato, entidad de casi

44

cinco millones de habitantes que ofreció convertir en "tierra de oportunidades". Dejó, en cifras oficiales, una obra encomiable, ejemplar: crecimiento económico, generación de empleos, incremento de las exportaciones, apoyos cualitativos sin precedente al campo, abatimiento de las desigualdades, municipalización de los recursos, finanzas públicas sanas, avances notables en educación, salud, vivienda, servicios.

En el Guanajuato de Fox, empero, persiste el rezago social de los más pobres. Dos Guanajuatos, reconoció él mismo, reales ambos: el del crecimiento económico concentrado sobre todo en el corredor industrial del Bajío, y el del atraso ancestral en que siguen sumidos amplios sectores, sobre todo los campesinos pobres. El "gobierno de excelencia" que proclamó la publicidad foxista tuvo su contraparte en la crítica radical de sus opositores. Los juicios se polarizaron: blanco o negro; todo o nada.

La controversia es el signo que marcó al político panista que llegó al poder en 1995 legitimado por el respaldo contundente de 56 por ciento de los votantes. Entre diatribas y denuestos opositores, dejó el gobierno el 8 de agosto de 1999 con un grado de aceptación entre los guanajuatenses superior a 80 por ciento, según las encuestas. "El suyo fue un gobierno de ocurrencias", calificaba en cambio el historiador y analista político Arturo Miranda, allá en Guanajuato. "Ocurrencias que se tradujeron en programas e instituciones que no arraigaron y que no modificaron la realidad. La estructura gubernamental, burocrática, está incólume. Nada cambió, en el fondo, luego de ocho años de gobierno panista: cuatro del interinato de Carlos Medina y los cuatro de Fox."

Gobernó a su estilo. Más allá de la camisa arremangada, las botas y el pantalón vaquero, rompió moldes, usanzas. Delegó funciones en sus colaboradores –los "36 gobernadores" de su gabinete– y dedicó tiempo y esfuerzos a la vinculación del gobierno estatal con los ayuntamientos y con la sociedad, a la promoción del estado dentro y fuera del país… y a su propia promoción personal. Como lo anunció, estuvo permanentemente ausente de su oficina en el palacio de gobierno. El gobernador del celular, como le decían, despachó lo mismo en un hotel de lujo de León que en un barrio de Irapuato o en las comunidades misérrimas del norte guanajuatense. Viajó a más de 40 países del mundo –Estados Unidos, España, Italia, Argentina, Brasil, Cuba, Japón, Indonesia, Corea, Singapur, y la colonia de Hong Kong entre otros– en busca de inversiones e imagen. Y realizó, sobre todo en los dos últimos años de su truncado mandato, un intenso proselitismo político que fue más allá de sus fines de semana que aseguraba dedicar a las actividades partidistas.

Evitó el debate y la confrontación con el Congreso –sin mayoría panista– y optó por la vía de los decretos gubernativos para la aprobación de programas y creación de numerosos organismos estatales. Vetó la ley de responsabilidades aprobada por los diputados opositores, a los que reiteradamente desdeñó, y vio frustrada su iniciativa –que provocó la más enconada controversia de su gobierno y encontró férrea resistencia del sector privado– para establecer 2 por ciento de impuesto sobre las nóminas de las empresas para dedicar esos recursos a combatir el rezago educativo. Gobernó con las encuestas de opinión como termómetro permanente del quehacer gubernamental y la mercadotecnia como instrumento de promoción política, a través de una dirección especializada.

No hubo durante los cuatro años conflictos sociales de importancia. Las escasas movilizaciones que se registraron en la entidad tuvieron como origen problemas de incumbencia federal: maestros, barzonistas, productores agrícolas en demanda de precios de garantía. El triunfo del PAN en las elecciones de 1997, cuando ese partido ganó 20 municipios –entre ellos los más importantes de la entidad, excepto la capital– y 14 de las 22 diputaciones locales de mayoría, significó un innegable refrendo ciudadano al gobierno foxista. Inútiles fueron los esfuerzos del PRI por detenerlo. Ni cuando los priístas tuvieron mayoría en el Congreso del estado, al inicio de su mandato, ni cuando fueron segunda minoría en la siguiente legislatura, encontraron manera de meterle zancadilla. Las críticas a su gobierno –a las cuales se sumó el PRD– no tuvieron sustento suficiente para desprestigiarlo. No prosperó la denuncia de que empleaba recursos públicos en su promoción personal. Poco o ningún eco tuvieron los señalamientos sobre sus desaciertos políticos o administrativos. Se les fue vivo.

Cinco prioridades –los "cinco retos", les llamó– se fijó Vicente Fox al inicio de su mandato: desarrollo económico, desarrollo social, transformación educativa, estado de derecho y buen gobierno. En todos esos rubros dio buenas cuentas. O al menos buenas cifras, que sus críticos acusan de "maquilladas".

Cuando dejó la gubernatura, Guanajuato era –según las estadísticas que la mercadotecnia foxista presume en informes y folletos lujosamente editados– el estado con menos desempleo en el país, con una tasa de 1.5 por ciento, casi la mitad de la nacional, que es de 2.9. También, líder en la generación de empleos, con 38 por ciento más trabajadores asegurados contra un incremento nacional de 28.7. Entre 1995 y 1999 el estado atrajo inversiones por dos mil 123 millones de dólares, que generaron casi 48 mil empleos. Las exportaciones crecieron 168 por ciento en cuatro años. Es el único estado mexicano con cinco oficinas comerciales en el extranjero: Nueva York, Dallas, Los Ángeles, Chicago y Hong Kong y una bodega de mayoreo, también en Dallas.

La entidad ocupaba el segundo lugar nacional en crecimiento del producto interno bruto (PIB) estatal, con 4.2 por ciento, mientras el índice nacional es de 1.9. Era ya la sexta economía estatal más grande del país. Los servicios de salud alcanzaron, en las cifras foxistas, a 98 por ciento de la población. Primer estado en abatir el rezago en infraestructura educativa, con ocho mil nuevos espacios educativos. Más de 163 mil becas otorgadas a niños y jóvenes estudiantes. Primera entidad en dotar a todas las escuelas del estado de computadoras personales. Un novedoso programa de microcréditos, "Santa Fe", entregó más de 60 mil préstamos, sobre todo a mujeres, para actividades productivas.

Dejó Fox un estado con finanzas sanas, cuyo endeudamiento no creció. Dedicaba apenas 0.23 por ciento del presupuesto de egresos al servicio de la deuda, mientras el gobierno federal canalizaba a ese rubro 14.5 por ciento. Quedaron 1,600 millones de pesos en bancos. Según el coeficiente de Gini –que indica el grado de concentración del ingreso– la distribución de la riqueza mejoró en Guanajuato al reducirse la proporción del ingreso de los que más ganan.

"Esas son cifras alegres", advertía en los días finales del mandato foxista el diputado local priísta Rubén García Farías, ex precandidato a la gubernatura del estado. "La realidad es otra." Y daba un ejemplo: "Se oculta que el cincuenta por ciento del volumen de las exportaciones corresponde a una sola empresa, la General Motors, que fue planeada y tramitada años antes de este gobierno. En general, las exportaciones han beneficiado sólo al centro del estado, sin incidir prácticamente en el sur y el norte." La verdad, decía, es que lejos de disminuir se incrementaron los índices de analfabetismo, de pobreza extrema. "Al modelo foxista de la economía se le olvida que hay un millón de guanajuatenses que se debaten en la miseria en nueve mil comunidades rurales del estado. Son los pobres entre los pobres."

Caminos de Guanajuato

Los pobladores de San José de los Barcos, un villorrio del municipio de San Felipe en el árido norte guanajuatense, estaban sentidos con Vicente Fox. Y no porque no les haya cumplido lo del puente sobre el arroyo que parte en dos al pueblo, que ahí estaba ya terminado, sino porque dijo que volvía y no había vuelto. "Si lo mira dígale que estamos muy sentidos, que aquí lo estamos esperando para darle de nuevo nuestro voto, ora que quiere la otra gobernación", dijo a la orilla de un camino polvoriento el viejo campesino Victoriano Laguna con su piel rugosa y su sombrero maltrecho. "Pero dígaselo."

A esos pobres campesinos, cuyo destino depende desde siempre más de las lluvias que de la acción gubernamental, los vaivenes de la política y las estadísticas les son ajenas. Sólo saben que sus hijos, apenas cumplen los 14, los 15 años de edad, se van a trabajar como braceros a Estados Unidos, donde radican hoy alrededor de 1.7 millones de guanajuatenses. Lo mismo en San José de los Barcos que en la comunidad de Las Trancas, en el municipio de Ocampo –como en cientos de pueblos del norte y el noreste del estado– hay sólo mujeres y ancianos. Los jóvenes se van. "Aquí la población disminuye cada año, en vez de aumentar", comentó en la cabecera municipal de Ocampo Roberto Jesús Luna, jefe de la oficina municipal de crédito a la palabra. "La gente sobrevive gracias al dinero que mandan los emigrados. Aquí hay mucho dólar: en un pueblo de apenas ocho mil habitantes tenemos siete casas de cambio."

El Guanajuato que dejó Fox ocupaba el tercer lugar como estado "exportador" de mano de obra en el país. Tres años atrás era el líder. Según datos del INEGI, cada año emigraba 4.76 por ciento de su población, alrededor de 200 mil guanajuatenses. "Esa migración es una válvula de escape, que explica en buena medida que bajen los niveles de desempleo y no se presenten explosiones sociales", dijo Carlos Scheffler Ramos, ex dirigente estatal interino del PRD y que era coordinador de la bancada de su partido en el Congreso cuando Fox pidió licencia. "Esa realidad también la maquillan los panistas."

No fueron pocos los esfuerzos por llevar inversiones a la zona más pobre del estado. Hubo logros, como la instalación de una maquiladora textil en San Felipe Torresmochas. Da empleo a 150 mujeres, lo que para la localidad es una bendición... aunque no remedio para su postración. "Las maquiladoras son buenas, pero no sirven para arraigar a los muchachos", dijo Luna. "Pagan salarios muy bajos, mínimos; y los jóvenes prefieren seguir emigrando a trabajar a Estados Unidos, donde ganan dólares."

Arturo Sánchez Castellanos, que durante los dos primeros años del gobierno de Fox presidió la Coparmex de León y durante los dos siguientes el Consejo coordinador empresarial (CCE), reconoció los logros obtenidos en la generación de empleos, pero advirtió que el nivel de salarios no mejoró. "Tenemos índices salariales sumamente bajos, lo cual mengua la derrama económica esperada", dijo el joven ex dirigente empresarial. "Pienso que el equipo de Fox exageró sus logros, que por lo demás son obligación del gobierno."

Un programa novedoso fue implementado por el gobierno del estado para vincular a los emigrados con sus comunidades. Mediante el programa "Mi comunidad", guanajuatenses radicados en el extranjero comparten inversiones con el gobierno para la creación de maquiladoras en sus localidades rurales. En el último año del gobierno foxista se instalaron cinco plantas y en dos años el programa generó empleos para mil trabajadores.

Lo bueno, lo malo, lo feo

Si un logro se le reconocía al gobierno de Fox –inclusive por el que fuera presidente estatal del PRI, Carlos Chaurand Arzate– era la municipalización del gasto de inversión. Hoy, los recursos estatales y federales son transferidos a los 46 ayuntamientos del estado con criterios de equidad, no partidistas.

"En 1995, al inicio del gobierno, hicimos una revisión de la misión del gobierno del estado", refirió José Luis Romero Hicks, militante priísta, secretario de Planeación y finanzas y "eje" de la exitosa política económica del gobierno foxista. "Concluimos que al gobierno estatal le corresponden los temas regionales; la infraestructura municipal corresponde a los municipios." La idea al planear el gasto de inversión de 1996, explicó el abogado, politólogo y economista de 42 años de edad entonces, fue "pasarle a los municipios no más responsabilidad con más lana, sino más lana con las mismas responsabilidades. Y con un criterio redistributivo esencial, de justicia social y sin ningún interés partidista: en ese momento, setenta y cinco por ciento de los ayuntamientos estaban en manos del PRI". Así, en 1999 se canalizaron a los municipios 222 millones de pesos provenientes del ramo 33 (antes 26), tanto federales como estatales. Guanajuato pasó a ser el estado en el que los municipios reciben más recursos per cápita de todo el país. Por cada peso federal, obtuvieron ese año con la aportación estatal 1.28 pesos.

Romero Hicks –a quien alguien llamó la joya del gabinete foxista y que fue propuesto por su partido, el PRI, como gobernador sustituto al dejar Fox la gubernatura– juzgó como "muy positivo" el resultado. "Los ayuntamientos no tenían capacidad para efectuar esas obras y se las pedían al gobierno del estado. Se les dio autoridad y responsabilidad aparejadas, para que ellos decidieran libremente en qué invertir, cuáles son las prioridades de las comunidades. Creo que este fue el proyecto estructural más importante del gobierno."

Esos resultados, convertidos en obras municipales –pavimentación, alumbrado, drenaje, banquetas– eran constatables lo mismo en pequeñas poblaciones rurales norteñas que en las localidades del sur como Salvatierra y Moroleón y, desde luego, en las ciudades del corredor industrial como León, Silao, Celaya, Salamanca o la propia capital. Hubo sin embargo quien encontró bemoles. "Ciertamente se avanzó en la municipalización, pero a la vez fue una forma de quitarse problemas y transferirlos a los municipios", dijo el historiador Miranda, catedrático universitario y articulista del diario *El Correo*. "Además provocó jaloneos entre los propios ayuntamientos."

Otro tema en el que fueron más frecuentes los elogios que las críticas fue el de la consolidación del poder judicial, a partir de la premisa de que "el estado de derecho es indispensable para el crecimiento". Se crearon 700 nuevas plazas, se modernizaron sistemas y Guanajuato pasó a tener los jueces mejor pagados del país. Según cifras oficiales, por otra parte, hubo avances notables en materia de seguridad pública. A diferencia de lo que indican las tendencias nacionales, los índices delictivos se redujeron: de 11.43 delitos denunciados por cada mil habitantes en 1995, se pasó a 10.41 en 1999. Mejoró también la efectividad en averiguaciones previas, se logró aclarar 83 por ciento de los casos de secuestro y se recuperaron en promedio seis de cada 10 autos robados en la entidad.

El gobierno presumía que el apoyo brindado al campo guanajuatense, cualitativamente hablando, "no tiene precedente". Se implementaron en efecto programas de mecanización y asistencia técnica y se tuvieron avances importantes en el ahorro y la optimización del uso del agua, lo que permitió, mediante la técnica de "fertirrigación", beneficiar más de 80 mil hectáreas. Las críticas, sin embargo, apuntaban a que se privilegiaron los apoyos a los agricultores ricos, sobre todo en las zonas de riego del estado, mientras se dejó prácticamente a su suerte a los campesinos temporaleros, los pobres otra vez. "Fue una política discriminatoria y neoliberal", dijo el priísta García Farías.

En materia política era donde los opositores encontraban las mayores deficiencias del gobierno de Fox. El perfil mismo del gobernador y su proyección hacia la presidencia de la república tensaron desde un principio las relaciones internas. El PRI vio en Fox un enemigo muy peligroso. Y Fox vio en priístas y perredistas del Congreso estatal las primeras "alimañas, sabandijas, víboras prietas y arañas panteoneras" que aparecían en su senda hacia Los Pinos. "Fue agresivo y barbaján hacia los diputados", se quejó el perredista Scheffler Ramos. "Alérgico al debate, intolerante ante la crítica, optó por el denuesto y se encerró en lo que yo llamo el foxcentrismo: en todo ve conjuras para perjudicarlo." Por lo demás, dijo, no hubo interlocución política ni posibilidad siquiera de dialogo. "Ni con Fox ni con el secretario de Gobierno Ramón Martín Huerta –quien quedó como gobernador sustituto– ni con los diputados del PAN." Pensaba lo contrario el dirigente estatal del PAN y diputado local Gerardo de los Cobos. "La pluralidad y el diálogo con todas las fuerzas políticas fue norma de este gobierno", dijo. "En todo caso la cerrazón fue de otros."

La apatía priísta como fuerza opositora, o su incapacidad para hacer tropezar a Fox, fue inclusive motivo de reclamo por parte del dirigente nacional José Antonio González Fernández, que pidió a sus correligionarios guanajuatenses mayor beligerancia. Las relaciones con el sector empresarial, en cambio, fueron en general buenas. "Hubo respeto, hubo diálogo, ninguna actitud hostil", dijo Sánchez Castellanos, entrevistado en León. "La cuestión del impuesto del dos por ciento a las nóminas, que derivó en un enfrentamiento con el sector, tensó la relación y en alguna medida la debilitó. Pienso que la apreciación del empresario guanajuatense hacia Vicente es positiva. El estado creció y mejoró. La evaluación final, al tiempo."

Una "grave omisión" del gobierno foxista, dijeron sus detractores, fue no promover una reforma indispensable a la Ley orgánica del poder ejecutivo. "La estructura política del estado es exactamente la misma que operaba con los gobiernos priístas, en la que el ejecutivo estatal tiene una discrecionalidad casi ilimitada", dijo Miranda. "Vemos las mismas prácticas, el mismo clientelismo. La clientela que antes atendía el PRI ahora la atienden los panistas."

El vendedor de esperanzas

Vicente Fox solicitó el 5 de agosto de 1999 licencia definitiva para dejar la gubernatura del estado, que el Congreso le concedió tres días después. Y se fue, camino de Los Pinos. En el balance final, las opiniones se disparaban. El ex dirigente empresarial Sánchez Castellanos acusó "inconsistencias" en el comportamiento de Fox. "El suyo fue un gobierno pragmático de la A a la Z. Tuvo cosas muy positivas, como el programa de microcréditos Santa Fe, los estímulos a la exportación, las becas, la promoción económica. No se abatieron sin embargo los índices de pobreza. Eso sí: Fox es un gran vendedor de esperanzas." O un "visionario claro y convincente", como lo calificó el jefe estatal de su partido, Gerardo de los Cobos. "El gobierno de Fox hizo ante todo una propuesta de futuro. Independientemente de sus logros, está la voluntad de la ciudadanía y sus autoridades para cambiar la realidad de este estado y de este país. Es un hombre que tiene la capacidad de hacer revivir la esperanza."

Guillermo Rocha, experto en educación, analista político y periodista, fue tajante: "El de Fox fue un gobierno esquizofrénico", dijo. "Se dedicó a crear castillos en el aire, en medio del dinamismo propio de un estado de gente trabajadora y emprendedora que de por sí ha ido jalando. Vicente reconoce como propios esos avances. Se los apropia."

Para el priísta Romero Hicks, elemento fundamental del gobierno de Vicente Fox fue la confianza. "Más allá de los programas y los logros, se le tuvo confianza a este gobierno. Una forma de ganarse esa confianza fue reconocer errores y hacer las correcciones a tiempo. Y hay que ver después de tanta grilla, tantos dimes y diretes, con qué alto *average* terminó Fox. Es un hecho." Resumió: "Los resultados son positivos. Hubo una estrategia y se cumplió. Creo que visto hacia atrás fue un buen gobierno; visto hacia adelante, persisten grandes retos, rezagos, contrastes".

El Guanajuato de Vicente Fox.

10. Candidato a trancos

Tal como se lo propuso cuatro años atrás, Vicente Fox llegó sin tropiezo alguno a la candidatura presidencial del Partido acción nacional. Nadie pudo –o quiso– detenerlo. En el camino se quedaron todos los que en algún momento tuvieron posibilidades de abanderar a su partido en las elecciones del año 2000. Ernesto Ruffo, Carlos Castillo Peraza, Diego Fernández de Cevallos, Carlos Medina Plascencia, Felipe Calderón, Francisco Barrio, entre otros, lo vieron venir y se hicieron a un lado: lo dejaron pasar. Algunos con gusto, otros con susto. O con coraje.

Fox, nadie lo niega, jugó abierto. Nunca negó sus aspiraciones, por más que a veces matizara con un "si me toca". Eso sí, se les adelantó a todos. Rompió tradiciones, violentó tiempos, provocó sacudidas y temores entre los panistas, muchos de los cuales lo consideraron un advenedizo irreverente y hasta peligroso. A final de cuentas, sin embargo, nadie se le puso enfrente: llegó solito, convertido en opción única, en el líder capaz de arrastrar a su partido rumbo a la victoria. Y en una elección interna abierta por primera vez a todos los militantes y adherentes del PAN, unos 360 mil en el país, el domingo 12 de septiembre de 1999 fue *electo* oficialmente candidato a la presidencia de la república. La participación de los panistas, sin el acicate de una competencia real, fue raquítica: apenas rebasaron los 100 mil en todo el país. A Fox le bastaba con un solo voto para *ganar* la candidatura.

En contraste con el desinterés de los militantes ante esa elección interna, el acto de toma de protesta de Fox como candidato, el 13 de noviembre de 1999 en la plaza de toros México, fue una explosión de respaldo partidario. Más de 25 mil panistas llegados de diferentes partes del país convirtieron una ceremonia protocolaria en un acontecimiento sin precedentes. Entre el ondear de las banderas blanquiazules –presente la dirigencia nacional, diputados, senadores, gobernadores panistas– la multitud entonó el himno del PAN y el himno nacional mexicano y vitoreó durante un par de horas a su candidato. El acto, bien montado, con un espectacular estrado adornado con banderas mexicanas, pantallas gigantes, juego de luces, fue transmitido por televisión a todo el país. "¡Despieeerta, México!", arengó emocionado una y otra vez un Fox vehemente, dueño de sí mismo, seguro y firme, a lo largo de un discurso en el que, para sorpresa de muchos, hubo abundantes referencias a la historia, los principios y los personajes de Acción nacional.

Baraja con seis ases

A fines de 1996 el PAN estaba en su apogeo. Había conquistado cuatro gubernaturas estatales y gobernaba 225 municipios del país, incluidas las capitales de once estados y las ciudades más importantes después del Distrito Federal. Más de 34 millones de mexicanos –38 por ciento de la población nacional– vivían en estados y municipios gobernados por panistas. Las perspectivas frente a 1997, año de comicios federales y por primera vez de elección de jefe de Gobierno del Distrito Federal, eran inmejorables. Las encuestas daban al PAN arriba de 35 por ciento de la intención del voto en el país y hasta 42 por ciento de las preferencias en el DF. Y allá en el horizonte, hacia el arranque del nuevo milenio, los panistas imaginaban ya una presidencia de la república pintada de azul. En ese momento de euforia, seis figuras –todas con méritos hartos– se perfilaban como posibles candidatos blanquiazules para la entonces todavía lejana elección presidencial del año 2000: Ernesto Ruffo, Francisco Barrio Terrazas, Carlos Castillo Peraza, Carlos Medina Plascencia, Diego Fernández de Cevallos y Vicente Fox Quesada.

Ruffo había sido el primer panista –y primer opositor– de la historia que ganó una gubernatura, la de Baja California, en 1989. Su buena labor de gobierno fue determinante para que el PAN repitiera su triunfo en esa entidad en los comicios de 1995, con Héctor Terán Terán como candidato. Fue la primera vez que los panistas obtuvieron un refrendo ciudadano en las urnas. En 1996, Ruffo –ubicado en la corriente pragmática de su partido– buscó la presidencia nacional del PAN. Compitió, y perdió de calle, con Felipe Calderón Hinojosa.

Pancho Barrio era gobernador de Chihuahua, cargo que conquistó en 1992 al competir por segunda vez en elecciones estatales. Luego de ganar en 1983 la alcaldía de Ciudad Juárez, había sido víctima en 1986 de un escandaloso fraude electoral al buscar por primera vez la gubernatura; y al encabezar un histórico movimiento ciudadano de resistencia se convirtió en personaje nacional. Era el as de oros en la baraja azul.

Carlos Castillo Peraza, panista desde los 17 años de edad, dos veces diputado federal (1979-82 y 1985-88), ex candidato a la gubernatura de Yucatán (1981) y a la alcaldía de Mérida (1984), acababa de dejar la presidencia nacional del PAN luego de una gestión particularmente exitosa. Bajo su conducción, entre 1993 y 1996, el PAN consolidó su crecimiento en todo el país, triplicó su votación, recuperó el sitio como segunda fuerza electoral del país y ganó su cuarta gubernatura estatal, la de Jalisco. Por razones personales, Castillo Peraza declinó buscar la reelección en la jefatura nacional.

Carlos Medina Plascencia había sido en 1988 el primer alcalde panista de León, Guanajuato, iniciador de la hegemonía panista en esa ciudad, que se ha mantenido ya por cinco trienios. En 1991 fue designado gobernador interino de Guanajuato. Gobernó cuatro años. Tarea toral de su interinato fue la promoción de una reforma electoral integral –negociada y consensuada no sin dificultades con el congreso local, de mayoría priísta– que permitió la realización en 1995 de elecciones extraordinarias, con órganos electorales totalmente ciudadanizados y una nueva ley electoral, la más avanzada hasta entonces en el país.

Diego Fernández de Cevallos, ex coordinador de la bancada panista en la Cámara de diputados (1991-1994), había logrado como candidato del PAN a la presidencia de la república, en 1994, la más alta votación histórica de su partido: casi 10 millones de votos, lo que repuso a los panistas como segunda fuerza política en el país. El Jefe mantenía una alta popularidad y era sin duda viable repetidor a la candidatura.

Vicente Fox, finalmente, era ya gobernador de Guanajuato y el único en reconocer abiertamente su interés en buscar la candidatura presidencial.

El descarte

El escenario se modificó drásticamente en 1997. El estrepitoso fracaso de Carlos Castillo Peraza como candidato a jefe de Gobierno del DF, que jaló a la baja la votación panista en otras entidades del país, hizo que las optimistas expectativas del PAN se esfumaran. También, por supuesto, toda posibilidad futura para Castillo Peraza, que acabaría por renunciar al PAN para dedicarse a actividades intelectuales.

Con Cuauhtémoc Cárdenas como candidato, el PRD arrasó en el DF y vio crecer su votación en gran parte del país. En la Cámara de diputados, el PAN quedó como tercera minoría. Cuauhtémoc, triunfador, se convertía desde entonces en el candidato natural perredista

56

para la presidencia en el 2000. Los panistas se amilanaron. Excepto Fox, que de inmediato se le plantó enfrente a Cárdenas.

Ruffo fue uno de los primeros en autodescartarse. Adujo la necesidad de atender negocios particulares en su natal Ensenada. En cambio avaló de inmediato la precandidatura de Fox. Las posibilidades de Francisco Barrio estaban en gran medida condicionadas al resultado de su sucesión en el gobierno de Chihuahua. La prueba de las urnas no estaba nada fácil. Pancho se adelantó y, luego de un "ejercicio de introspección" y de pensarlo y repensarlo, anunció meses antes de las elecciones estatales de 1998 su decisión de no buscar la candidatura presidencial del PAN. Se curó en salud. "Hay razones personales y familiares de mucho peso", explicó. "Al terminar mi tarea como gobernador, volveré a hacerme cargo de mi empresa en Ciudad Juárez."

Barrio terminó su mandato con un altísimo índice de aprobación, el mayor entre los gobernadores del país: 85 por ciento en vísperas de las elecciones. Sin embargo, el PAN perdió la gubernatura. El PRI ensayó en Chihuahua con éxito, por primera vez en el país, la selección de su candidato a gobernador mediante una elección primaria abierta a toda la ciudadanía. El ex alcalde de Chihuahua capital, Patricio Martínez –un político-ciudadano con un estilo innovador, fresco– derrotó en la contienda interna al experimentado senador Artemio Iglesias. Y el partido ganó credibilidad. El PAN, en cambio, postuló en convención estatal al alcalde juarense Ramón Galindo, que resultó pésimo candidato. La derrota panista canceló las posibilidades de Barrio como candidato presidencial, que a pesar de su meditada decisión de no contender podría haber reconsiderado a partir de una victoria.

Carlos Medina pareció interponerse en el camino del Grandote, su paisano. "Todos estamos llamados a comprometernos y a que los panistas pongan a cada uno en la trinchera que le corresponde", dijo en diciembre de 1995 al afirmar que no descartaba "para nada" su participación como precandidato del PAN a la presidencia de la república.

Aunque ambos lo han negado siempre, entre Medina y Fox había "malas vibras", diferencias originadas en la controvertida solución al problema electoral de 1991 en Guanajuato. Esto acrecentaba la especulación sobre una disputa en serio por la candidatura entre los dos guanajuatenses. Medina mantuvo en suspenso su decisión y acabó por hacerse también a un lado: a finales de 1998, se sumó a la precandidatura de Fox, que cabalgaba ya a todo galope.

Quedaba Diego. Y Diego dijo "no voy", pero no por ello le allanó el camino al gobernador de Guanajuato. Al contrario: dentro del PAN, en el seno mismo del CEN y del Consejo nacional, encabezó la oposición interna a la candidatura de Fox, a quien no pocos veían con recelo y acusaban de haber creado un "partido paralelo" con la organización de los Amigos de Fox. Criticó a los dirigentes nacionales por no haberlo "parado a tiempo".

Hubo inclusive pública reyerta entre ambos. Fox instó a Diego a entrarle a la contienda interna: "Que no le saque", dijo con sorna una y otra vez. Diego le advirtió: "El PAN no es un hotel de paso".

Diego resistió la presión de quienes trataban de convencerlo de participar nuevamente por la presidencia de la república. "No voy", repetía. "Ya tuve mi oportunidad", alegaba. "No, no y no." Fox iba ya demasiado lejos. Lo asumió así Fernández de Cevallos cuando correligionarios suyos que no se resignaban trataron de persuadirlo de "salvar al partido" con su participación: "Hacerlo a estas alturas sería propiciar una división en el PAN". Y no.

A raíz de los severos señalamientos del propio Diego y de otros panistas –como Juan Manuel Gómez Morín, Ricardo García Cervantes y Germán Martínez Cázares– el CEN del PAN, presidido ya por Luis Felipe Bravo Mena, estableció mecanismos de enlace con la estructura foxista, lo que facilitó una mejor coordinación y poco a poco ahuyentó al fantasma del "candidato sin partido", como no pocos consideraban a Fox. Poco a poco los panistas asumieron lo inevitable. Todavía hubo quienes –como Luis H. Álvarez y el diputado chihuahuense Javier Corral Jurado–, convencidos de la necesidad de oponer un panista-panista al desbocado guanajuatense, fueron hasta Ciudad Juárez a tratar de convencer a Pancho Barrio. Le hicieron manita de puerco durante horas. No lo movieron.

Fox se registró como precandidato el 17 de julio de 1999. En el espectacular mitin posterior al acto protocolario estuvieron, entre muchos otros, Pancho Barrio y Luis H. Álvarez. Tres días después venció el plazo: nadie más se registró.

Y Vicente se fue solito, con todo y botas.

Interiores I
La censura

Una tarde de noviembre de 1999 el director de *Proceso*, Rafael Rodríguez Castañeda, llamó a su oficina de la planta alta de Fresas 13 al reportero Francisco Ortiz Pinchetti, dedicado a la realización de reportajes especiales. Lo saludó con la afabilidad de siempre y sin muchos preámbulos le hizo la encomienda.

—¿Cómo ves si te haces cargo de la campaña de Fox? –le propuso–. Nadie mejor que tú, que lo has cubierto siempre y lo conoces tan bien.

—De acuerdo. Creo que su campaña va a ser importantísima y que debemos darle un seguimiento permanente.

—Es "la campaña", Paco –subrayó el director, imitando sin éxito la vehemencia característica de Julio Scherer García–. Me imagino que seas como su sombra, que te metas a la médula de la campaña, que conozcas a su equipo, que lo escudriñes todo.

Ortiz Pinchetti, fundador de *Proceso* en 1976, había cubierto en efecto toda la trayectoria política de Vicente Fox desde 1991, cuando por primera vez fue candidato a la gubernatura de Guanajuato. Lo siguió en esa primera campaña, en la resistencia contra el fraude, en su "huelga política", en su regreso al activismo, en su nueva campaña estatal de 1995 cuando llegó por fin a la gubernatura. Reporteó diversos aspectos de su gobierno y observó paso a paso su controvertida carrera hacia la candidatura presidencial del PAN. Unas semanas antes de que Fox solicitara licencia, realizó un amplio reportaje sobre su gobierno, sus logros, sus pifias, sus frustraciones.

Tenía además el reportero una vastísima experiencia en la cobertura de procesos electorales durante más de un cuarto de siglo. Fue el cronista de las históricas elecciones estatales de 1986 en Chihuahua, cuando el "fraude patriótico" arrebató el triunfo al panista Francisco

Barrio Terrazas, y cubrió durante más de tres meses de manera permanente las movilizaciones de resistencia de los chihuahuenses. Siete, ocho portadas consecutivas dedicó *Proceso* al tema de Chihuahua con el sustento de sus crónicas. Cubrió asimismo parte del proceso electoral de Baja California en 1989, la nueva campaña y triunfo de Pancho Barrio en 1992 en Chihuahua, además de las campañas presidenciales de 1982, 1988 y 1994. En 1990 reporteó los procesos presidenciales de Perú y Nicaragua.

Rodríguez Castañeda le pidió que "se fuera ambientando" en la campaña presidencial de Fox.

—No importa que por ahora no escribas. Lo que importa es que hagas los contactos, las relaciones. Tú me dices. Tú me avisas si necesitas ir a alguna gira, lo que sea.

Así lo hizo Ortiz Pinchetti. En diciembre acompañó a Fox en algunas actividades y viajó a Sonora para cubrir una gira por Guaymas y Hermosillo. A principios de enero fue a Jalisco y Colima, en el inicio de la etapa formal de la campaña. Las necesidades informativas cotidianas de la agencia de noticias Apro obligaban a asignar a la campaña foxista un reportero adicional, toda vez que el trabajo de Ortiz Pinchetti estaba destinado exclusivamente al semanario. Rodríguez Castañeda decidió a mediados de enero hacer ese encargo a Francisco Ortiz Pardo.

Ortiz Pardo –con 12 años de antigüedad en la revista–, que estaba asignado a las fuentes del PAN y el Senado de la república, venía de cubrir durante 10 meses el paro estudiantil iniciado en abril de 1999 en la UNAM. Sus crónicas y reportajes publicados semana a semana en *Proceso* –más de 30– merecieron el poco frecuente reconocimiento del propio Rodríguez Castañeda, que en noviembre de ese año le encargó la realización de una edición especial de *Proceso* sobre el conflicto –*La huelga sin fin*– que apareció el 1º de diciembre.

El director informó a Ortiz Pinchetti de la decisión de incorporar a Ortiz Pardo.

—La idea es que él se encargue de la información diaria para Apro. En lo de la revista, que se coordine contigo. En eso tú decides.

—De acuerdo –dijo el reportero–. Nosotros te propondremos temas específicos. Pienso que debemos cubrir la campaña de una manera diferente, desde distintos aspectos, a base de crónicas.

—Juega. Me encanta.

A los reporteros les animó la posibilidad de planear la cobertura de la campaña como un proyecto periodístico completo. Desde hacía meses ellos y los demás integrantes de la asociación civil Reporteros en *Proceso* habían cuestionado precisamente la improvisación con que se "solucionaban" los números de cada semana y el abuso de las entrevistas coyunturales y los "refritos" sobre los temas que ya habían sido abordados por los diarios. Una cobertura planeada de la campaña de Fox permitiría abordarla con una mirada fresca, original, periodística, fundamentalmente a través de la crónica, un género prácticamente olvidado en las páginas de *Proceso*.

Ortiz Pardo se incorporó de inmediato a las giras. Heredó sus contactos universitarios, sus fuentes durante el conflicto, a los reporteros Rodrigo Vera y Raúl Monge. Sin embargo, la mano de Rodríguez Castañeda acabó pronto con una parte importante de ellos. Apenas una semana después de que Ortiz Pardo dejó la cobertura de la UNAM, el 23 de enero de 2000, *Proceso* publicó un texto sin fuentes –destinado a desacreditar el plebiscito del 20 de enero al que había convocado el rector Juan Ramón de la Fuente– pero que, para el director, mereció la portada del semanario. "Gobernación, en el plebiscito de la UNAM", ponía la cabeza. Involucraba en una supuesta maniobra orquestada a la secretaría de Gobernación, a la rectoría, al gobierno perredista del Distrito Federal y a la parte moderada del movimiento estudiantil, vinculada al PRD. Para ello se manipulaban declaraciones de representantes estudiantiles moderados como Bolívar Huerta, a quien con un acomodo tramposo se hacía aparecer como partícipe en las "negociaciones" con Gobernación. El reportero Rodrigo Vera estimó que el asunto no tenía sustento, pero Rodríguez Castañeda se empeñó en publicarlo. "Está cincho. ¡Me lo pasó gente de Gobernación!", dijo el director de *Proceso*. Así lo dijo. Y cuando Bolívar Huerta desmintió la versión en la edición siguiente y exigió pruebas de la supuesta conjura, la revista contestó sin recato en una *N de la R* que no podía presentar pruebas documentales o testimoniales de lo publicado porque "se estableció el compromiso de preservar la identidad de las fuentes…"

Luego de la publicación de *Proceso*, el ala ultra del movimiento –cuyos miembros esgrimían el ejemplar de la revista para descalificar a los moderados– radicalizó su posición. La salida pacífica se canceló. Hubo el enfrentamiento violento en la Prepa 3, que originó la intervención de la policía en ese plantel, el 1º de febrero. Y el domingo 6, la nueva Policía federal preventiva, que depende directamente de la secretaría de Gobernación, entró a Ciudad Universitaria.

Ortiz Pardo recordó entonces que tres meses atrás, Rodríguez Castañeda censuró una entrevista –efectuada el 29 de octubre de 1999– con el subsecretario de Seguridad pública de la secretaría de Gobernación, Jorge Tello Peón. En esa conversación, que fue grabada, el funcionario tácitamente amenazó al reportero Guillermo Correa, cuyas preguntas lo incomodaron, con hacerlo comparecer ante el Ministerio público. Ortiz Pardo leía precisamente la trascripción íntegra de esa entrevista en el cubículo de Correa, cuando Pascal Beltrán del Río, "coordinador general de información", vino a comunicarle a Guillermo la orden del director de no incluir ese aspecto en el texto. Ortiz Pardo pidió entones una copia a su compañero. Según esa trascripción, ante la insistencia de Correa sobre la existencia de diversos grupos armados en el país, Tello Peón expresó textualmente:

—Yo tendría ahorita en estricto rigor siguiendo mandar (*sic*) a hablar al Ministerio público para decirle que tú acabas de decir que tienes información de estos grupos armados.

—Y se la doy –repuso Correa.

—Me la das y me firmas –advirtió el funcionario.

Como lo había ordenado Rodríguez Castañeda, el altercado fue omitido en el texto que bajo las firmas de Beltrán del Río y Correa apareció en el número 1200 de *Proceso*, del 21 de mayo de 1999.

El primer reportaje de Ortiz Pinchetti y Ortiz Pardo sobre la campaña de Vicente Fox se refirió a la estructura interna, los objetivos, las estrategias, los personajes, el andamiaje todo de la campaña. Se publicó mucho antes de que otros medios lo hicieran. En *Proceso*, sin embargo, fue motivo de las primeras, sutiles presiones. En su entrevista semanal con los reporteros, Rodríguez Castañeda dijo que el texto estaba muy bien, muy completo, pero que le había faltado "intención". No pudo precisar a qué se refería con "intención", pero por el sentido del encabezado que la mesa de edición dio al texto, pudo deducirse: "En detalle, la gigantesca organización que mueve a Fox", ponía, cuando los reporteros habían escrito que el *staff* de campaña se componía de no más de "un centenar" de personas.

El 12 de marzo, a insistencia de los reporteros, *Proceso* publicó en su portada una foto del candidato presidencial en motocicleta para ilustrar el reportaje de Ortiz Pinchetti sobre "el estilo Fox". En el mismo número se incluyó la crónica de Ortiz Pardo que describía la operación en vivo de la logística foxista en las giras y actos proselitistas. Rodríguez Castañeda dijo a Ortiz Pinchetti que su trabajo era inobjetable, carajo, chingón, pero que al leerlo le había provocado simpatía por Fox. "¡Cae bien el cabrón!", dijo a manera de reclamo. "Como que te faltó señalar sus fallas, sus pendejadas, no sé". La pura insinuación era ofensiva para el profesionalismo de Ortiz Pinchetti. El reportero le demostró que su texto era un retrato fiel, periodístico, objetivo, del estilo del candidato y que ahí estaban también sus pifias, sus dislates, todo. Nada atinó a responder el director.

Las presiones fueron en aumento. Una nueva crónica de los reporteros sobre la campaña sufrió más de 20 correcciones innecesarias, absurdas algunas. A su reclamo se respondió con nuevos hostigamientos. "Es que la gente me dice que la revista está muy foxista", trataba de justificarse Rodríguez Castañeda, que a la vez ofrecía que ya no, nunca, palabra, ocurrirían esos cambios, esas multilaciones, que Pedro Alisedo –subdirector editorial– en persona se encargaría de sus textos para que fueran absolutamente respetados.

Y llegó al grado de afirmar, con un tono que parecía referirse a dios padre, que "don Julio dice que la revista tiene un tufo foxista". Se refería por supuesto a Julio Scherer García, el director fundador de *Proceso*, que al retirarse formalmente del cargo en noviembre de 1996 –al cumplir el semanario 20 años de existencia– quedó solamente como presidente del consejo de administración de la empresa editora.

—¿Se refirió a nuestros textos? –le preguntó Ortiz Pinchetti.

—Bueno, no –escapó otra vez el director–, don Julio lo dijo en general, que la revista tiene un tufo foxista.

—Es su opinión, nada más –dijo el reportero–. Nosotros estamos describiendo lo que vemos, nos guste o no nos guste. Estamos frente a un fenómeno político y eso se refleja en nuestras crónicas. Entendemos que la única línea posible en *Proceso* es la verdad.

La campaña tomaba vuelo. Los reporteros encontraron otro ángulo interesante, original y sobre todo significativo: la penetración de Fox en áreas rurales históricamente vedadas al PAN. Fox en el campo, fue el tema de su siguiente trabajo, publicado el 9 de abril, que además adelantaba en exclusiva los pormenores de la llamada operación tractor y la propuesta básica del candidato para ese sector. Y fue el motivo de nuevas insinuaciones, intentos de darle "línea" a los reporteros.

—Dice don Julio —dijo otra vez Rodríguez Castañeda a Ortiz Pinchetti— que su reportaje del campo es espléndido, muy completo; pero que ¡carajo, es Fox!

Dice don Julio, dice don Julio, repetía, reiteraba, se escudaba el supuesto director de *Proceso*. "Dice don Julio que eso es inadmisible."

En abril precisamente aparecieron en varios medios informaciones sobre el surgimiento de nuevos grupos guerrilleros en el país que se dieron a conocer de manera insólita a través de correo electrónico. Ya en plena campaña, Vicente Fox declaró que esa guerrilla virtual era un nuevo invento del gobierno para provocar otra vez el voto del miedo. En conferencia de prensa que Ortiz Pardo cubrió para Apro, el candidato de la Alianza por el cambio exigió al gobierno el 18 de abril detener "la ola de sandeces, como eso que han inventado de los ejércitos revolucionarios" para meter temor en la ciudadanía de cara al proceso electoral. Nuevamente *Proceso* sacó las castañas del fuego por el gobierno, al publicar en su edición del 23 de abril un texto, otra vez sin fuentes, firmado por Pascal Beltrán del Río, que de hecho avaló la versión de la nueva guerrilla como una escisión del EPR. Ortiz Pinchetti cuestionó ese trabajo ante Rodríguez Castañeda, en una de sus reuniones semanales en las que a propuesta del director el reportero le daba su opinión sobre el contenido de la revista y le hacía sugerencias que por supuesto jamás eran atendidas. Y el propio Rodríguez Castañeda disipó toda duda al confiarle que se trataba de un informe que le habían filtrado "de Gobernación".

A mediados de abril empezaron a manifestarse las adhesiones a la candidatura de Fox de militantes de otros partidos, intelectuales y personalidades relevantes. Destacaba en ese momento la de Héctor Castillo, el hijo de Heberto. Ortiz Pardo consiguió en exclusiva el anuncio anticipado de la decisión del ex dirigente estudiantil Joel Ortega y una treintena de ex comunistas, ex guerrilleros y ex presos políticos de sumarse a la campaña foxista. El reportero escribió un reportaje sobre éstas y las demás adhesiones. Su texto –que no fue incluido en el índice de la revista– sufrió varias mutilaciones y fue minimizado en un recuadro con una cabeza genérica que no destacaba *la nota*, que era la adhesión de Ortega y su grupo.

Molestó a Rodríguez Castañeda la postura del hijo de Heberto Castillo y la solicitud que había hecho a Cuauhtémoc Cárdenas para que declinara su candidatura a favor de Fox. "¡Pero si es sólo un pinche veterinario!", dijo displicente a Ortiz Pardo. Por su parte, Ortiz Pinchetti escribió en el mismo número un texto –que casualmente tampoco fue incluido en el índice– en el que recordaba la posición de Heberto sobre las alianzas de la oposición: Heberto Castillo –quien en 1988 declinó su candidatura presidencial del PMS a favor de Cuauhtémoc Cárdenas– era partidario de la alianza de "las izquierdas y las derechas" para derrotar al sistema priísta. Proponía "sacar entre todos al PRI de palacio nacional e instaurar un gobierno plural y democrático". Y advertía: "De lo contrario, no tendremos democracia en este país y habrá violencia". La cabeza, empero, ocultó el sentido del texto: "Las olvidadas lecciones históricas de Heberto", ponía inocua.

El 21 de mayo, en cambio, *Proceso* destacó en su portada un "refrito" sobre el mismo tema de las adhesiones, pero sólo para descalificar y ridiculizar a quienes se habían sumado a la candidatura de Fox, al hacerlos aparecer como oportunistas y chaqueteros. "Los maromeros", tituló. Bajo ese calificativo se incluía por igual a Evaristo Pérez Arreola que a Porfirio Muñoz Ledo; a la "Tigresa" Irma Serrano que a Jorge G. Castañeda, Adolfo Aguilar Zinser, Héctor Castillo o Joel Ortega.

—¿Fue cosa de Julio, verdad? –preguntó Castañeda a Ortiz Pinchetti cuatro días después de la publicación, al salir de un acto en el hotel Marriot.

Los reporteros se enteraron por esos días de las opiniones vertidas por Julio Scherer García sobre Vicente Fox. En uno de los desayunos de los viernes que organiza Juan Sánchez Navarro en el Club de Industriales con un grupo de amigos, el invitado fue Adolfo Aguilar Zinser, que se había sumado como asesor a la campaña de Fox y había sido el organizador, junto con Jorge Castañeda, de la exitosa gira del panista a Washington. Aguilar Zinser habló sobre la personalidad, las propuestas, las posibilidades del candidato. En su turno, Scherer García se dirigió a Adolfo –"mire, licenciado", le decía furioso a quien conoció desde niño y siempre había tuteado– para denostar a Vicente Fox: oportunista, ignorante, ridículo, acomodaticio, sin principios, sin ideas, repugnante. "Descerebrado", resumió. Llegó a decir que le daría asco –asco, dijo– darle la mano al guanajuatense. Era un odio enfermizo el suyo.

No lo ocultaba Scherer García. Un jueves, como acostumbraba, llegó a la redacción de *Proceso*. Ante varios reporteros presentes, azorados por su antifoxismo, de plano dijo en voz alta, mientras subía las escaleras: "Prefiero a la momia de Labastida que a la prostituta de Fox."

Los periodistas sabían también para esas fechas de las actividades de Julio Scherer Ibarra como cercano asesor del candidato presidencial del PRI, Francisco Labastida Ochoa. El hijo de Scherer García, "consejero político" del sinaloense, se dedicaba en especial a cuestiones relacionadas con la información, con los medios, en mancuerna con Marco Bucio, alineados siempre con Emilio Gamboa Patrón. Llamaba, visitaba, trataba de persuadir a los columnistas que hacían críticas al candidato priísta. Estaba presente en entrevistas que concedía Labastida, intervenía para cuidar el tono, el sentido de las preguntas de los reporteros. Utilizaba el nombre de su padre, el prestigio de *Proceso* –como lo hizo siempre– para reforzar su activismo.

Segunda parte
La campaña

1. El estilo Fox

"¡Chiquillos, para arriba!", pide, ordena Vicente Fox Quesada ante la plaza rebosante. "¡Échenlos para arriba, quiero verlos!" Y sobre el mar de cabezas aparecen, levantados en vilo, decenas de pequeños. "Ante estos chiquillos, ante nuestros hijos –dice con tono grave– me comprometo a dedicar cada latido de mi corazón, cada segundo y cada minuto de mi tiempo, para cambiar a nuestro querido México."

La escena, que se repite invariable –textual– en cada mitin, en cada acto masivo de la campaña, antecede al juramento que el candidato pide a sus seguidores, una vez invitados a levantar la mano con la "v" de la victoria:

—¿Se comprometen a dedicar un poco de su tiempo a la semana a conseguir otros diez votos?

—¡Siií! –responde la multitud

—¿Se comprometen a acompañarme a sacar al PRI de Los Pinos el próximo dos de julio?

—¡Siií! –estallan en júbilo los foxistas.

El candidato, feliz, con ambos brazos en alto, en las dos manos la "v" de la victoria, remata: "Me voy confiado: vamos a ganar. ¡Que Dios les bendiga!"

Ese es Fox en su apogeo. Comienza marzo. Su campaña pasó ya el punto de ignición y despega. Le dan resultado sus alocadas giras, con base en actos bien armados, concurridos, alegres casi siempre. Cada vez más sale de los salones y locales cerrados y arriesga enfrentar públicos mayores, más ajenos, en calles y plazas. Y tiene éxito. Le va bien con los empresarios, con los banqueros, con los agricultores ricos, lo que parece lógico y natural; pero también con los estudiantes y los campesinos pobres, los maestros, los colonos, los artistas, los indígenas. Y superbién con las mujeres. Todo un caso.

Sus contradicciones, su criticada inconsistencia, sus frecuentes deslices verbales, más que afectarlo parecen favorecerlo. Todo se le resbala. Sus contrincantes electorales le ayudan con sus ataques: han convertido a Fox en tema de sus campañas. El resultado se refleja en las encuestas, que en promedio coinciden en ubicar al ex gobernador panista de Guanajuato y al priísta Francisco Labastida Ochoa en un "empate técnico", con alrededor del 40 por ciento de la intención de voto cada uno de ellos. Sólo que Labastida tiende a la baja y Fox a la alza.

Y faltan todavía cuatro meses para las elecciones.

No soy monedita de oro

Fox el patán. Fox el oportunista. Fox el caudillo, el bravucón, el lenguaraz, el atropellado, el inculto, el lépero. Tiene la rara virtud de que le endilguen sambenitos que acaban por favorecerlo. Visto en los medios de comunicación, usa electoralmente el estandarte de la virgen de Guadalupe, profana la campana de Dolores, convoca a una nueva guerra cristera, equipara a la iglesia con el PRI, agradece a los banqueros la ruina de este país. Y cuando aclara o desmiente, se hace bolas solo o "recula".

De escándalo en escándalo, sin embargo, asciende en las preferencias electorales y empieza a llenar plazas: Veracruz, Cozumel, Mérida, Morelia, Guadalajara, Puebla.

No puede decirse que tenga "mala prensa", pero la mayoría de los medios no refleja la realidad de su campaña, más allá de los dimes y diretes, las ocurrencias o los dislates: "Declaración mata crónica", dicen los reporteros. En algunos lugares, como en Aguascalientes, ha tenido roces fuertes con algunos informadores locales que tratan, según él, de ponerle "cuatros". En cambio, mantiene un trato cordial y hasta amistoso con los periodistas que cubren permanentemente su campaña. Es un candidato que se tutea y guasea con los reporteros. Cuando menos en tres ocasiones en lo que va de la campaña formal se ha trepado al camión de prensa para platicar *off the records* con ellos. Y a veces, como en Pátzcuaro, hasta accede a su petición de ampliar alguna afirmación en el mitin siguiente. Sin embargo, de repente desliza reclamos a la prensa que lesionan esa relación, aunque luego trata de sanar cualquier raspón.

"Reconozco que en la mayoría de los medios hay una gran objetividad, apertura y pluralidad", dice ante más de dos mil estudiantes poblanos, el 9 de marzo, luego de coincidir con uno de ellos en que persisten prácticas de corrupción en la prensa mexicana. Echa enseguida, ahí mismo, una de las suyas: "Qué más quisiera que los medios hubieran informado de los aplausos que nos dieron ayer las *miembras* del sindicato de la asociación sindical de trabajadoras de aviones". Y es que a su lado, los pescadores de gazapos pueden llenar sus redes en una sola jornada. Cada tercer día dice *depradar* por depredar o *pristinos* por prístinos, sin que ninguno de sus asesores se percate.

Por lo demás, el discurso repetitivo del candidato de la Alianza por el cambio no ofrece normalmente nuevos matices informativos. No hay nota. Y no es que Fox no haga propuestas. Las expone, siempre, sobre distintos tópicos, en cada uno de sus actos de campaña. Lo que pasa es que son las mismas: nuevas para cada auditorio pero reiterativas para quien sigue permanentemente su campaña. Sus postulados centrales son cinco: desarrollo económico con rostro humano, revolución educativa, seguridad y justicia, buen gobierno y financiamiento para el desarrollo. De ellos deduce luego 65 propuestas concretas. Eso sí, tiene la habilidad de darle frescura con su vehemencia a frases que hace sentir nuevas aunque las haya repetido dos o tres veces ese mismo día, decenas de veces en la campaña.

Así, repite textual en cada caso que quiere "hacer de México un país exitoso y triunfador" y que alentará "el maravilloso mundo de la micro, pequeña y mediana industria". Se refiere a los pobres de México como aquellos " a los que les tocó bailar con la más fea" y promete que ellos "serán mano en mi gobierno". Elogia "a las maravillosas maestras y a los maravillosos maestros". Convoca a una "revolución educativa" y asegura que "ningún joven ni ningún chiquillo se quedará por razones económicas sin la posibilidad de alcanzar su proyecto educativo" y que con base en los microcréditos "cualquiera podrá tener su changarro". La cita de Cicerón es infaltable cuando se encuentra con estudiantes. "Él decía –dice muy solemne– que el cuerpo se cansa y lo material se acaba, pero que lo verdaderamente valioso está en el espíritu." En actos campesinos no le falla: "Cuando veo sombreros me siento como en casa. Reciban un saludo desde el ejido San Cristóbal, municipio de San Francisco del Rincón, allá en Guanajuato, donde tienen todos ustedes su casa…"

Rara vez sorprende con una idea novedosa. Ocurrió en Tijuana, cuando le preguntaron sobre su propuesta en materia de salud: "Será como en Dóminos Pizza: a menos de media hora de su casa, toda familia tendrá atención médica de calidad".

Independientemente de la cobertura a sus actividades de campaña, el controvertido candidato de 57 años de edad realiza una intensa tarea de difusión de su imagen y sus postulados a través de entrevistas periodísticas con los diferentes medios. En cada ciudad importante que visita dedica al menos un par de horas a esa actividad. Cubre con ello auditorios insospechados. Hasta marzo, según la contabilidad de su jefa de prensa, Martha Sahagún, ha concedido cerca de 500 entrevistas exclusivas a medios de prensa, radio y televisión tanto locales como nacionales. "Un promedio de ocho por día", dice ella. "Aunque hubo un día en que concedió 16 entrevistas." Eso, además de una veintena de entrevistas con medios extranjeros, particularmente estadunidenses y latinoamericanos. Y es que ya le echaron ojo. El reportero Sam Dillon, de *The New York Times*, por ejemplo, lo acompañó en sus giras durante dos semanas.

El chirrión por el palito

Vicente es formal en escenarios formales, a los que asiste de traje y corbata y donde generalmente lee su discurso escrito. Así ha ocurrido en sus encuentros con empresarios, economistas, académicos u otros profesionales. Es un Fox que se mira artificial, en camisa de fuerza.

Siempre que puede, el candidato panista da un tono de informalidad a su campaña. Y no sólo por su atuendo, que en las giras invariablemente incluye la camisa azul arremangada, sus botas y su infaltable hebilla, sino por su actitud desparpajada, suelta. Con mucha frecuencia, como durante un desayuno en Chalco con líderes sociales, se asume como maestro de ceremonias y es él quien invita a los asistentes a tomar el micrófono para exponer la situación de su comunidad. "A ver, a ver, una mujer que pase a platicarnos cómo están las cosas por acá", invita. "Y también un maestro, una maestra, a ver." En Pátzcuaro, de plano se sentó en el piso del estrado y desde ahí dialogó con el público. Y en Oaxaca pronunció todo su discurso con un par de niñas mazatecas en los brazos.

Es su estilo.

Versátil, impredecible, invita a comer rosca de Reyes a los locatarios priístas que lo abuchean en el mercado de San Juan de Dios en Guadalajara; viaja a Monterrey para ser ungido por un millar de mujeres –que lo jalonean, lo abrazan, lo colman de besos– como el "Luis Miguel del Bajío"; camina a trancos entre colonos miserables de La Pochota, en las afueras de Veracruz, que lo cubren de peticiones; aguanta el hedor y dialoga con pepenadores en el inmundo tiradero de basura de Tampico; se emociona ante el coro de 2,200 muchachos y muchachas del albergue Villa de los Niños, en Chalco. A la plaza de Tierra Blanca, en Veracruz, llega a caballo y pega silbidos como en el rancho, al frente de 300 jinetes. En Tlalnepantla, está a punto de caer al pretender subir a una patineta y en San Juan del Río se calza un casco y trepa en una motocicleta. En Santa Clara del Cobre agarra el marro y se pone a forjar una pieza de cobre, como momentos antes lo hicieron los artesanos locales. En Veracruz se encarama en la defensa de una *suburban* y así recorre las calles pletóricas de jarochos que le dan la bienvenida.

Fox literalmente "se baña" en sus seguidores, sin que lo impidan sus siempre amables guaruras. Al llegar a los actos masivos, y sobre todo al retirarse, suele ser envuelto por decenas de manos que buscan un saludo. Él reparte sonrisas y autógrafos, posa para las fotos al lado de sus *fans*. En Mérida, al terminar el mitin en la plaza de La Mejorada, tardó más de 20 minutos en llegar a su autobús, distante 30 metros: a su paso se cerró un mar de yucatecos. La gente sigue sus discursos con atención, pero lo que más le importa es ver a Fox, que sabe poner acentos corporales a sus intervenciones y logra conectar con un auditorio al que le encantan –y le festeja– las frases ya típicas del Grandote, como su invitación a "sacar al PRI de los Pinos" o sus advertencias sobre "las tepocatas, sanguijuelas, víboras prietas y demás alimañas" que le saldrán en su camino a Los Pinos.

El acabose son sus encuentros con mujeres, generalmente desayunos a los que concurre un millar de ellas en promedio. Lo mismo en Monterrey que en Apizaco, en Tijuana o en Mérida, las foxistas no se detienen ante nada. Desde que llega se lo quieren desayunar. Lo abrazan, lo besan, lo jalan. Hacen cola para que les firme un autógrafo en el boleto del evento o para tomarse una foto a su lado. A la salida, su rostro es una máscara carmín.

Tiene humor el candidato. "Soy de rancho", dice él mismo. "A veces me aviento mis chascarrillos y las que llaman malas palabras, pero es nomás de vez en cuando…" Y a veces, también, le gana la risa. Como en Akil, en la región maya de Yucatán, donde un grupo de simpatizantes detiene el camión en que viaja para hacerlo bajar y hablar en improvisado mitin. Los pobladores le hablan del reparto que hace el gobernador Víctor Cervera Pacheco de bicicletas, pollos, láminas y otros regalos con fines proselitistas. "Agárrenle a Cervera las bicicletas –recomienda Fox–. Agárrenle los pollitos… pero no los huevitos."

De lengua me como un plato

El estilo ranchero de su atuendo, sus ademanes, el tono grave de su voz, concuerdan con el gusto de Fox a usar dichos y términos campiranos, muy coloquiales. Así, dice que los funcionarios federales "se sienten la mamá de Tarzán" cuando llegan a los estados, que los agricultores siembran sus campos llenos de ilusiones pero a la hora de comercializar su producto "el gozo se va al pozo", que los mexicanos "ya no sentimos lo duro sino lo tupido" y "andamos arrastrando la cobija", que los banqueros "se despacharon con la cuchara grande", que con el gobierno del cambio "otro gallo les va a cantar" a quienes "les ha tocado bailar con la más fea", que "los chipocludos nos *train* a maltraer, como decimos en el rancho", que "ahí se lo *aiga* a los priístas cuando llegue el nuevo gobierno".

Muina, cuaco, changarro, paliacate, cuate, enaguas, amigocho, guaje, endenantes, son términos comunes en su lenguaje. Él lo defiende:

"Hablo como habla la gente, de manera sencilla, directa, clara, sin recovecos. No sé por qué hacen tanto irigote". Su fama de lépero tiene en realidad poco sustento. Su vocabulario soez no va más allá de un "mamila", un "ni madres" o un "carajo". El término "marranadas", que acuñó en 1991 para definir lo ocurrido en las elecciones estatales de Guanajuato, lo reserva para casos harto especiales. Como la revocación hecha por el Tribunal federal electoral de la autorización del IFE para que su fotografía o al menos su silueta apareciera en las boletas electorales. En Aguascalientes soltó ante los reporteros un "ni *maiz* ni madre" que se convirtió en la nota del día.

Raro que Vicente pierda la sonrisa. Denota impaciencia ante las preguntas reiterativas: que la venta de Pemex, que su familia en el Fobaproa, que la Virgen de Guadalupe, que los 15 minutos para solucionar el conflicto en Chiapas. Y a veces denota cierta rabia, como cuando en la placita de Tarecuato, una pobre comunidad purépecha de barro cocido, en Michoacán, advierte indignado: "¡No puede ser que los niños purépechas y los niños indígenas de todo México sigan tragando puros frijoles y tortillas toda su vida!"

Un candidato diferente, sin duda, que rompe paradigmas, brinca trancas, pisa alimañas, carga niños, besa mujeres e, incansable, persigue su objetivo: la presidencia de México. "Fox es como es", dice Fox mismo.

2. EL EQUIPO

En tanto que Vicente Fox salta como caballo de ajedrez sobre el tablero de la república –de Veracruz a León, de Tlaquepaque a Monterrey, de León a Tijuana, de Chalco a San Cristóbal de las Casas, de Naucalpan a Ensenada, de Acapulco a Lagos de Moreno– en una campaña electoral sorprendente por su estilo y sus recursos, un centenar de especialistas sigue sus pasos con lupa: diseña estrategias, mide alcances, afina propuestas, implementa tácticas, valora resultados, mitiga no poco frecuentes trompicones.

Es el *staff*. Su misión: llevar al grandulón ex gobernador panista de Guanajuato a la presidencia de la república, con el respaldo de 20 millones de votos. Estrategas políticos y electorales, mercadólogos, encuestadores, publicistas, administradores, comunicólogos, creativos, publirrelacionistas, ideólogos, programadores –apoyados por miles de operadores en el país– conforman el equipo profesional de campaña del candidato de la Alianza por el cambio, la coalición de los partidos Acción nacional (PAN) y Verde ecologista de México (PVEM).

Ellos disponen de un presupuesto total de 490 millones de pesos –el tope fijado por el IFE a las campañas presidenciales– y recurren a instrumentos sofisticados de promoción y mercadotecnia nunca antes usados por la oposición mexicana, ante la congoja de no pocos panistas ortodoxos. "Ciertamente esta es una campaña no tradicional, diseñada para un candidato no tradicional", dice el senador panista Rodolfo Elizondo, coordinador político de la campaña. "Fox es un candidato arriesgado, que rompe esquemas y modifica paradigmas. Ese es su gran potencial. Hoy, un candidato opositor tradicional no tendría nada que hacer frente a un candidato tradicional del PRI como es Francisco Labastida."

Los estrategas foxistas no sólo están satisfechos con los resultados obtenidos en los primeros meses de campaña formal, sino desbordan optimismo. Sólo en el mes de enero del 2000, aseguran, el mensaje de su candidato llegó a través de los medios masivos a más de cinco millones de personas en 10 estados del país y personalmente a unos 120 mil asistentes a mítines y otros eventos. Encuestas sobre intención del voto sitúan ya a Fox a la par que su contrincante priísta "y en algunas regiones, como el Distrito Federal, arriba de él". La clave de la campaña de Vicente Fox, dicen, se llama Vicente Fox. "La mercadotecnia no inventa a Vicente; al revés: toda la mercadotecnia se basa en lo que es Vicente", explica el coordinador del área, Francisco J. Ortiz.

Estructura bipartita

Como muchos suponían, en el momento en que Vicente Fox se convirtió formalmente en candidato del PAN a la presidencia de la república, la estructura de Amigos de Fox entró en conflicto con la estructura partidista. Hubo jaloneos y raspones, chispas a ratos; pero finalmente se dio un acoplamiento aparentemente feliz en el Comité nacional de campaña. "La disyuntiva era dejar morir a Amigos de Fox o potenciarlos", platica el estratega operativo Pedro Cerisola. "Decidimos lo segundo, toda vez que el movimiento ciudadano era un activo muy importante para la campaña y para el triunfo de Vicente, ya que involucra a mucha gente que no es panista; es algo más amplio, un movimiento ciudadano no partidista. Así que lo integramos formalmente a la campaña, como su voluntariado."

El Comité nacional de campaña está integrado por el propio candidato presidencial, el presidente nacional del PAN, Luis Felipe Bravo, una representación del CEN panista y los coordinadores del comité de campaña. Se reúne semanalmente en la sede del CEN. "Ahí se toman las grandes decisiones de la campaña", dice Rodolfo Elizondo. Por el CEN participan, además de Bravo Mena, el secretario general adjunto, José González Morfín; el secretario de Finanzas, Ramón Corral; el secretario de Comunicación social, Juan Ignacio Zavala, y el secretario de Acción electoral, Humberto Aguilar. También asisten eventualmente Federico Ling Altamirano (secretario general), Gabriela Ruiz (finanzas) y Germán Martínez (representante del PAN ante el IFE). Y por el comité de campaña, además de Fox, los coordinadores generales operativo (Pedro Cerisola), político (Rodolfo Elizondo), de mercadotecnia (Francisco J. Ortiz) y de prensa y relaciones públicas (Martha Sahagún), así como los encargados de finanzas (Carlos Rojas) y financiamiento (Lino Korrodi).

—¿Persisten los jaloneos?

—No –responde Elizondo–. Las diferencias que pudo haber se han zanjado. Ya tomó su paso la estructura. La conjunción de ambas instancias ha resultado exitosa, en la mayoría de los casos. Quedan por ahí estados donde persiste algún problema menor de coordinación, casi siempre por razones estrictamente locales. Y por la disputa válida de posiciones políticas que están en juego, como las candidaturas a diputaciones federales y senadurías. En este sentido pasamos por un periodo difícil, pero en general hay ya un muy buen entendimiento.

Explica el senador duranguense que las decisiones tomadas por el Comité nacional son analizadas semanalmente por el comité de campaña, que se reúne todos los martes. "Ahí, a partir de esas decisiones generales, se focalizan las acciones del candidato."

Y luego, en reuniones diarias del *staff*, sin candidato, se analiza por áreas la marcha de la campaña y se hacen recomendaciones a Fox.

—¿También hay jalones de orejas?

—No, no hay llamadas de atención ni regaños ni mucho menos, como luego se ha dicho –ríe Elizondo–. Lo que hacemos es revisar los aspectos positivos y los negativos y en consecuencia hacemos recomendaciones. Esa es la obligación del comité de campaña.

El quién es quién foxista

La coordinación operativa está en manos de Pedro Cerisola, un arquitecto con amplia experiencia en ingeniería empresarial. Tuvo a su cargo la remodelación del aeropuerto internacional de la ciudad de México y fue director de Aeronáutica civil. En abril de 1988 dirigió la operación de contingencia tras la quiebra de Aeronaves de México. Fue el constructor de la empresa sustituta, Aerovías de México (Aeroméxico), de la que fue director general de marzo de 1989 a agosto de 1990. Ingresó posteriormente a Telmex, donde fue sucesivamente director de operaciones, de planeación y de estrategia corporativa y finalmente director general regional.

Cerisola se incorporó a la campaña en septiembre de 1999, a invitación del propio candidato. A su cargo está toda la estrategia operativa. "Tenemos estrategias de tipo permanente, las líneas generales, y también estrategias coyunturales para enfrentar las situaciones que de pronto se presentan, así como las acciones tácticas", explica. De él depende el equipo de seguridad del candidato, "cuya estructura y operación son absolutamente confidenciales"; la administración de la campaña (de la que es responsable Carlos Rojas), el financiamiento (Lino Korrodi), la planeación (Carlos Flores), la agenda y coordinación de giras (Juan Hernández) y el voluntariado (Juan Antonio Fernández, coordinador nacional de Amigos de Fox). Las decisiones operativas se canalizan a todo el país a través de coordinaciones regionales, estatales y municipales.

El senador Rodolfo Elizondo, ex candidato a la gubernatura de Durango, ex diputado federal, se ocupa de la coordinación política. A su cargo están las relaciones con las fuerzas armadas (responsable: senador Norberto Corella), las iglesias (Alberto Ortega), los sindicatos (diputada María del Carmen Díaz), las instancias internacionales (Jorge Ocejo), las organizaciones no gubernamentales (Manuel Arciniega) y la vinculación nacional (Margarita Pérez Gavilán). También dependen de Elizondo y su equipo las relaciones con los coordinadores estatales de la campaña y, por supuesto, las relaciones con los panistas: senadores, diputados, dirigentes del partido. Otra encomienda harto delicada es el contacto con otros candidatos y partidos de oposición en la búsqueda de acuerdos sobre temas específicos, como publicidad conjunta, defensa del voto, debates; y captar a los disidentes de otros partidos (PRD, PT, PAS e inclusive el PRI) que decidan sumarse a la causa foxista.

Francisco J. Ortiz Ortiz, de 40 años de edad, es el coordinador de mercadotecnia, área sustantiva de la campaña. Egresado de la Universidad panamericana –donde estudió administración y finanzas– es un experto en su campo. Trabajó 13 años para la Procter & Gamble y en Televisa durante siete, en las áreas editorial, radio, discos, videoteca, mercadotecnia y desarrollo de nuevos negocios. Sin ningún antecedente partidista, ni siquiera conocía a Fox cuando fue contratado para la campaña a través de una agencia especializada en búsqueda de talentos. Tiene a su cargo el manejo de toda la publicidad pagada de la campaña, tanto en medios electrónicos como en prensa escrita, así como la publicidad directa, "uno a uno", que incluye volantes, folletos, gallardetes, carteles, calcomanías.

Bajo la coordinación de Ortiz están las áreas de investigación de mercado ("nuestro termómetro para medir esfuerzos y efectividad"), creatividad (comunicación masiva en TV, radio y publicidad directa, a cargo de Santiago Pando), promoción (contacto con coordinadores estatales para apoyo corporativo, con Cristina Solís), medios (contratación de publicidad, con Cristina Calderón), producción de radio y TV (Sari Bermúdez se encarga especialmente de producir el programa radiofónico sabatino de Fox en Grupo Acir) y mercadotecnia (María ugenia Laguna).

La coordinación de mercadotecnia se apoya en diversas empresas especializadas, sobre todo en materia de investigación de mercado, encuestas y sondeos de opinión, entre ellas Gaussc, de Rolando Campos; Arcop, de Rafael Giménez; y Redes, de Gido Lara. "No tenemos ninguna asesoría extranjera", aclara Ortiz al rechazar la especie de que expertos que participaron en la campaña del presidente estadunidense Bill Clinton tengan algo que ver con la de Vicente Fox.

Finalmente, Martha Sahagún es la coordinadora de comunicación social. Michoacana de nacimiento, pero radicada en Celaya, ingresó al PAN desde 1988 y fue secretaria de Promoción política de la mujer del comité directivo estatal de Guanajuato. En 1994 fue candidata a la alcaldía celayense, pero resultó derrotada –"por fortuna", dice– por su rival priísta. Trabajó en áreas administrativas del sector privado. En el gobierno estatal encabezado por Fox (1995-1999) ocupó la coordinación de Comunicación social. Es miembro del Consejo nacional panista. De su coordinación depende la jefatura de prensa de la campaña, área en la que fallas de coordinación y errores de logística han provocado molestia de los informadores que cubren las actividades del candidato. Como consecuencia de esos desatinos pagó los platos rotos el jefe de prensa, Ricardo Martín Rojo (del equipo de comunicación del CEN del PAN, que fue encargado de prensa de la campaña de Felipe Calderón por la candidatura de Michoacán en 1995): fue relevado por Felipe González, ex gerente de comunicación de Coparmex, a quien apoyan Carmen Alcántara, Eric Ruiz Rodríguez, Daniel Popoca –hijo del periodista Fausto Popoca– y Claudia López, en logística, comunicaciones y avanzadas. Alfonso Murillo, ex fotógrafo de *El Universal*, coordina la atención a reporteros gráficos y camarógrafos, además de ser el fotógrafo oficial del candidato. Con él colaboran Sergio Yedra y Cuauhtémoc García.

Otras áreas de responsabilidad de Martha Sahagún son: relaciones públicas (a cargo de Gina Morris), internet (Alberto y Mercedes Bolaños) y medios alternos como correo y videocasetes (Erika de la Fuente). "Nuestra misión es hacer llegar la imagen y la propuesta del candidato al mayor número de medios tradicionales y alternativos", dice Sahagún. También mantener cercanía con líderes de opinión, como columnistas, articulistas, directores de medios, dirigentes empresariales, artistas, deportistas, para tener una constante retroalimentación. Y algo muy importante: mantener informado al candidato, a través de síntesis y análisis informativos y monitoreo de medios electrónicos e internet". Un área especialmente delicada es la unidad de Análisis y estrategia de comunicación, a cargo de Darío Mendoza y Ana García. Su tarea: dar alternativas de respuesta inmediata frente a los embates de los enemigos políticos.

El "cerebro" del discurso foxista es Eduardo Sojo, responsable de propuesta. Es un hombre muy cercano a Fox, con quien trabajó en el gobierno de Guanajuato como coordinador de Fomento económico, una suerte de supersecretaría estatal. Sojo acuerda con Vicente los temas a tratar y se encarga de la redacción de pronunciamientos y discursos. Aunque se incorporó ya a la campaña Ramón Muñoz, que fue coordinador de asesores de Fox en el gobierno de Guanajuato, no hay un equipo asesor como tal, permanente. Para temas específicos se convoca a especialistas, tanto panistas como no panistas. Entre los más frecuentemente consultados se cuentan el senador independiente Adolfo Aguilar Zinser, el politólogo Jorge G. Castañeda, el historiador Enrique Krauze y el economista Luis Ernesto Derbez. También participan diputados federales y senadores del PAN en el análisis de cuestiones torales, como la propuesta económica del candidato y la coherencia entre su discurso y los postulados y principios doctrinarios panistas.

En el círculo más cercano a Fox se ubican Luis Felipe Bravo, Pedro Cerisola, Juan Antonio Fernández, Lino Korrodi, Ramón Muñoz, Eduardo Sojo y Martha Sahagún, su "sombra" en todas las giras y en todos los eventos. Y el inefable, incansable y omnipresente Felipe Zavala, que fue jefe de prensa durante su segunda campaña electoral en Guanajuato y luego, desde que fue gobernador, su secretario particular. "¡Feliiipe!", es ya un grito común de Fox en las giras, cuando requiere anotar una cita, guardar algún documento, hacer una llamada telefónica, encomendar una gestoría, consultar su agenda, conocer los resultados de encuestas. Celular y agenda electrónica en mano, es hombre clave en la campaña.

Vicente, tal cual

Los dineros de la campaña son manejados por el binomio Ramón Corral-Lino Korrodi, el primero en su carácter de secretario de Finanzas del CEN del PAN y el segundo encargado en el comité de campaña de captar financiamientos. El tope de campaña establecido por el IFE para las campañas presidenciales es de 490 millones de pesos. "Ese es nuestro presupuesto de gasto estimado", dice el tamaulipeco Korrodi. Explica que los partidos integrantes de la coalición Alianza por el cambio aportan el monto de las prerrogativas que les han sido asignadas por ley: 160 millones el PAN y 50 millones el PVEM. "Esto suma unos 210 millones de pesos; los 280 restantes tenemos que obtenerlos de donativos particulares, ya sea en efectivo o en especie, que deben ser declarados en su totalidad ante el IFE."

El 70 por ciento del gasto, informa el amigo de Fox –junto al que trabajó durante varios años en la Coca Cola–, se destinará a pago de tiempos y espacios publicitarios en medios, y sólo 30 por ciento en gasto operativo. Es optimista. "Estamos en una intensa campaña de captación de fondos", platica. "El éxito que tuvimos en la precampaña –en 1999 reunieron 120 millones en efectivo y unos 40 millones más en especie– nos anima. Cada vez hay más disposición a colaborar con Vicente." Explica que se apegarán estrictamente a la normatividad del IFE, según la cual los donativos sólo pueden provenir de personas físicas y con un tope de 750 mil pesos por donante. "Todo se contabiliza: el préstamo de aviones para los traslados de la comitiva, las cortesías en hoteles y restaurantes, el regalo de artículos promocionales." Con esos recursos y el esfuerzo profesional de los 100 ocupantes de la casa de campaña de la calle de Sacramento, en la capitalina colonia del Valle, se presume alcanzar el objetivo de obtener 51 por ciento de la votación nacional a favor de Vicente Fox el domingo 2 de julio.

La estrategia mercadológica está basada en dos vertientes, dice Ortiz. "Una, recoger las demandas de la sociedad y expresarla: esa es la base de la campaña del ya: "ya basta", "ya somos más"... Y dos, comunicar la propuesta del candidato. Esto implica presentar en lenguaje accesible su mensaje y poner los medios idóneos para que llegue a los electores." El hilo conductor de la campaña, dice, es la propuesta central de Fox: "El cambio que a ti te conviene. El cambio que te conviene para tu seguridad, para tu trabajo, para tu salud, para tu educación". Abunda: "Toda la mercadotecnia se basa en lo que es Vicente. Nosotros presentamos un candidato real, tal cual es, no maquillado. Él debe responder a lo que proyectamos, porque de lo contrario decepciona. Y su principal atributo es precisamente la credibilidad. La gente le cree, lo siente sincero, honesto". Enumera el mercadólogo en jefe los principales atributos de su candidato: Creíble, valiente ("que no bravucón"), honesto, probadamente capaz ("lo demostró como gobernador de Guanajuato"), exitoso en su desarrollo profesional, con una gran vocación de servicio y con mentalidad emprendedora.

—¿Cómo inciden en la estrategia hechos coyunturales como lo del estandarte de la Guadalupana, el debate sobre la iglesia, el empleo de palabras como "marranadas"?

—Estos son incidentes que ocurren en cualquier campaña. Nosotros tenemos que contestar en el mismo tono de la estrategia de campaña, no variarla. Tenemos previstos todos los posibles flancos de ataque al candidato.

Cambio de look

La apariencia de Fox, empero, sufre algunos cambios. Aunque una parte de su equipo de campaña –y aun sus escoltas– traen bien puestos los de mezclilla con la marca de la casa, al candidato le cambiaron los *jeans* por el casimir. Ahora hasta le peinan el bigote. Los responsables de ello son Martha Sahagún y Francisco J. Ortiz. "Ora ya me traen vestido de corbata y traje", se queja Vicente, medio en broma medio en serio, ante la chaviza del Colegio de la ciudad de México, en Polanco, el jueves 10 de febrero. "No me han podido quitar las botas y ni la hebilla. Esas sí voy a pelear por conservarlas."

Fox se arremanga su camisa siempre azul, ya sudada, ante los campesinos de Tierra Blanca, Veracruz, o con los obreros de la Cervecería Cuauhtémoc-Moctezuma, en Tecate, Baja California, para demostrar que es gente de trabajo. Pero en sus conferencias de prensa de los martes, en la casa de campaña, o para sentarse a comer con banqueros y empresarios, viste impecable traje con saco cruzado de tonos oscuros y corbata conservadora. Su esencia campirana sólo es delatada entonces por su manera de comer: Agarra fuerte los cubiertos, no se cambia el tenedor de mano y se atraganta.

Lo mismo sucede con sus discursos. En reuniones con los industriales de Tlalnepantla o los estudiantes de la Universidad tecnológica de México, lee, precisa sus propuestas. Y ciertamente es frío, acartonado. En las plazas públicas, en las comilonas con sus simpatizantes, improvisa, es el mismo bromista y dicharachero de antes... y prende chispa.

—¿Hay dos Vicente Fox? –se pregunta a Martha Sahagún.

—De ninguna manera. Es el mismo Vicente que se adecua a las circunstancias y al tipo de auditorio que tiene enfrente, pero que nunca pierde su personalidad.

Martha dice que "Vicente Fox es Vicente Fox y no tiene por qué cambiar. Así gusta, así tiene éxito. Ser como es le permite tener cercanía con todos los niveles de la población". Aclara: "Eso sí: cuidamos los tiempos y los escenarios de su presencia. Por ejemplo, su forma de vestir. Usa traje y corbata cuando debe usarlos. Por lo demás, procuramos una mejor imagen personal, pero sin forzarlo. En realidad pequeños detalles, como puede ser el peinado o el bigote bien recortado. Acepta sugerencias, pero tiene claro que es como quiere ser".

—¿Ha cambiado con los años?

—Vicente aprende todos los días. Sabe escuchar, es muy receptivo. Y ha ganado experiencia por su trabajo como gobernador, por sus relaciones con personajes de todo el mundo. Esas vivencias sin duda le dan mayor madurez; pero sus valores sustantivos ahí están, es el mismo.

—Se le va la lengua a veces.

—Vicente jamás ha insultado a nadie. Lo que sí, cuando es necesario, usa palabras fuertes, directas, llanas, que describen con precisión hechos que suceden. No se anda por las ramas. Y no tenemos por qué escandalizarnos.

Los amigos y los primos

Fundada en febrero de 1998 por José Luis González –su primer coordinador nacional–, Lino Korrodi y 150 guanajuatenses, la asociación Amigos de Fox logró afiliar en su primera convocatoria, a finales de ese año, a 10 mil ciudadanos. En la segunda semana de febrero de 1999 la organización realizó su primera "semana de afiliación", con el fin de lograr el apoyo práctico de 100 mil simpatizantes. La meta fue superada, con 110 mil afiliados. Al final de la segunda campaña, en marzo de 1999, la asociación ya tenía 350 mil amigos de Fox, casi el mismo número de militantes activos y adherentes del PAN en el país, estimado en 360 mil. Casi 12 meses después cuenta ya con más de dos millones de miembros.

Ante el éxito obtenido, el grupo se ha reorganizado en la Red Fox 2000. Surgen por todas partes las "casas de amigos de Fox", en misceláneas, talleres y casas rentadas, que llegan a 310 en todo el país. El estado con mayor número de ellas es Jalisco, que cuenta con 60 locales de este tipo. Esa red está dividida a su vez en diversos grupos especializados, como Mujeres con Fox, Artistas con Fox, Grupo de discapacitados, Jóvenes con Fox, Deportistas con Fox, Maestros con Fox, Grupo de la tercera edad, Militares con Fox, Empresarios con Fox, Chiquillos con Fox. Además existe la red cibernética, que cuenta con 100 mil miembros, sobre todo de estratos altos.

También actúa en Estados Unidos. El grupo Migrantes mexicanos por el cambio, a decir de Martha Real, coordinadora de ese movimiento, cuenta con 357 mil afiliados –independientemente de los dos millones de "amigos" que hay en México– principalmente de California, pero también de Illinois, Texas y Arizona. "Utilizamos el método *grass rutes*, muy conocido en los Estados Unidos", explica Real. "Consiste en el convencimiento de persona a persona."

Toda vez que el PRI bloqueó la reforma legislativa para que los mexicanos en el extranjero pudiesen votar, Migrantes por el cambio –fundada el "día de la reintegración", el 16 de septiembre de 1999– tiene por objetivo "ejercer influencia sobre nuestros familiares que viven en México para que voten por Vicente Fox; convencerlos de que nosotros hemos cumplido con nuestro compromiso al irnos a trabajar a Estados Unidos para brindarles mejores condiciones de vida, y que ahora les corresponde a ellos asumir su propio compromiso, sacando al PRI de Los Pinos".

La coordinación nacional de Amigos de Fox está ahora a cargo de Juan Antonio Fernández –un actuario de 43 años de edad que vivió 18 años en León y fue el encargado de crear el centro de información del gobierno de Fox en Guanajuato– y depende de la coordinación de operación del comité de campaña.

—¿Amigos funciona como una estructura paralela a la panista?

—De ninguna manera –ataja Fernández–. Interactuamos a tal grado que tenemos una oficina aquí, en la casa de campaña.

En los hechos, sin embargo, Amigos de Fox se ha convertido en un equipo que supera con mucho la capacidad de la estructura panista para atraer simpatizantes a las reuniones públicas. Esto es evidente en muchos actos, especialmente las dos movilizaciones multitudinarias encabezadas por el candidato en el puerto de Veracruz –donde tuvo una recepción inesperada, alegre y multicolor– y en Tlalnepantla, Atizapán y Naucalpan, que fueron escenario de la sorprendente "cadena humana" que congregó, según los cálculos más conservadores, a 20 mil personas a lo largo de 14 kilómetros.

3. Veracruz: la sorpresa

Fox empezó temprano –más temprano que nadie nunca– su carrera por la presidencia; pero también empezó desde abajo. La popularidad de que gozaba en Guanajuato no tenía reflejo en el resto del país. Era un virtual desconocido. Dos años antes de la elección del 2000 apenas 11 por ciento de la ciudadanía afirmaba en encuestas conocerlo. La campaña tenía de arranque un objetivo concreto: llegar por cualquier medio al mayor número de mexicanos. Y Vicente tenía muy claro que eso no sería posible lograrlo con una campaña normal, tradicional. "Él nos decía: tenemos que hacer una campaña con creatividad, con imaginación", cuenta Juan Hernández, el coordinador de agenda. "Eso marcó todo."

No era nada fácil. Liberado ya de la gubernatura guanajuatense,

Fox dedicó tiempo completo a su precampaña. En septiembre de 1999 inició sus primeras giras, basadas sobre todo en actos en locales cerrados: con empresarios, con estudiantes, con mujeres. La concurrencia era escasa. La campaña no prendía y casi cualquier evento resultaba un fracaso. "Eran giras muy disparejas", recuerda Alejandro Vázquez, diputado federal veracruzano –uno de los más jóvenes de la bancada panista– que se integró a la campaña como coordinador de logística en octubre de 1999. "En las primeras semanas hubo días de gloria y días horribles. Había que unir dos entidades, el PAN y Amigos, y a menudo se presentaban dificultades, celos, roces, descoordinaciones. Yo conocía que Acción nacional tenía una dinámica fuerte de campaña, pero que no sería mayor que la dinámica de gente nueva. Éramos pocos y teníamos escasa experiencia. Sentíamos que la campaña no levantaba, no agarraba presión. Tuvimos actos muy disparejos allá por octubre, noviembre. Algunos francamente malos."

En noviembre, ya candidato presidencial del PAN –luego de la espectacular toma de protesta en la Plaza México– viajó a Sonora y apenas 200 personas se reunieron bajo el sol en uno de sus primeros mítines abiertos, en Empalme. Mejoró la cosa por la tarde en Guaymas, pero el acto nocturno en Hermosillo se limitó a una caravana de autos que acompañó al precandidato hasta su hotel. "Poca gente, pero eso sí, muy prendida", se consolaba el dirigente sonorense Ramón Corral.

"Vicente no ocultaba su decepción", dice Hernández. "Lo notable es que no se amilanaba; al contrario, se crecía: esta campaña la tenemos que ganar cada día, insistía. Y empujaba, empujaba, no daba tregua. La verdad es que sentíamos miedo. ¿Y si no llega gente?, le preguntaba yo a veces, como para curarme en salud. Es tu responsabilidad, Juan, me contestaba sin más."

Apenas empieza el 2000 y Fox está de nuevo en campaña. El 6 de enero llega a Guadalajara. En el mercado de San Juan de Dios su recorrido se ve ensombrecido por los abucheos de los locatarios priístas. El candidato les contesta con sonrisas. Los invita "a partir la rosca". En efecto, en el patio central sus seguidores han dispuesto una enorme rosca de Reyes, demasiado grande para el número de comensales. La primera rebanada es para él: "¡El chamaco!", grita a la primera mordida con el muñeco de plástico entre los dientes. Nunca pagará la tamalada. Más tarde va a Tlaquepaque. Camina por las calles peatonales, pero casi nadie le hace caso. Tiene él que provocar los saludos de los transeúntes. En cambio, los panistas desbordan por la noche la placita de toros en el encendido mitin foxista al que asisten, para robar cámara, los cuatro aspirantes a la candidatura del PAN por el gobierno del estado. Le va bien en Ciudad Guzmán al día siguiente, pero mal en Manzanillo . Llega a Colima y en pleno mitin lo entera Martha Sahagún de que el Tribunal federal electoral ha revocado la aprobación del IFE al uso de su fotografía en el logo electoral de la Alianza por el cambio. "Es una marranada", truena el candidato. Tampoco en Tampico prende. Un recorrido por el fétido basurero municipal, un buen acto en una colonia popular, pero nada más. "Así iba la campaña: con altibajos", dice Alejandro Vázquez, más conocido como "Pipo" entre la gente de la campaña. "La verdad es que sentíamos que no prendía, que algo pasaba. Hasta que ocurrió lo de Veracruz."

A Veracruz viaja Fox el jueves 20 de enero. La agenda marca para esa noche un "recorrido" del candidato en el centro del puerto, acto menor. Arriba primero a Jalapa, donde asiste a reuniones cerradas en el hotel Jalapa: con empresarios, con evangélicos, con universitarios. Hace un recorrido por el centro de la capital veracruzana y come en La Sopa, uno de los atiborrados comederos típicos de la "calle de las fondas". Por la tarde toma camino a Veracruz y se detiene en las afueras para asistir a un mitin en una colonia proletaria, sin servicios, La Pochota.

Y llega finalmente al parque Zamora del puerto, donde ya lo aguarda un gentío inesperado. Fox trata de iniciar su caminata por la calle Independencia, pero no puede. La gente se agolpa a su paso. A alguien se le ocurre trepar al candidato en la defensa posterior de una camioneta Suburban y sólo así puede avanzar. Delante va una batucada con su rítmico, contagioso estruendo. Y estalla un carnaval adelantado. La locura: desbordada la alegría, los jarochos se entregan al sorprendido guanajuatense. Forman una valla humana a lo largo de ocho cuadras de la antigua calle Principal del Puerto. Tal vez 15 mil, 20 mil personas. En el trayecto llueve el papel picado azul y blanco. Agunos trozos verdes caen también desde las azoteas y los balcones. El candidato hace equilibrios para levantar ambos brazos, en sus manos la "v" de la victoria. Nadie respeta vallas. Las mujeres le piden autógrafos, que firma sobre el toldo de la camioneta. De los comercios salen los empleados a vitorear su paso. En las ventanas y balcones asoman viejos que lo saludan. Una muchacha, trabajadora de la zapatería México, porta un cartel que llama la atención del candidato: "Rita por Fox", pone.

Fox entra a la plaza. Está llena también. Lo recibe un coro inacabable: "¡Vi-cen-te! ¡Vi-cen-te! ¡Vi-cen-te! ¡Vi-cen-te!". Se improvisa un mitin, no programado, para el cual se usa el templete de los festivales dominicales. Sigue la fiesta. Entre la multitud aparece un monigote de cartón con la figura de Carlos Salinas, el mismísimo Salinillas. "A ese pelón y orejón lo vamos a poner en manos de la justicia", ofrece el candidato. Y estalla el júbilo. Suda Vicente, hasta empaparse, incrédulo, feliz, radiante. No conquista Veracruz: Veracruz lo conquista.

"Fue algo extraño, inolvidable", se emociona Pipo al recordarlo. "Algo pasó. Fue un despertar gigantesco, que nos marcó una pauta. Con su alegría, con su entrega, los veracruzanos indujeron un nuevo derrotero a la campaña. Ellos devolvieron la confianza al equipo. Eso cambió todo." A Juan Hernández se le quieren saltar las lágrimas ante el recuerdo: "Ese día algo pasó en la conciencia mexicana", dice luego de platicar que en plena algarabía llamó desde el puerto a Pedro Cerisola, el coordinador operativo, y que éste, hombre serio y frío como pocos, "se puso a llorar por lo que le describía".

En gira por el municipio de Amecameca, estado de México, ocho días después del *jarochazo,* va un Vicente Fox abrumado pero contento sentado de copiloto en su camioneta Cherokee azul rey. "Vamos bien, vamos muy bien", comenta. Viene de regalar arbolitos a los niños de una escuela primaria, acto en el que estuvo acompañado, cosa rara, por Jorge González Torres, presidente del Partido verde ecologista de México. Pide al chofer que se detenga y se baja a saludar de mano a una decena de personas que salieron a alcanzarlo a su paso, tal como hizo tres horas antes con dos centenares de simpatizantes en el pueblo de San Pablo Atlazalpan, rumbo a Cocotitlán. "El verdadero reto es la cadena humana de mañana", completa Fox, de vuelta en la camioneta. "Necesitamos 14 mil personas, para cubrir los 14 kilómetros de Lomas Verdes al Toreo. Y está cañón."

—¿No es arriesgado hacer ese tipo de actos tan pretenciosos en este momento?

—Ciertamente tiene su riesgo, porque todavía es temprano para esos eventos, que normalmente se hacen hacia la mitad, hacia el final, pero creo que nos debemos ir midiendo. Ya ven la sorpresa que nos llevamos en Veracruz, nadie se lo esperaba. Qué bárbaro –relame el gusto el candidato–, qué recibimiento nos dieron. Por eso yo creo que lo de mañana sí lo vamos a lograr.

Al día siguiente, sábado 29 de enero por la tarde, la "cadena por la esperanza" cubre los 14 kilómetros de periférico programados y resulta una nueva sacudida. Son 20 mil, 30 mil, 40 mil simpatizantes –según los cálculos de cada quien– que entrelazan sus manos primero y luego, ya rebasada la organización, se suman al largo contingente de vehículos que va detrás del carro alegórico del candidato presidencial. El embotellamiento es monumental, en ambos sentidos, pero los automovilistas no protestan, sino que se suman con el sonido de sus cláxones a la algarabía foxista.

"La verdad es que estábamos muy escépticos", reconoce Pipo. "Nos parecía que era prematuro intentar un evento así. Y nos sorprendió la respuesta: tal vez 50 mil personas se volcaron al periférico. A raíz de esos actos tan sorpresivos, el de Veracruz primero y el del Periférico después, nos dimos cuenta de la importancia de las giras, de llevar al candidato a foros abiertos, a la calle, ponerlo en contacto directo con la gente para que pudiera sentirlo. Y a partir de entonces esa fue la estrategia."

4. Proyecto Milenium

Son las 15:30 horas del domingo 5 de marzo y la avanzada de la gira de Vicente Fox sale disparada desde un villorrio poblano que a pesar de sus condiciones paupérrimas no pierde el nombre: Esperanza. La agenda marca un acto masivo –el más importante de la gira por cinco estados– programado para las 18 horas, en la ciudad de Oaxaca, que está a unas dos horas y media de viaje. Luego del mitin, el candidato presidencial de la Alianza por el cambio deberá tomar un avión privado para viajar de regreso a la ciudad de México a más tardar a las 20:30 horas, ni un minuto después, dadas las condiciones operativas del aeropuerto local.

El equipo de avanzada de tres hombres viaja en un Tsuru blanco. Toma una carretera estatal, pero cuarenta minutos después descubre que equivocó el camino, pues casi al mismo tiempo llega a la caseta Tehuacán de la autopista Puebla-Oaxaca el autobús de prensa, del que suponía llevar amplia ventaja. Por fortuna, para aliviar su angustia, llegan también allí, de último momento, los "lonches" para los periodistas y operadores de campaña en una Suburban del comité municipal del PAN tehuacanense. Y de ahí, a 120 kilómetros por hora primero, y en la recta final a 160, la avanzada logra llegar a Oaxaca a las 17:50 horas. A la entrada de la ciudad ya están enfilados unos 50 automóviles, muy pocos para las expectativas de la caravana que debería salir de allí para llegar al jardín Morelos. El Tsuru pasa luego por ese jardín, donde iniciaría una "cadena humana" hasta la Alameda de León, en el centro histórico. No hay más de 80 personas. "Hasta creen que voy a bajar aquí al candidato", dice entre inquieto y contrariado Juan Carlos Güemes, que comanda el equipo. "Hasta creen."

La avanzada llega finalmente a la Alameda del León, donde está dispuesto el templete de 40 metros cuadrados y las mantas con el emblema de la Alianza por el cambio que lo decoran, las 27 lámparas de 600 watts que iluminarán a Fox, las 22 cajas de resonancia con 46 bocinas en total que le magnificarán la voz y la consola de 24 canales que se la modulará. Pero en la cercanía del estrado no hay más gente que algunas decenas de paseantes que se apuestan a unos metros para escuchar la música tropical a todo volumen. Y ya son las seis, hora de la cita. "No, definitivamente no habrá cadena humana", es la orden.

Debe actuar un animador para acercar a la gente al estrado. "Nuestro candidato viene entrando a la ciudad y pronto estará en esta Alameda; convocamos al pueblo de Oaxaca a escucharlo". Cien metros a la redonda se comienzan a repartir cuatro mil 500 velas destinadas a ser encendidas cuando hable el candidato, como símbolo de "la luz de la esperanza". Las tácticas empiezan a funcionar y rápidamente se junta más y más gente. Veinte minutos después hay un millar y medio de personas. A las 18:30 ya viene Fox a cinco cuadras de distancia, a pie, al frente de otros 500 seguidores. El candidato llega cuando faltan 10 minutos para las 19:00 horas. Para la sorpresa de los periodistas locales, como por arte de magia, la plaza está colmada. Vicente logra reunir finalmente unas seis mil personas. Supera con creces las concentraciones logradas en esa misma plaza por el priísta Francisco Labastida y el perredista Cuauhtémoc Cárdenas, hace cosa de un mes. Y él, sin acarreados.

Al terminar el acto, incontenible el entusiasmo, los ayudantes tienen que arrebatarle el candidato a la gente para meterlo como fardo a la camioneta, que arranca a toda velocidad. Justo a tiempo: a las 20:22, en el aeropuerto de la capital oaxaqueña, su avión enfila hacia la ciudad de México. El equipo funciona. La campaña va en ascenso, determinado su diseño más por las encuestas que por criterios geográficos tradicionales. De sorpresa en sorpresa.

A pisar votos

La estrategia general de la campaña obedece a un proyecto largamente planeado. Su meta: alcanzar el "día v". Es decir, "el triunfo de la democracia en el año 2000". Fox lo bautizó como Proyecto Milenium. En él integró su experiencia de las dos campañas por la gubernatura de Guanajuato, su visión de una candidatura plural, abierta, desideologizada y sobre todo su convicción de que nada sería posible sin una amplia participación de la ciudadanía, más allá de los partidos políticos. De ahí la idea de la organización Amigos de Fox. No obstante, sabía que el trabajo del candidato y su partido son inseparables. "Para que un candidato funcione y su propuesta sea atractiva al electorado, requiere de un aval y un marco de garantías que provee el partido político", decía. "Mi candidatura sin el PAN es impensable."

Sobre esos lineamientos se diseña un plan que permita al candidato entrar en contacto con el mayor número de votantes. Llevarlo ahí, a donde están los votos requeridos para la victoria, "pisarlos". Para ello es necesaria la construcción de una nueva base matemática, a lo que se aplica un equipo de planeación. Ese *cerebro* lo integran Pedro Cerisola, Carlos Flores y Juan Antonio Fernández. La fórmula se basa en tres criterios: cuáles son los estados electoralmente más ricos, cuáles aquellos de mayor votación histórica para el PAN y cuáles las entidades que pueden aportar mayor votación a Fox. Y así se jerarquizan los estados por meta de votos. En función de eso se diseñan las giras.

Las entidades con mayor densidad electoral son el Estado de México, Distrito Federal, Veracruz, Michoacán, Jalisco, Guanajuato, Baja California y Chihuahua. Ese orden no corresponde sin embargo al de los estados que mayor votación foxista pueden aportar. Por ejemplo, Jalisco, cuarto en densidad electoral, es el primero en votación potencial para el candidato de la Alianza por el cambio. "Había que ir a donde estuvieran los votos, no adonde nos invitaran", diría al final de la campaña Juan Hernández, el coordinador de agenda. "Carlos Flores y Juan Antonio suministraban la información básica: votos por municipio (no sólo por estado y por distrito). Determinados los municipios, la agenda se adecuaba a ir a esos lugares. Así dimos tres vueltas al país. *Pisamos* el ochenta y ocho por ciento de los votos potenciales. Carlos nos decía dónde estaban los votos. Juan Antonio armaba Amigos de Fox. Y yo llevaba al candidato. La agenda se supeditaba a eso, a nada más. Ni siquiera a los requerimientos de los medios. En eso fuimos inflexibles."

El empate técnico

La encuesta es la herramienta fundamental de la campaña. Es la reina y la tirana, la que manda. En función de ella se deciden estrategias, se planean giras, itinerarios, agenda. Nada está por encima de ella. Ni razones de seguridad ni intereses partidarios o necesidades de comunicación. "La encuesta nos indica a dónde hay que ir, en qué momento", dice Pedro Cerisola. Las hay diarias, semanales; por tema y por región, telefónicas y en campo, y hasta por acto. Además se estratifican por género, edad y nivel educativo y socioeconómico. No sólo se mide la preferencia electoral, sino también la "animadversión" hacia los diferentes candidatos presidenciales y partidos. Se estudian

91

también las percepciones del electorado sobre los valores y perfiles de los aspirantes.

Para Fox la encuesta es su pulso. "Y su obsesión", dice Felipe Zavala, su secretario particular. De sus resultados depende hasta su estado de ánimo. "Está muy pendiente. Todos los días, a las seis de la tarde, tenemos que tenerle la encuesta telefónica diaria. Los resultados se le anotan en una agenda electrónica Casio." A ella ha debido Vicente sus momentos más amargos y también sus horas felices de la campaña. Sufrió cuando a raíz de la contienda interna del PRI Francisco Labastida se reposicionó y le quitó el liderato en las preferencias que había mantenido por meses. "Esa fue la mayor presión que sintió el jefe", platica Zavala. "Labastida tuvo oficialmente más de 10 millones de votos, apabulló a los otros tres. Fue un periodo muy desgastante, porque se veía difícil ganar." Es de los pocos momentos en que Vicente aflojó: "Esos cabrones nos van a chingar", dijo a sus allegados. Se sobrepuso pronto, sin embargo. "Pensó que eran más los millones de mexicanos que no habían votado por el PRI."

A partir de febrero diversas encuestas apuntan a un "empate técnico" entre Labastida y Fox. En algunas aparece el priísta arriba, en otras el panista; pero prácticamente en todas la distancia porcentual es mínima, estadísticamente irrelevante. En abril, gracias a una nueva encuesta, vive Vicente uno de sus días más felices: el sondeo de la agencia inglesa Reuters lo pone por fin claramente arriba, por ocho puntos.

El ejército ciudadano

Hasta diciembre de 1999 la coordinación de giras estuvo centralizada en un equipo de 70 personas, pero desde principios del año electoral la campaña se realiza a través de la estructura nacional del PAN: comités estatales y municipales más la asociación civil Amigos de Fox. "Determinamos darle fuerza a la organización estatal y municipal con el fin de hacer perdurable el espíritu voluntario de Acción nacional y en el entendido de que no debíamos tener diferencias operativas entre amigos de Fox y el panismo", explica el diputado Vázquez, ex coordinador en Veracruz de las campañas presidenciales de Manuel

J. Clouthier y Diego Fernández de Cevallos y coordinador de eventos y medios en giras del Comité nacional de campaña. "Nuestro propósito es tener un ejército de ciudadanos frente a un ejército militar (el de los priístas) parco y torpe." Además, dice, "contamos con los mejores elementos, como voluntarios, de la estructura panista en los estados de Veracruz, Jalisco, Hidalgo, Puebla y Tabasco, donde este año habrá elecciones estatales. Así que éste es un acuerdo de reciprocidad: ellos nos apoyan y nosotros les damos entrenamiento para sus futuras campañas". Ese sistema sirve también para poner a prueba la capacidad operativa y financiera de cada uno de los comités estatales o municipales –que cubren los gastos materiales de la campaña localmente–, pues "si esa gente es incapaz de conseguir un templete mucho menos puede recibir al candidato".

La labor de Amigos de Fox –organización que a mediados de marzo cuenta ya con cerca de tres millones de afiliados– se centra en provocar un "ambiente propicio previo" a la llegada del candidato a cada lugar, a través de la prensa y con acciones alternas, como reuniones, cursos de capacitación, obras de teatro, eventos deportivos... Cada coordinador regional de la asociación civil envía un informe semanal a la coordinación nacional, donde se detallan todas las actividades de la agrupación. En el caso del reporte de afiliaciones se desglosa la actividad que cada amigo de Fox ha seleccionado como compromiso de su participación en la campaña: unos aportan dinero o vehículos o aun locales, otros hacen trabajo de oficina y algunos más se comprometen simplemente a asistir a los actos de campaña. La mayoría de ellos se ofrecen para participar como activistas en distritos electorales diferentes al suyo.

El responsable de los Amigos en el lugar –ciudad, poblado o municipio– se compromete a garantizar un mínimo de asistencia al evento programado, con base en lo cual se determinan las características que debe tener el sitio donde se realizará. Poco antes de iniciar el acto se hacen los ajustes pertinentes: se retiran o se colocan sillas y se reubican las mamparas. Gracias a ello, el escenario aparece siempre al tamaño del acto. En contados casos –como el del encuentro de Fox con 500 guayaberos en un auditorio de Calvillo, Aguascalientes–, el local queda irremediablemente grande. Por lo regular se ocupan todas las localidades, independientemente de que sea más o menos numerosa la concurrencia.

También se recurre a ciertos trucos, como "el encajonamiento" de espacios físicos en exteriores, principalmente plazas públicas, para que se concentre la gente y el efecto visual la multiplique. En un mitin en Guadalajara, por ejemplo, se utilizan puestos de comida para reducir el tamaño de la plancha donde se debe reunir a la gente. Y en Pinos, Zacatecas, una enorme explanada es acotada con mantas y en el aforo reducido el acto resulta lucidísimo: plaza llena.

Otro recurso, tanto para motivar al candidato como para que en las fotos aparezcan mayores multitudes que las reales: se montan estrados bajos –de 1.50 metros en promedio– con el fin de que desde esa perspectiva nunca se vea el límite de la concentración. Así calcula el propio Fox que hay 10 mil asistentes en los actos de Oaxaca y Puebla, cuando en realidad no sobrepasan los seis mil. En la plaza Morelos, de Morelia, los periodistas calculan entre tres mil y seis mil personas. La logística de Fox sabe perfectamente que no hay allí más de dos mil 500.

Para convocar a la gente a los actos, Amigos de Fox utiliza a veces estrategias "glamorosas" para convencer, como el hecho de que sea la primera vez que un candidato presidencial acude al sitio, como sucede en Esperanza, o bien que será la única vez que los lugareños tengan la oportunidad de saludarlo. De ser necesario, se ofrece transportación para llegar al evento.

Las actividades de la organización son autofinanciables. Los Amigos practican una suerte de "antiacarreo". En algunos casos, como en los desayunos con mujeres, los asistentes pagan una cuota de recuperación. "En general siempre resulta porque Vicente es un candidato que vende y la gente lo quiere conocer", dice Juan Antonio Fernández, coordinador de la organización. El sábado 26 de febrero, por ejemplo, Fox se reúne con mujeres en Mérida. Cada una de ellas paga por su desayuno –un coctel de frutas, un tamal yucateco, un jugo de naranja, bizcochos y café– 85 pesos. En la convocatoria participan la casa de campaña y el comité estatal del PAN, pero es más importante la labor que realizan, "casa por casa", los amigos de Fox, que en Yucatán son unos 26 mil. En la organización del evento participan durante más de un mes 25 mujeres de la asociación, encabezadas por Linda Pino de Cámara, coordinadora de Mujeres con Fox en aquella entidad. El resultado: 900 mujeres meridenses que, jubilosas y al grito de sus "bombas", impiden que el candidato abandone la sede de la Cámara de comercio: "Hebilla, bota y sombrero; hebilla, bota y sombrero, a Vicente es al que quiero".

En Amigos de Fox recae la mayor parte de la organización de los eventos cuando la asociación tiene esa capacidad, como sucede en la mayoría de los actos multitudinarios en zonas urbanas. Sin embargo, en regiones rurales no ha penetrado lo suficiente, por lo que es la estructura panista la que se hace cargo. Hay casos, como en los eventos de campaña que encabeza Vicente en los municipios pobres de Quintana Roo, Yucatán y Campeche –sorprendentes si se considera el control tradicional que el PRI tiene sobre esas comunidades–, donde la realización está a cargo, de manera compartida, de las dos estructuras: de Amigos es la responsabilidad de convocar a la gente y del PAN la logística misma de los actos.

La agenda de los Amigos es propuesta por el coordinador estatal, con un objetivo estratégico doble: afiliar nuevos miembros en los propios actos –que representa sólo 5 por ciento de la afiliación total que se pretende– y motivar a la estructura. También se busca que la visita del candidato deje una sinergia que haga que perdure el impacto y que se multiplique. La propuesta de agenda aprobada se revisa en una "pregira", donde también se checan tiempos, distancias, obstáculos, riesgos. Para compensar la falta de penetración de la asociación en el medio rural –donde las encuestas favorecen con creces al priísta Labastida, según reconoce el propio Fox– los jóvenes de la agrupación que viven en las ciudades acuden los fines de semana a comunidades rurales, donde promueven la candidatura a través de actividades diversas, como la puesta en escena de la obra teatral *El priablo perdió los dientes*.

Una campaña viva

El equipo de logística de Pipo Vázquez, con escasos recursos y personal –que se inició con apenas 12 elementos en giras y tres elementos administrativos–, cuenta en la etapa más intensa de la campaña con 21 personas. Hay cuatro coordinadores, por áreas, todos venidos de Guanajuato: Oliver Castañeda, Juan Carlos Güemes, Fernando Macías y Eduardo Mondragón. Bajo sus órdenes están los operadores Arián Gabriel, Juan Carlos Moreno, Víctor Hugo Martínez, Ramón Téllez, Gerardo Tavares, Paul Jiménez, Édgar Delgado, Moisés Ruiz, Omar Castañeda, Francisco Martínez. Perla García es la encargada de agenda y en la labor administrativa están Ana Ponce, Irma Ferrera y Jorge del Corral. Y tres choferes: Juan Manuel Rayón –a la vez propietario de dos autobuses que presta a la campaña–, Héctor Salinas y Eduardo Cervantes.

El grupo para las giras está dividido a su vez en dos subgrupos, uno de ellos de avanzada. La comitiva del candidato incluye, además de los vehículos donde se transportan Fox, la avanzada, la retaguardia, la seguridad y los medios informativos, un "carro amigo" –cuya función es adelantarse 15 o 20 minutos a la llegada del candidato para "ambientar" el lugar del acto– y un "carro guía" del vehículo donde viaja el presidenciable. Algunas veces se suma al contingente una ambulancia. La posición principal del equipo de logística –casi siempre asumida por el mismo diputado Vázquez– debe estar siempre cerca del candidato, "para que no dude de lo que deba hacer en una circunstancia determinada".

Insiste Vázquez en que las encuestas guían la agenda del candidato. Todo depende, dice, de la localización del más alto nivel de votantes con una expresión matemática: "Por más difícil que sea la logística, vamos a donde esté la mayor cantidad de votos". Hay ciudades "A", de alta rentabilidad electoral, con potencial de más de 100 mil votos. En 300 municipios del país se concentra 70 por ciento del electorado, mientras 30 por ciento restante se reparte entre 2,100 municipios. Botón de muestra del predominio de esa estrategia en la campaña es el recorrido proselitista de la primera semana de marzo: el candidato brinca de Monterrey a Morelia a Acapulco a Puebla a Tlaxcala y a Oaxaca. En cada gira, el equipo de logística tiene como encomienda lograr para Fox "objetivos nacionales" y "objetivos locales". El "cordón de pueblo" que se implementa en la región maya de Yucatán, por ejemplo, no cubre metas nacionales y, a pesar del desgaste que implica –es un trayecto de más de 550 kilómetros por autobús desde

Playa del Carmen hasta Mérida, en un solo día– cumple expectativas estatales y de motivación, otro propósito del equipo operativo de Fox, pues ese mismo camino del Mayab tomaron Manuel Clouthier y Diego Fernández de Cevallos en sus respectivas campañas presidenciales. "Tratamos de hacer una campaña viva, congruente."

Lo es, en efecto. En Monterrey, Tijuana, Sahuayo, Apizaco, Distrito Federal, Mérida, mujeres y más mujeres le dejan estampadas al candidato las marcas de sus labios en las mejillas. En Jiquilpan, Puebla, Mexicali, Aguascalientes, Guadalajara, miles de estudiantes universitarios lo vitorean y le piden autógrafos como a un ídolo juvenil. Y en Naucalpan y Tlalnepantla, Oaxaca, Morelia, Veracruz, multitudes salen a las calles y esperan de él aunque sea una mirada o una sonrisa.

Guaruras de película

En un acto en la plaza principal de Santa Clara del Cobre, Michoacán, mientras el candidato habla de la necesidad de que el electorado se sume a favor del candidato opositor "que en verdad" pueda vencer al abanderado "de más de lo mismo", uno de los escoltas, con porte a la James Bond y chaleco de mezclilla con la marca de la casa grabada en cuero, se da tiempo para retratarse con sus *fans*.

Tienen pegue los guaruras de Fox. Pero para su *staff* los detalles sobre el equipo de seguridad son "de alta confidencialidad". Pedro Cerisola, coordinador operativo de la campaña –de quien depende la seguridad del candidato– asegura que ni el propio Fox conoce con precisión el sistema de escoltas. Por su delicadeza, confiesa, "ni yo quisiera conocerlo".

El equipo de guardias del candidato consta de no más de 18 elementos –que comúnmente trabajan por turnos, en equipos de seis personas– que fueron entrenados por israelitas y franceses en la empresa Técnicas y sistemas de seguridad y contratados la mayoría de ellos desde que Fox fue gobernador. El candidato presidencial del PAN y el Partido verde aceptó los recursos ofrecidos por la Secretaría de gobernación –siete millones de pesos– más no los elementos de seguridad de la dependencia. La razón de Vicente fue que "necesitamos gente absolutamente confiable".

Durante sus giras, el candidato se acerca demasiado a la gente, saluda a los muchachos y se deja besar por las mujeres; posa para la foto, reparte autógrafos. Es común verlo entre tumultos a la salida de sus actos. Más aún, a veces, como sucede el 18 de febrero en el gimnasio Hermanos Carreón de Aguascalientes –donde está flanqueado por 3,500 personas por los cuatro costados, en la semioscuridad– se sube a escenarios aparentemente poco seguros. Al terminar el desayuno en Mérida, las amigas de Fox no lo dejan salir del salón de la Cámara de comercio. A salvo finalmente de la euforia de sus seguidoras, Fox le reclama en son de broma a uno de los guaruras: "¿Qué pasó?, ya me pellizcaron las nachas y eso que casi no tengo".

—¿En verdad no les pasa por la cabeza que algo le pueda ocurrir al candidato? –se pregunta a Martha Sahagún.

—Seguramente a la guardia sí, y por eso toma todas las precauciones necesarias, según las condiciones de cada evento. Pero Vicente piensa que no hay tiempo para tener miedo, sino para trabajar por México, y así lo demuestra. No queremos hacer ese *show* de la seguridad tradicional, con gran despliegue de fuerza. Hasta en eso la campaña es muy ciudadana. Pero tampoco caemos en la negligencia; cumplimos con la responsabilidad de que el candidato esté bien protegido.

La agenda no puede supeditarse ni a seguridad ni a medios, dice Pipo. "Esto implica un alto riesgo, tanto para la seguridad personal del candidato como por que puede provocar un manejo adverso de la información en los medios. Tenemos que asumir esos riesgos."

Aunque los escoltas están armados y, según se dice, altamente adiestrados, es común que se confundan entre la concurrencia y no imponen temor a los seguidores de Fox. Eso sí: siempre están presentes. Si el candidato se sube a una Harley en San Juan del Río, ellos se montan en las motocicletas. Si se trepa en la defensa de una camioneta Suburban para recorrer como en carnaval las calles del puerto de Veracruz, ellos hacen lo mismo, a sus flancos. Y si toma una lancha para recorrer el contaminado lago de Pátzcuaro, ellos lo siguen bien acomodados con sus lentes oscuros en la popa de otra nave.

Hasta parecen dobles de Hollywood.

5. DESDE EL AUTOBÚS DE PRENSA

"¡Cayó! ¡cayó!", alerta el reportero Víctor Manuel Suberza, de Radio Red, desde su lugar en la parte delantera derecha del autobús. Así suele avisar a sus compañeros que el candidato ha bajado de su vehículo y que, una vez más, los periodistas llegan tarde. Una calamidad constante en la campaña. Ni los reclamos de los informadores, ni los esfuerzos del equipo de prensa, ni los regaños del candidato logran corregir el problema. En realidad poco se puede hacer ante la dictadura de la agenda, a la que todo se supedita. Fox brinca de una ciudad a otra, en avión privado, mientras la comitiva de prensa se las ve negras para trasladarse. Y es frecuente que la actividad del candidato esté por terminar cuando apenas llegan "los chicos" –como les llama Martha– y se abren paso a empellones. "¡Abran paso a la prensa libre!", pide Suberza entre las carcajadas de sus colegas. "¡Siento que ya llegamos!"

Con los medios "tuvimos problemas de principio a fin", reconoce Pipo al hacer un balance. "Teníamos un equipo novato, sin experiencia, y un presupuesto raquítico que era absolutamente insuficiente para satisfacer las exigencias de los reporteros. Problemas con los transportes, problemas con los itinerarios, problemas con los tiempos. Con frecuencia enfrentábamos exigencias contradictorias: mientras unos tenían prisa y nos pedían adelantarse al próximo acto, en otra población a veces, otros querían que esperáramos a que transmitieran sus informaciones. El acabose era en los hoteles. Siempre había dificultades con las reservaciones, con el registro a la llegada. Y sobre todo a la salida, con la facturación. Todo se retrasaba tremendamente."

Las posibilidades logísticas y económicas de la campaña foxista son limitadas. Sólo eventualmente se cuenta con transportación aérea para el grupo de prensa. Por lo general, cada medio debe costear sus boletos de avión, como costea los gastos de hospedaje y alimentación de sus enviados. Se dispone, eso sí, de transportación terrestre y en los trayectos largos se reparten "lonches" a los reporteros. En casi todos los hoteles –comúnmente los mismos en que se hospeda el candidato– la propia campaña consigue descuentos para los periodistas.

Tampoco suele haber facilidades para escribir y transmitir. Las "salas de prensa", cuando las hay, son insuficientes. Generalmente se acondicionan en los locales de los comités estatales o municipales del PAN, donde se dispone de tres o cuatro computadoras para un grupo de más de 20 reporteros, en promedio. En el hotel Holliday Inn de Lagos de Moreno se instala una sala de prensa espléndida, con computadoras, teléfonos, faxes, galletitas y café. Nadie la utiliza, porque a la hora en que la comitiva está en ese lugar, temprano, todavía no hay "nota" que escribir o transmitir. En el hotel Kristal de Puerto Vallarta también montan una confortable y completa sala de prensa. Pero sólo seis reporteros acompañan al candidato; el resto se queda en Guadalajara por problemas de transporte.

Las relaciones entre los informadores y los encargados de transportarlos y darles facilidades son permanentemente tensas. Se da el caso de que un reportero de radio, en gira por la Huasteca potosina, por poco se lía a golpes con el jefe de prensa, Felipe González, a quien reclama que el autobús lo dejó en el pueblo anterior. Las quejas son cotidianas y hasta se llega al extremo de condicionar la cobertura informativa a que Vicente en persona reciba a los reporteros para escuchar sus quejas. En Ciudad Delicias, Chihuahua, se decide un "boicot": los reporteros no van a la gira programada por poblaciones vecinas. "Allá ustedes", dice Martha Sahagún. El conflicto se supera, de momento, cuando Fox se reúne con los periodistas y ofrece mayor atención a sus necesidades.

En Ciudad del Carmen, Campeche, la cosa llega a mayores. Los reporteros advierten que no atenderán la conferencia de Jorge G. Castañeda y Adolfo Aguilar Zinser hasta no hablar con el candidato. Están indignados por haber perdido la cobertura el día anterior de un acto en Cancún al que asistió… ¡Chespirito! El avión rentado por la campaña en el que viajaban desde Toluca, mucho más lento que el de Vicente, desvía su rumbo a Mérida pues, según Felipe González, ya no llegaría a tiempo al acto de Quitana Roo. "Mejor llegamos bien al de Mérida", dice. En la ciudad blanca tienen que esperar cuatro horas, tiempo que guaruras, reporteros y la gente de prensa de la campaña aprovechan para jugar una "cascarita" de básquetbol en el aeropuerto civil de la capital yucateca. El reclamo incomoda a Fox, cuando acude al emplazamiento reporteril en la isla campechana. Pide comprensión por los retrasos originados debidos a la cancelación de última hora de un vuelo *charter* por parte de la empresa Allegro. Y desbarra: "Entiendo que no podamos darle los lujos y comodidades a los que los tienen acostumbrados los de aquel lado…" El comentario provoca que varios reporteros, ofendidos, abandonen el sitio de la reunión.

Martha Sahagún acepta sin reparos las deficiencias, aunque matiza: "No diría que hubo una mala relación entre los reporteros y nosotros. Creo que hubo un trato respetuoso, profesional. Ciertamente hubo momentos ríspidos, pero también entendibles. Los reclamos de los informadores muchas veces eran legítimos, porque en ocasiones la agenda del candidato dificultaba la cobertura de algunos actos". Subraya que la relación no era mala en sí misma, que no eran conflictos personales, sino de trabajo. "Con frecuencia había problemas para transmitir la información, poblaciones donde no había teléfono, zonas donde no salían los celulares. Fallaba sobre todo lo referente a los recursos materiales. Pero tuvimos siempre como criterio un buen trato a la prensa y apertura de la información."

Vivir sobre ruedas

El *Aguafiestas* no puede más. Hace un último esfuerzo el célebre autobús de prensa, héroe de mil campañas, cuando transporta a los periodistas de Querétaro a México al término de una gira de Vicente Fox. Renovado su motor, acicaladas sus vestiduras, pintadita su carrocería, los años le pesan sin remedio. Batalla para superar las cuestas y ya no puede, como antes, aprovechar los tramos planos y rectos para ganar tiempo en el trayecto. El frío de la noche se cuela por rendijas imposibles de sellar. No puede más el pobre camión de 42 plazas que en 1988, joven y brioso, recorrió el país entero para conducir a los informadores en pos de Manuel J. Clouthier, "Maquío", a quien debió su nombre. El *Aguafiestas* serviría luego como autobús de campaña en elecciones estatales de Baja California, Chihuahua, Guanajuato, Yucatán, Sinaloa, Nuevo León. Lo usó Ernesto Ruffo, cuando cual brioso corcel trepaba las cumbres de La Rumorosa, en 1989; lo usó Francisco Barrio. Y Emilio Goicoechea, Fernando Canales Clariond, el propio Fox en su primera campaña por la gubernatura guanajuatense. En Ciudad Juárez participó en 1986 en actos de resistencia civil, cuando sirvió como dique para bloquear calles y carreteras. En Culiacán se coló al desfile oficial del 20 de noviembre de 1992 como parte de la protesta panista contra el fraude electoral y trepó impunemente a la explanada del palacio de gobierno para reforzar un plantón. Viejo ya, no puede más.

La jubilación del *Aguafiestas* –que descansa al lado del no menos célebre *Chamaquío*– plantea un serio problema de logística. Para sustituirlo se espera el arribo de dos autobuses ofrecidos por la Dina, que nunca llegan. *El Jefe*, utilizado por Diego Fernández de Cevallos en la campaña presidencial de 1994, sirve para los traslados del candidato. ¿Y la prensa? Ocurre de pronto un milagro: por internet, un permisionario que vive en León, Guanajuato, ofrece su autobús ejecutivo para la campaña, totalmente gratis. Juan Manuel Rayón llega al día siguiente a la casa de campaña de la calle Sacramento a bordo del flamante Dina Olimpia modelo 1978 que el 25 de septiembre de 1999 ganó en una rifa. "Luego luego pensé: éste va para Fox", cuenta Rayón, de 50 años de edad, oriundo de Salvatierra. "Era como una ilusión mía hacer algo por él, por su campaña, porque yo le tengo una gran admiración desde que luchó por la gubernatura de Guanajuato en 1991. Conste: yo no soy panista, soy foxista." No sólo ofrece su autobús, también se ofrece él mismo como "operador". *El Ejecutivo* está bien acondicionado. Tiene 24 plazas, 16 de ellas en la parte delantera y las restantes en una salita posterior. Cuenta con cocineta, doble equipo de sonido, baño con regadera y escritorios de trabajo. Dos semanas después, Rayón da otra buena noticia: vendrá *El Halcón*, un camión Avante Dorado 1992, de 40 plazas, conducido por Lalo Cervantes. Y es que un solo vehículo no es suficiente para la prensa. Cada vez llegan más y más informadores.

El Ejecutivo, sin embargo, es el favorito de los reporteros. Cómodo, rápido y seguro –"nunca he tenido un accidente", presume Rayón– permite además la celebración de animadas tertulias en su salita trasera –donde invariablemente se refugian Adela Macswiney, de Notimex, David Aponte, de *La Jornada* y Daniel Moreno, de *Reforma*–, mientras quienes prefieren descansar pueden hacerlo en los

102

asientos delanteros. A tiempo suelen apartar los escritorios para trabajar en ellos con su computadora portátil las reporteras Arelí Quintero, de *El Economista*, Esperanza Fernández, de *El Sol de México*, y Anabel Hernández, de *Milenio Diario*. Apuros pasan todo el tiempo los dinámicos reporteros radiofónicos, sujetos a los horarios de los noticieros en sus respectivas emisoras. Batallan a menudo con las grabadoras que utilizan para editar sus notas y sobre todo con la telefonía celular, cuya señal se corta en zonas montañosas o alejadas. Casi siempre "los gráficos" –fotógrafos y camarógrafos– toman camino aparte. Para su más rápido desplazamiento son transportados en camionetas. Aunque el siempre afable Saúl de Anda, camarógrafo-reportero de Multivisión, procura subirse al autobús para convivir con sus compañeros. "Acá está el ambiente", dice.

A veces las distancias hacen imposible contar con el autobús de prensa. En esos casos se recurre al empleo de camionetas, casi siempre con mala fortuna. En un recorrido de Tapachula a Tuxtla Gutiérrez, en Chiapas, los reporteros son repartidos en cuatro Suburban. Tres se descomponen en el camino. A una de ellas se le revienta una llanta a 140 por hora. El conductor pierde el control justo cuando se aproxima en sentido contrario un tráiler. Los reflejos de Wilbert Torre, de *Reforma*, evitan un accidente fatal. El reportero viaja dormitando al lado del chofer. El zangoloteo lo despierta y logra dar el volantazo, instintivamente. Eso evita la colisión, aunque no el susto de los periodistas, que como Memo López Portillo, de Televisa; Paty Rodríguez Calva, de *Imagen Informativa*, y Arturo Loyola, de *El Imparcial* de Hermosillo, sienten, como se dice, que vuelven a nacer. "De la que me salvé", dice Juan Manuel Venegas, de *La Jornada,* que minutos antes se había bajado de la atiborrada camioneta para irse en un taxi.

Durante cuatro meses completos*, El Ejecutivo* y *El Halcón* recorren más de 50 mil kilómetros en campaña. Llegan a levantar hasta 160 kilómetros por hora. Y no tienen por fortuna ningún accidente. Hay sustos, eso sí. Como cuando en el trayecto Parral-Torreón está a punto de ocurrir una desgracia: segundos después de que *El Ejecutivo*, cargado de reporteros, pasa al lado de dos tráilers, éstos estallan. La gira más pesada, cuenta Rayón, es la primera por Michoacán,

Guerero, Puebla, Tlaxcala y Oaxaca, del 2 al 5 de marzo. "Allí sí dolieron las rodillas", dice el camionero. En esa gira conoce a Fox. "Se va a hacer famoso tu camión, Rayón", le dice el candidato. Él le responde: "Pues con el próximo presidente cómo no…" Lo platica con orgullo. "Mi hijo no me creía. Decía: cómo vas a andar con él y luego con este camión viejo… Cómo me hubiera gustado tener dinero para comprar un autobús nuevecito para el jefe." Rayón ha recibido múltiples ofertas para comprarle *El Ejecutivo*.

6. Operación tractor

El cohetón se eleva entre la bruma y estalla sobre el azul intenso del cielo huasteco. Es *el señal*: cientos de indígenas nahuas se encaminan presurosos hacia la plaza de Xilitla, en plena Sierra Madre potosina, atraídos por la visita del candidato. Tres horas después, Vicente Fox llega y se encuentra con una asoleada multitud de dimensiones sorprendentes.

La operación tractor funciona.

Con una estrategia innovadora y recursos nunca antes empleados en una campaña panista –desde la captación de líderes naturales locales hasta el empleo de cohetones, campanas de los templos o voceros en bicicleta para convocar a los pobladores– la de Fox penetra territorios históricamente vedados para el Partido acción nacional y donde el PRI mantiene sus principales reservas electorales. "Si nos limitáramos a la estructura del PAN, muy precaria en las zonas rurales, los actos podrían fracasar", reconoce Pipo. "Ahí tenemos que echar mano de una estrategia especial, muy imaginativa, y conseguir el apoyo de los líderes morales locales, la mayoría de ellos no panistas."

La disputa es por los once millones de *votos verdes* que pueden definir la elección presidencial del 2 de julio. Los estrategas foxistas tienen ubicados 68 distritos electorales rurales del país en los que el PAN no ha logrado nunca entrar. Hacia ellos enfocan sus mosquetones. "La idea central de Vicente es penetrar en el campo no sólo con sentido electoral sino también como un compromiso real del candidato con los campesinos", dice Pedro Cerisola. "Esa es la esencia de nuestra estrategia en el área rural."

Hasta ahora –para sorpresa de los propios panistas– prácticamente todas las incursiones campiranas de Vicente han resultado exitosas, lo mismo en Yucatán que en Veracruz, Michoacán, Tlaxcala, Aguascalientes o, sobre todo, las Huastecas potosina y veracruzana, donde en una docena de actos se reúne con más de 20 mil campesinos e indígenas, sin acarreos ni dádivas, en sólo dos días. Y el domingo 9 de abril da el banderazo al Movimiento nacional campesino por el cambio, al clausurar en Fresnillo, Zacatecas, un encuentro en el que agricultores de todo el país analizan su problemática y elaboran lo que sería el programa de gobierno foxista para ese sector. Es el acto agrario más relevante de la campaña.

Con machete y sombrero

A caballo, al frente de 300 jinetes, entra Vicente Fox a mediados de enero al poblado de Tierra Blanca, en la zona cañera de Veracruz, en uno de los primeros actos proselitistas en el campo de su campaña formal. El mitin que ahí encabeza resulta no sólo concurrido, sino particularmente animoso y participativo. Es un indicio. Otro: en Pinos, una pequeña localidad serrana de Zacatecas, la plaza del pueblo –acotado ya su tamaño por el equipo de logística– resulta insuficiente para dar cabida a los campesinos que más curiosos que hinchas se acercan a mirar y a oír a Fox y acaban volcados de entusiasmo cuando el candidato con botas invita a ir "de Pinos a Los Pinos".

La sorpresa grande es sin embargo –a fines de febrero– el día en que, convertido en insólito caminante del Mayab con botas, Vicente recorre 550 kilómetros del árido sur y centro de Yucatán para encontrarse en una jornada de 14 horas con los habitantes de siete u ocho pequeñas y pobres comunidades. Y más que eso, la impensable identificación de esas audiencias predominantemente mayas con el grandulón guanajuatense: hacen clic. El candidato publea por Peto, Tekax, Oxkutzpab, Akil, Tikul, Muna. Recibe flores, escucha necesidades en lengua maya, levanta niños famélicos y constata las condiciones de miseria que prevalecen en esta región del sureste mexicano. "Otro gallo les va a cantar", ofrece en cada pueblo. En Tikul, hace referencia al cura Miguel Hidalgo, que fue "promotor de la microempresa" y de un modelo económico "con rostro humano".

Justo dos meses después, Fox llega en vuelo privado a la Sierra Madre Oriental. Y luego emprende un largo recorrido, que acumula 30 horas en autobús, durante dos días, por los pueblos nahuas de las Huastecas potosina y veracruzana. Viene de Guanajuato, su tierra, donde se ha reunido con cientos de campesinos de municipios gobernados por el PRI y el PRD. Ante dos mil 500 de ellos —muchos con sombreros que llevan el cintillo de los Amigos de Fox— encabeza un mitin en Tarácuato, lugar donde hasta los árboles están pintados de tricolor. Promete que Procampo no desaparecerá, pero será "un programa que sirva de instrumento para que cada familia reciba lo que merece por su trabajo, sin prácticas clientelares como las del PRI y el gobierno federal". Y más tarde se reúne con otras tres mil personas en San José Iturbide —cuyo alcalde es de extracción perredista—, donde niños otomíes le cantan el himno nacional en su lengua materna. Un pequeño le dice: "Los niños indígenas de México no somos petate, estropajo, artesanía… Somos sujetos con derechos, somos costumbres y tradiciones milenarias".

En la Huasteca potosina —lugar de antiguos cacicazgos priístas, que ni siquiera el histórico movimiento de Salvador Nava y el Frente cívico potosino logró romper—, el candidato convierte tres salutaciones de paso en mítines, ante la exigencia de sus seguidores; uno de ellos, en Tanquián, con un millar de asistentes. En San Vicente, municipio gobernado por el PRI como todos los que visita en la jornada, le regalan una reata de lazar. "Esta es para echarle un pial al chaparrito Labastida", bromea. La gente de Axtla de Terrazas lo tiene que esperar dos horas por el retraso que los improvisados mítines ocasionaron. Aún así, más de mil 500 simpatizantes lo esperan. Allí ofrece que los indígenas "tendrán mano" en su gobierno y que respetará el origen, las costumbres y las formas de gobierno de las diferentes etnias, así como la libertad religiosa. Una mujer nahua toma el micrófono: "Vicente Fox es un hombre de gran corazón —dice en su lengua—; es humilde y sencillo. Aunque lo están tratando de desprestigiar diciendo que si llega a la presidencia se acabará el Procampo y cambiarán los colores de la bandera, nosotros no lo creemos. Llevaremos nuestro voto a su favor. Hemos despertado".

La recepción resulta en una vitamínica poción para Fox –que en privado se reconoce sorprendido por el grado de identificación de los huastecos con él–, y en el cafetalero Xilitla, ante más de tres millares de campesinos, llama a trascender a su propio partido y convoca a perredistas, petistas, verdes y panistas a sumarse, todos por igual, a la "revolución de la esperanza". Está tan extasiado con la fiesta y la respuesta de la gente, que se avienta sin más a llamarle "la vestida" al candidato presidencial del PRI. Todavía antes de reunirse por la noche con unas cuatro mil personas en Ciudad Valles, junta en Aquismón, lugar asentado entre primorosas montañas, a otros dos millares de campesinos indígenas. "México lindo y querido, si muero lejos de ti –parafrasea feliz–, que digan que estoy jodido y que fue culpa del PRI."

Al día siguiente, en la Huasteca veracruzana, repite suerte: mil 500 personas en Álamo, dos mil en Chicontepec y... más de seis mil indígenas en Tantoyuca, a los que se les toma la protesta foxiana, pero en náhuatl. En éste último lugar –uno de los pocos gobernados por el PAN– el presidenciable es recibido por manos morenas y arrugadas que portan una muy modesta "v" de la victoria de cartón. Inútil, el esfuerzo de algunas viejecitas ilusionadas con que sus nietos conozcan al candidato: una muchedumbre al frente lo impide. Al llegar a Chicontepec –cerca de la tierra del ingeniero Heberto Castillo– le regalan un machete: "Ora sí que se cuide el chaparrito Labastida", advierte el panista.

El plan de Fresnillo

Ante cientos de estudiantes eufóricos del Tecnológico de Monterrey, en la capital de Nuevo León, Fox se refiere el 30 de marzo al tema del campo y se compromete a acabar con la "dictadura de la miseria y la ignorancia" que es, explica, "la más cruel y humillante, aquella que decide qué dar a cada quién, cómo dar... y sobre todo cómo cobrar el día de las elecciones". Y una semana más tarde, el domingo 9 de abril, el candidato expone en Fresnillo, Zacatecas –donde los foxistas,

107

entusiasmados con las favorables experiencias en el campo, han preparado el acto agrario más importante de la campaña—, la manera en que piensa asumir dicho compromiso. Allí Fox da arranque formal al Movimiento campesino por el cambio y llama a los campesinos a votar "por convicción y no por tradición".

Delinea asimismo un proyecto ampliado para el campo, que incluye las siguientes 10 propuestas:

—*Hacer del campo un negocio rentable.* El gobierno de Fox se propondría la creación de una nueva banca de desarrollo enfocada a las necesidades de la sociedad rural que, junto con la banca privada y las bolsas de negocios locales, cubra las necesidades financieras del campo. Fomentaría la investigación y programas de apoyo que permitan el aprovechamiento óptimo de recursos, para modernizar la tecnología y mejorar la infraestructura del campo.

—*Abatir la pobreza e incluir en el progreso a los miembros de la sociedad rural más desprotegidos.* Dado que "el gobierno otorga dádivas al campo con propósitos clientelares y electorales, pero sus programas no fomentan el desarrollo de las capacidades productivas individuales", el panista revisaría los programas Procampo y Progresa. "Lo que yo propongo es un cambio de enfoque", explica Fox.

—*Abrir oportunidades de empleo y autoempleo a través de la inversión.* Con ello promovería infraestructura y un programa de incentivos a la inversión productiva en las regiones más rezagadas y municipios más marginados, para atraer inversiones nacionales y extranjeras que permitan a la sociedad rural emplearse en su propia tierra.

—*Impulsar el desarrollo de burbuja en las comunidades rurales.* Al contrario del gobierno priísta, que "ha pretendido apoyar al campo a través de mecanismos enfocados a redistribuir la riqueza desde el centro y no a generar riqueza localmente", promete impulsar un desarrollo que surja desde las comunidades.

—*Garantizar el acceso a infraestructura social básica de comunicación, educación, salud, vivienda y servicios públicos.*

—*Apoyar a las organizaciones de la sociedad civil.* Para ello, el gobierno foxista fomentaría la asociación autónoma de productores, en particular la creación de bolsas de negocios locales para que puedan acceder al financiamiento o capital por parte de interesados en invertir en el desarrollo de su región.

—*Garantizar los derechos de propiedad de todos los habitantes del campo sobre su patrimonio.* Según Fox, "si los mexicanos pudiéramos ejercer nuestro derecho de dominio pleno sobre nuestro patrimonio, nuestra riqueza real aumentaría, pues podríamos acceder a créditos y financiamientos usando como garantía nuestras escrituras, así como vender o rentar el patrimonio libremente, lo que hacen los habitantes del mundo libre". Por ello, en su gobierno se tomarían acciones para convertir el inventario inmobiliario de los campesinos de "capital muerto" a "capital vivo".

—*Establecer un nuevo marco jurídico institucional del gobierno para atender las necesidades de la sociedad rural y fortalecer el federalismo.* Propone revisar las funciones de todas las instituciones y programas gubernamentales que atienden el campo, para eliminar burocracia y mejorar los servicios, así como para adecuarlos a las necesidades de "la sociedad rural del futuro".

—*Incrementar el capital humano,* a través de una "revolución educativa" orientada hacia un modelo de "educación permanente", para que los niños y jóvenes aprendan a "razonar y a investigar antes que a memorizar; a argumentar y persuadir antes que a aceptar sin más lo que se dice".

—*Revertir el desperdicio del agua y revalorar las áreas forestales,* con el aprovechamiento sustentable de los recursos naturales, mediante acciones como el fomento de plantaciones comerciales y la participación comunitaria en proyectos forestales rentables con especies nativas de sus regiones.

En su discurso ante los campesinos provenientes de todo el país, Fox proclama que "la globalización exige que nos modernicemos para ser competitivos, con una estrategia sólida de coordinación entre el gobierno y la sociedad para que el mercado internacional nos ayude a generar riqueza en lugar de multiplicar la pobreza". Reclama que "el gobierno priísta ha puesto en operación programas superficiales de atención a las necesidades de la sociedad rural", con lo que nueve de cada 10 mexicanos extremadamente pobres viven en las comunidades rurales; que no ha generado empleos dignos y que se ha incrementado progresivamente la pobreza rural, con lo que las familias se han desintegrado por la emigración hacia el norte en busca de mejores oportunidades. "Han dejado el campo a su suerte", denuncia.

Mil y una estrategias

Pedro Cerisola explica el objetivo central de la campaña foxista en el campo: "Lograr el voto del cambio, personificado en Vicente Fox, con compromisos y programas de gobierno serios, profundos y realizables. Hacer a la propuesta posible y conveniente y no un recurso electorero". Esto, en el caso de la diversificada área rural mexicana, implica una estrategia igualmente diversificada, específica, para cada región cultural y geográfica. "Una sola estrategia no puede cortar a todo el sector rural."

El equipo de campaña esta conciente de que sus esfuerzos para penetrar en el campo enfrentan una fuerte resistencia: los programas de los gobiernos federal y estatales, y del propio PRI, de ayuda a los campesinos. "El sistema ha hecho de la pobreza y la ignorancia parte de su estrategia", resume Cerisola. A partir de esa realidad, dice, la campaña de Vicente en el campo se basa en tres postulados: "Uno: lo que reciben los campesinos no son dádivas, sino derechos; dos: si el gobierno fuera más eficiente, recibirían más; y tres: la gente del medio rural debe aceptar lo que se le ofrezca y votar libremente por el candidato de su preferencia". Acepta que "sigue persistiendo enorme influencia de los cacicazgos", aunque asegura que esa influencia "es menor que al principio de la campaña".

Los foxistas basan su optimismo en el resultado de las encuestas, según las cuales si bien el priísta Francisco Labastida sigue arriba en la intención del voto en el medio rural, su ventaja disminuye. En el sondeo dado a conocer por el PAN a principios de abril, elaborado por el Grupo de economistas asociados (GEA) –en el que su candidato aparece adelante en la intención del voto en general, con 43.3 por ciento, mientras Labastida obtiene 38.8– la distancia se acorta en el campo: PRI, 39 por ciento, PAN, 31.

110

En la operación práctica de la campaña, dice a su vez el diputado Vázquez, la penetración en el campo ha resultado menos complicada de lo que suponían. "No es difícil que nos vaya bien en el campo. A veces resulta más sencillo que en las ciudades, donde el mitin poco a poco se convierte en un recurso obsoleto."

La clave ha sido la detección y convencimiento de los líderes naturales o morales de las comunidades campesinas o indígenas, con cuyo apoyo todo se facilita. "Hay que reconocer que la estructura del PAN es muy limitada o de plano inexistente en muchas regiones rurales del país", dice el operador. "Con el puro partido no la haríamos." Calcula que 30 por ciento de los líderes de las comunidades son miembros del PAN y 20 por ciento de Amigos de Fox. "El cincuenta por ciento restante –la mayor parte– son líderes morales nuevos, sin ataduras. Entre ellos hay ex perredistas o ex priístas convencidos de la opción de Fox."

En la práctica, las avanzadas foxistas que recorren las zonas rurales en que operará la gira proselitista echan mano muchas veces de los métodos tradicionales de convocatoria en las comunidades, como ocurrió en Xilitla con los cohetones y en otros muchos lugares con el tañer de las campanas de los templos o el perifoneo con voceros ciclistas o, cuando se puede, con carros de sonido. También, a través de la radio, en regiones donde es el medio de comunicación por excelencia entre los pobladores para avisarse de accidentes o enfermedades, decesos, nacimientos... o la visita de Vicente Fox.

Para motivar a las comunidades indígenas, se detectan sus necesidades concretas, a veces inmediatas, "se ofrecen propuestas" para satisfacerlas. "Es más fácil convocar en el campo que en las ciudades. En el campo se genera mucha expectativa: que si va a venir el candidato, que si es mentira, que ya llegó la avanzada... Una vez que se genera el ambiente, lo demás viene solo."

Otro ardid a menudo empleado en la campaña es darle espectacularidad a la llegada de Vicente al pueblo: a caballo, como en Tierra Blanca; antecedido por el estruendo de una banda de pueblo; a pie, seguido por una muchedumbre armada de banderolas; acompañado de las autoridades indígenas, con sus vistosos atuendos tradicionales. Algo muy importante, dice Pipo, es que la avanzada dé toda su confianza a los líderes locales que ofrezcan su apoyo. "Esa confianza es básica, así conlleve algunos riesgos." Y, desde luego, la actuación de los "animadores" antes de la llegada del candidato al mitin. Como el de Álamo, Veracruz, que festeja sus propias ocurrencias y dice a los campesinos cuando llega Fox ensombrerado: "¿Ya ven?, les dije que era grandote, que usaba botas y cinto, igual que nosotros".

7. Un Fox de exportación

A Washington llega un Vicente Fox distinto: serio y formal, impecablemente vestido, peinadito, educado, capaz de hablar más o menos fluidamente en inglés y de manejarse con naturalidad y simpatía en los círculos oficiales, políticos, académicos y empresariales estadunidenses. Así, delinea la situación del proceso electoral mexicano, se presenta como un candidato que puede ganar la presidencia de México y expone propuestas claras y contundentes para una "nueva relación" entre ambas naciones.

El Fox de exportación.

Visita breve pero intensa la suya, en apenas dos días es recibido por funcionarios de alto nivel de la administración Clinton, sostiene encuentros con congresistas de izquierda y de derecha, empresarios de alto nivel, líderes de opinión e intelectuales, y entre media docena de entrevistas concedidas a medios estadunidenses destacan sus participaciones en el noticiero matutino de la Radio pública nacional (NPR, en inglés), emisión con ocho millones de radioescuchas, y el programa televisivo Lehrer News Hour, uno de los más prestigiados del país. Y logra su cometido. "Ignoro si hubo o no una decisión expresa del gobierno central en ese sentido, y las razones que pueda haber tenido, pero el hecho es que el gobierno gringo decidió darle a Vicente un trato de candidato viable", resume el analista y escritor Jorge G. Castañeda, uno de los asesores de Fox en esta visita. "Y esto no tiene precedente."

En su agenda destacan las entrevistas que sostiene con el subsecretario de estado Thomas Pickering –que en ausencia de la secretaria Madeleine Albrigth funge en esos momentos como encargado del despacho– y con el zar antidrogas Barry McAffrey. Pickering ofrece a Fox, en reunión privada, el absoluto respeto del gobierno estadunidense al proceso electoral mexicano. "Es asunto de ustedes, no de nosotros", le dice. "Nosotros no tomamos partido. Sabremos trabajar con quien gane el 2 de julio, que será ciertamente una fecha histórica para su país." McAffrey, por su parte, comenta en una conferencia de prensa conjunta con Fox, luego del encuentro cerrado entre ambos: "Siento un enorme respeto por personas que como usted tienen la voluntad de dar un paso adelante y se ponen en posiciones vulnerables a fin de avanzar en la democracia. Le agradezco la oportunidad de conocerlo y de escuchar sus propias ideas y también ofrecerle nuestros comentarios".

Y en una cena privada a la que asiste el propio McAffrey, el senador Bob Kerry y una decena de políticos, empresarios y directivos de medios de comunicación, Fox describe su estrategia para llevar la elección a una suerte de referéndum entre él y el candidato del PRI, Francisco Labastida. Su idea consiste en la celebración de tres debates. En el primero participarían los seis candidatos a la presidencia; en el segundo, los tres que ocupen los primeros lugares en las encuestas; y el tercero entre los dos "finalistas", mano a mano. De este modo, de manera natural, el voto opositor se concentrará en el que tenga posibilidades reales de ganar, él por supuesto, sin necesidad de que los otros candidatos declinen a su favor. "Al final la elección será así un referéndum: el cambio o más de lo mismo", dice. La clave está en que Cuauhtémoc Cárdenas acepte ese esquema de debates.

Made in Mexico

La visita "washingtoniana" de Fox fue planeada, en sus puntos fundamentales, por el propio Castañeda y el senador independiente Adolfo Aguilar Zinser. Los actos centrales son las entrevistas con Pickering y McAffrey y la presentación del candidato sobre una nueva agenda de las relaciones méxico-estadunidenses en un foro organizado por Diálogo interamericano, Carnegie y Brookings Institution y que modera la ex negociadora estadunidense del TLC, Carla Hills. Aguilar Zinser aclara que ni él ni Castañeda se han incorporado a la campaña. "Nosotros apoyamos como asesores en casos específicos, como es esta visita, a petición personal del propio Vicente Fox", dice. "No tenemos nada que ver con la estructura de la campaña ni la del PAN."

El candidato panista viaja acompañado únicamente de su hija Ana Cristina y de Martha Sahagún. Llega a Washington a las dos de la mañana del lunes 20 de marzo, luego de volar desde Guanajuato a Dallas en un avión privado y de la ciudad texana a la capital federal en un vuelo comercial. Y a las siete de la mañana está ya, fresco como brócoli guanajuatense, en el vestíbulo del hotel St. Regis, listo para cumplir una agenda agotadora –muy a su estilo, eso sí– que abarca más de 14 horas ininterrumpidas de actividad.

Media hora después –enfundado en un traje azul marino, con camisa blanca, corbata en tonos dorados… y botas– habla ante los micrófonos de la NPR. Desayuna luego en el Centro de estudios estratégicos internacionales, un acto poco relevante, al que acuden algunos asistentes de congresistas y representantes de medios; ofrece enseguida una conferencia de prensa, se reúne con Pickering en el Departamento de estado, es recibido por el enviado especial del presidente Clinton a las Américas, Kenneth "Buddy" Mackay en su oficina del Antiguo Edificio Ejecutivo; entra a la Casa Blanca para ver a Mara Rothman, asistente presidencial adjunta para asuntos de Seguridad nacional y come con miembros del Consejo de las Américas –entre ellos el ex embajador de EU en México, James Jones– y la Cámara de comercio. "Fox deja aquí una impresión muy positiva", dice al término de la comida el vicepresidente del Consejo de las Américas, William T. Pryce. "Se sintió como un hombre sincero que tiene posibilidades reales de ganar. Hoy en México las cosas ya no son como antes. Realmente deja una muy buena impresión."

Por la tarde el aspirante presidencial visita el *Washington Post* –que por cierto, al igual que el resto de la prensa escrita estadunidense, ignoró informativamente la presencia del candidato mexicano–, va con Barry McAffrey y llega a la afamada universidad de Georgetown –en la que estudió su posgrado el presidente Clinton–, donde charla con unos 200 profesores y estudiantes, muchos de éstos mexicanos, que atiborran el salón. Y remata con su cena privada.

La breve comitiva del candidato de la Alianza por el cambio –que completaban sus dos asesores, el director de relaciones internacionales del CEN del PAN, Carlos Salazar Díaz de Sollano, y el coordinador de agenda de la campaña, Juan Hernández–, así como los enviados de una decena de medios mexicanos, se transportan en tres camionetas Van rentadas ex profeso. En todos sus actos son distribuidos *files* informativos que contienen un documento sobre las encuestas electorales en México, copias de reportajes sobre su campaña publicados en diarios estadunidenses y un folleto a todo color con la foto de Fox, datos biográficos, principales propuestas y resultados de su gobierno en Guanajuato. También circulan ejemplares del libro en inglés *Vicente Fox. Dreams, challenges and threats*. Apenas se permite el aquí serio panista –a quien los gringos tratan como "gobernador Fox" en todas partes– algún chascarrillo de los suyos, como cuando dice que su visita dejaba un reto a Labastida. "Que vaya tomando sus clasecitas de inglés", sugiere.

Una "nueva agenda"

Más ligera, la jornada del martes 21 gira en torno de la presentación hecha por Fox de "una nueva agenda en las relaciones entre México y Estados Unidos" en el foro de organismos independientes. Es esa la intervención más importante –y mejor estructurada– de su visita a Washington. "Desde 1929, la ausencia de democracia en México ha sido ingrediente determinante en la relación entre nuestro país y Estados Unidos", empieza su ponencia –que lee en inglés– centrada en tres temas torales de la relación binacional: comercio, migración y narcotráfico. Dice que durante los últimos 15 años, tres sucesivos gobiernos priístas "han enfocado sus esfuerzos diplomáticos hacia la obtención, en Estados Unidos, de las fortalezas que ya no encuentran, porque se han agotado, en México". Y carga la suerte: "El creciente alineamiento con las prioridades estadunidenses, la ruptura con los principios históricos de la política exterior mexicana, la pérdida de un rumbo diplomático bien definido, la cada vez más débil capacidad de tomar decisiones independientes; todo lo anterior, es resultado de la desesperada lucha del régimen por sobrevivir."

Promete, en cambio, "una agenda libre de carga autoritaria" que no se supeditará a los imperativos de un régimen "decadente y moribundo". Ofrece, en materia comercial, apoyar el TLC, que propone "profundizar" para fortalecer sus instituciones y transformar la integración económica en un proceso equitativo y de beneficios para todos. Respecto de la migración, acusa que "la situación se está volviendo intolerable" y que desde 1994 la policía migratoria estadunidense "se ha vuelto más restrictiva y represiva que nunca" y que los reportes sobre abusos en contra de los derechos humanos de los migrantes mexicanos "han alcanzado niveles alarmantes".

Fox –ahora de traje gris oscuro y corbata roja, igualmente impecables– hurga en la raíz del problema: "La migración masiva de mexicanos encuentra su razón de ser en la persistente incapacidad de la economía mexicana para crear empleos y oportunidades para nuestra gente. Durante largo tiempo, el gobierno mexicano ha considerado la migración una conveniente válvula de escape. Nosotros nos oponemos decididamente a esa opinión. Nos comprometemos a transformar esa realidad, para garantizar que ningún mexicano deba abandonar su país por falta de empleos y oportunidades", pero por lo pronto "tenemos que garantizar" la seguridad y el respeto a los derechos de los migrantes". Y advierte su oposición al restablecimiento del programa "bracero" o de otros mecanismos que conviertan a los mexicanos migrantes en sirvientes bajo contrato.

En tono más severo critica la lucha binacional contra el narcotráfico. Dice que "a la estrategia compartida actual sólo se le puede considerar un fracaso en ciernes y un ejercicio de hipocresía" y que la cruda realidad es que los esfuerzos para el control de las drogas no son efectivos, que la corrupción relacionada con el narcotráfico en México ha penetrado las instituciones estatales hasta los niveles más altos y que las formas de cooperación actuales entre ambos países no conducen a resultados positivos. Advierte que la negación de la situación real en este tema no es asunto de México. "Las autoridades estadunidenses –ya sean de la DEA, el FBI, el departamento de estado o la Oficina para el control de drogas– desconfían del gobierno mexicano y del sistema judicial, no les parecen acertadas las estadísticas mexicanas y reconocen en privado que su estrategia en México padece un total desorden."

Y se lanza –antes de contestar una docena de preguntas que le

116

formularán los asistentes– contra la certificación que el gobierno estadunidense otorga a 28 países, entre ellos México, conforme a su comportamiento en el combate a las drogas. "La certificación es mucho más que un insulto a México y otros países; es una farsa que debe ser denunciada y cancelada." Hizo propuestas concretas: poner fin a la relación entre drogas y política, reducir los bastiones sociales del comercio de drogas, eliminar paraísos financieros para el dinero proveniente del narcotráfico y mejorar la cooperación multinacional.

Apenas una hora después, Vicente obtiene el apoyo a su propuesta del representante demócrata David Bonior, que se compromete junto con otros legisladores a "empujar" en el Congreso una reforma constitucional que elimine la certificación. A gloria deben haberle sonado al Grandote las palabras de Bonior –uno de los más influyentes demócratas en el Congreso–, que al despedirlo le dice: "Le deseo que le vaya muy bien en el esfuerzo que hace y que hará cuando sea presidente". Y las del congresista californiano George Miller: "Lo admiro –le dice– porque he seguido muy de cerca su carrera política. Creo en usted y espero que tenga éxito en los esfuerzos que realiza a favor de México".

Antes de partir a su país, el candidato confía sonriente que está satisfecho por el resultado de su visita. "Fue mejor de lo que esperaba", comenta. "Creo que ahora se conoce mejor aquí lo que realmente ocurre con el proceso electoral mexicano y la posibilidad cercana de un cambio democrático que lleve a la alternancia en el poder." Hay sin embargo a quienes el Fox de Washington decepciona: los reporteros que esperaban oírlo decir en inglés "tepocata" o "víboras prietas".

8. LOS TROMPICONES

Qué serio, poco jovial y demasiado formal está Vicente Fox la mañana del 19 de enero –día del arranque formal de las campañas presidenciales, según la ley– frente a unos 600 estudiantes de la Universidad tecnológica de México, que lo reciben mejor de lo que lo despiden. Lee un discurso sin sazón sobre su proyecto educativo. Al final le molesta visiblemente la pregunta de uno de los estudiantes que le cuestiona sobre sus frecuentes dichos y desdichos, como ocurrió con su supuesta comparación entre la iglesia católica y el PRI que luego negó. "¿Cómo podemos creerle?", dice el muchacho. "¿Cómo confiar en que al llegar al poder cumplirá sus promesas?" Su actitud aquel día no concordaba con el "espíritu emprendedor" al que dijo convocar a los muchachos de México.

Son los ratos amargos –algunos de plano negros– del candidato en campaña.

Célebre es su *lapsus*. Luego de registrarse como precandidato del PAN a la presidencia de la república, el 17 de julio de 1999, Fox pronuncia un discurso ante unos cuatro mil panistas reunidos en las inmediaciones de la Plaza de toros México, en la capital, latentes todavía las desconfianzas de algunos cuadros del partido sobre la solidez de sus convicciones. En el momento culminante, dice: "Refrendo mi convicción, mi comunión con los principios e ideales del PAN, y habré de abandonarlos… de abanderarlos en todo momento y en todo lugar."

Le pasa también en su tierra. El 31 de enero del 2000, un centenar de panistas leoneses lo increpa a gritos y jaloneos por considerar que maniobró en apoyo del ex rector guanajuatense Juan Carlos Romero Hicks, quien había resultado electo –en una controvertida, agitada convención estatal panista, un día antes– candidato a gobernador. El embarazoso episodio sucede en el marco de un encuentro con los candidatos electos del PAN, al que no acude por cierto Romero Hicks. En su afán de calmar los ánimos de los seguidores de Eliseo Martínez, ex alcalde de León supuestamente despojado con malas artes de la candidatura estatal, Fox hace un llamado a la unidad "para aprovechar la oportunidad histórica de lograr un cambio en el país"; pero su discurso no logra apaciguar a los enardecidos eliseístas. Tras el incidente –"si no nos ayudas no te vamos a apoyar, Vicente", le gritan los panistas inconformes en plena calle, frente a la prensa– el candidato cancela inopinadamente la visita que tenía programada a la feria de León y deja plantados a los periodistas que cubren su gira. Se va al aeropuerto para volar a México. Al otro día, en conferencia de prensa, para explicar la *graciosa huida* de su tierra sólo dice: "Simplemente estaba listo el avión".

118

Más tarde, el 24 de febrero, Vicente tiene que enfrentar, en medio del mar Caribe, un pleito entre panistas isleños que no le incumbe. Unos, inconformes con el dirigente estatal en Quintana Roo, Troy Becerra Palma, le piden al candidato presidencial intervenir para que sea sustituido. Y otros, los partidarios de Troy, quieren aprovechar la presencia de Fox para fortalecerse. Minutos después de que el avión que lo lleva aterriza en la pista de Cozumel —que desde hace más de cuatro décadas construyó la armada de Estados Unidos para utilizarla como punto de reabastecimiento—, Fox es interceptado a bordo de una camioneta por una treintena de panistas vociferantes, enardecidos. "¡Fox, con Troy vas a perder!", le advierten con mantas y pancartas. "Troy traidor, muerdes las manos de los que te ayudaron dentro del PAN." Golpean con las manos el cofre del vehículo y materialmente obligan al candidato a bajarse para escuchar sus quejas, ante las cuales contesta, de entrada, que el asunto no es de su incumbencia. Pero se compromete a transmitir la queja a la dirigencia nacional, lo que provoca aplausos de los antitroyistas. En total contraste, una hora después, dos millares de panistas reunidos en la plaza principal de esa isla, con pancartas de apoyo a Troy Becerra, aclaman a Vicente.

Reporteros de medios locales acosan al Grandote en Aguascalientes, el 18 de febrero, donde ofrece una ríspida conferencia de prensa. Hay preguntas agresivas, capciosas, sobre supuestos desatinos de los gobiernos municipal y estatal panistas. Fox siente que tratan de ponerle un cuatro. Y salta: "Bueno, ¿tú eres periodista o trabajas en Gobernación?", inquiere a uno de ellos que, ofendido, se levanta y abandona el lugar. Y a pregunta expresa de que si invitaría al priísta Francisco Labastida a formar parte de su gabinete, repone: "Ni maíz... ni madre". El video de este incidente, curiosamente, es difundido por las televisoras nacionales antes de que lo transmitan sus propios enviados.

Muy a principios de la campaña, Vicente viaja a Ocosingo, Chiapas. Tiene programada una reunión en un auditorio para 400 personas. Vuela en un Learjet de ocho plazas. El mal tiempo dificulta el aterrizaje. El piloto hace dos, tres intentos, conciente del interés de su pasajero en llegar al acto proselitista. El riesgo es alto. Fox, ya espanta-

119

do, cede: "Mi capi, si puede bien, y si no, vámonos". En el último intento el aviador logra aterrizar. Cuando Vicente y su breve comitiva llegan al auditorio, sólo hay 40 personas. "¡Arriesgamos la vida por 40 personas!", recuerda Felipe Zavala.

Molesto, muy molesto, se le mira en Washington el lunes 30 de marzo, cuando en improvisada conferencia de prensa los corresponsales insisten en las preguntas sobre su presunta intención de vender Pemex. Menea la cabeza el candidato. "Bueno: ahí va de nuevo…", dice antes de responder por enésima ocasión sobre ese tema.

Con una de cal por otra de arena, tiene que enfrentar el 16 de febrero los gritos de sindicalistas incrédulos de su propuesta laboral, al tiempo que en encuestas electorales coincidentes entre sí aparece viento en popa, técnicamente empatado con el hasta hace poco puntero Francisco Labastida Ochoa. Son sólo dos, tres decenas, de los 700 sindicalistas de la Unión nacional de trabajadores –hacinados, sudorosos y cansados, en el reducido auditorio que el gremio tiene en sus oficinas del centro de la capital– los que hacen ruido; pero hacen mucho ruido. Otro sector –compuesto mayoritariamente por mujeres– aplaude al candidato para contrarrestar las acometidas del enemigo. Fox se detiene en sus respuestas, ve al auditorio, traga saliva, agacha la cabeza… Y entonces el moderador solicita, exige, ordena a la disidencia: "Respeten las reglas". No son más de 10 minutos de desorden. El momento más ríspido se da cuando el candidato promete invertir el doble en la educación pública. "¡Esas son puras ocurrencias, no programas!", grita un hombre. Entonces brotan los reproches: "Fobaproa", "Paoli", "UNAM", "presos políticos", "Chiapas", "Pemex". Una vez más el moderador exige respeto. Y al final, Francisco Hernández Juárez, líder de la UNT, ofrece disculpas al candidato.

Mal salen las cosas en Nuevo León, durante la gira del 30 de marzo. Mal y de malas. Para empezar, el autobús de prensa –con todo y su auto guía y su escolta de la policía municipal panista– se pierde en el vericueto de las plantas maquiladoras y nunca llega a la fábrica donde el candidato dialoga con los obreros. Luego hay un mitin infame en la colonia Pueblo Nuevo, del municipio conurbado de Apodaca. Son más los acompañantes de Fox que los asistentes al acto. Bajo un solazo atroz, además. Para colmo, los organizadores locales se ponen a repartir sin disimulo los "lonches" y los refrescos, como en los mítines del PRI. Lo peor ocurre por la tarde, cuando lo que se suponía una magna concentración en la macroplaza regiomontana resulta un fiasco. No pasan de dos mil los asistentes. En Monterrey, bastión panista. "Vicente está que mienta madres", confía apesadumbrado Felipe González, el jefe de prensa de la campaña.

Con trabajos logra Fox escapar de las mujeres yucatecas que desayunan con él en Mérida, el 26 de febrero. Su siguiente acto es una visita al mercado municipal. Hay un pitazo: que locatarios priístas tienen listo un arsenal de jitomates para bombardearlo a su llegada. Los dirigentes del PAN yucateco se acongojan. Alguien propone cancelar la visita al mercado, pero otros se oponen porque, dicen, en las afueras hay una multitud de simpatizantes en · pera del candidato desde hace horas. Consultan al candidato. "Vamos", dice. Al llegar, efectivamente, centenares de *panuchos* –como llaman los priístas a los partidarios del PAN– forman en la calle una valla que arropa entre vítores al candidato. Mientras, una barrera de priístas custodia la entrada principal del mercado, inútil el radio a todo volumen con el que tratan de opacar las porras foxistas. En medio de ese ambiente tenso, Fox sólo puede enviar un saludo de tres minutos a través de un altavoz portátil.

En Acapulco asiste a un mitin en plena playa de Hornos, el viernes 28 de abril. Como por casualidad se va la luz y no puede funcionar el equipo de sonido. La espera desespera a los dos centenares de asistentes, que se confunden con los bañistas. Fox también se inquieta y se pone a hablar en corto con algunos simpatizantes. Al fin traen una planta portátil y regresa la energía eléctrica. El mitin comienza, pero apenas inicia su discurso, el candidato se queda afónico. Opta por entregar el micrófono al público, muy a su estilo, "para que nos cuenten sus problemas"... Y cómo no: un joven denuncia la extorsión de un policía en la playa; otro pide ayuda "porque los secuestradores" han matado a toda su familia, y un tercero, absolutamente ebrio, profiere incoherencias mientras los del *staff* tratan de quitarle el micrófono. Y el mitin naufraga frente a la hermosa bahía.

9. El resbalón de Chihuahua

Catorce de abril. Vicente Fox patina en Chihuahua. En sus afanes por sumar fuerzas y unir voluntades por el cambio democrático, a punto está de causar un cisma en el panismo chihuahuense al aceptar reunirse con el ex gobernador priísta Fernando Baeza Meléndez, presuntamente dispuesto éste a adherirse a su candidatura.

La pura intención es como echar limón en una vieja herida que no cierra: Baeza Meléndez fue personaje central del fraude electoral de 1986, que arrebató al panista Francisco Barrio Terrazas la gubernatura del estado. Barrio y el PAN encabezaron entonces un movimiento de resistencia histórico, que se prolongó más de tres meses , al que se sumaron otros partidos de oposición –entre ellos el entonces Partido socialista unificado de México (PSUM) y el Partido mexicano de los trabajadores (PMT) que lideraba Heberto Castillo, antecedentes ambos del PRD–, la Iglesia católica chihuahuense, el Movimiento democrático campesino, los organismos empresariales y sindicales y un sinnúmero de asociaciones cívicas.

El entonces alcalde de Chihuahua, Luis H. Álvarez, realizó una huelga de hambre en la capital del estado que duró 42 días, mientras otro tanto hacían en Ciudad Juárez el pemetista Víctor Manuel Oropeza y el empresario Francisco Villarreal, entonces sin partido, que luego ingresaría al PAN y sería entre 1992 y 1995 alcalde de esa urbe fronteriza. Un grupo de 20 artistas e intelectuales –entre ellos Octavio Paz, Enrique Krauze, Lorenzo Meyer, Carlos Monsiváis, José Luis Cuevas, Fernando Benítez, Gabriel Zaid y David Huerta– se adhirió a la protesta y demandó en un desplegado de prensa la anulación de las elecciones chihuahuenses . La protesta incluyó también acciones de resistencia civil, toma de puentes internacionales en Ciudad Juárez, bloqueo de calles y carreteras en todo el estado, marchas multitudinarias. El arzobispo Adalberto Almeida y Merino dispuso la suspensión de oficios religiosos en Chihuahua como protesta contra el fraude, aunque una ficticia intervención del nuncio apostólico Geronimo Prigione ante el Vaticano frustró la medida. Sin embargo, Almeida advirtió: "Si un candidato que se profesa católico –como era

122

el caso de Baeza– fue elegido mediante el fraude, su deber es no aceptar el ilegítimo cargo".

El caso Chihuahua trascendió las fronteras mexicanas y tuvo amplia difusión en medios estadunidenses y europeos. El asunto fue incluso llevado luego ante la Comisión interamericana de derechos humanos de la OEA, cuyo tribunal fallaría tiempo después contra el fraude electoral. Nada detuvo al gobierno de Miguel de la Madrid, que desoyó las protestas e impuso a Baeza como gobernador. A su toma de posesión, el 3 de octubre de 1986 en el auditorio Manuel Bernardo Aguirre, asistieron unos 5,000 invitados encabezados por el propio presidente de la república, mientras más de 30 mil chihuahuenses congregados en la plaza de Armas condenaban la legitimación presidencial del "monstruoso" fraude electoral. "¡Usurpador!", gritaban a Baeza en coros interminables.

Esa lucha ha sido inspiración del propio Vicente Fox. "Junto con Maquío, otra de las figuras que me calaron hondo fue sin duda don Luis H. Álvarez, un gran hombre que ha dedicado su vida a la lucha democrática y que contendió por la presidencia de la república", ha dicho. "Fue el perfecto complemento de Manuel en las elecciones de 1988 como presidente nacional del PAN. Aun antes de ingresar al PAN, cuando andaba yo dedicado en cuerpo y alma a la agricultura, su figura me despertaba un gran respeto. Recuerdo muy bien la caravana que se aventó desde Chihuahua hasta la ciudad de México para denunciar el fraude electoral, su huelga de hambre. Fue una hazaña impresionante contra el llamado fraude patriótico operado por Manuel Bartlett, con el que el régimen bloqueó a Francisco Barrio en 1986. A Barrio yo lo veía como un Napoleón o algo así. Sin duda Chihuahua y los chihuahuenses fueron los que despertaron a todo el país."

Todo esto parece ignorar –o no recordar– el equipo de Fox cuando acepta la propuesta de panistas de Delicias de reunirse con Baeza Meléndez en su rancho cercano a esa ciudad, el sábado 15 de abril. El encuentro finalmente no se da, pero su sola posibilidad desata una tormenta en las filas del PAN chihuahuense. "Fox desconocía las consecuencias políticas que un encuentro así pudo haber generado en Chihuahua", dice el diputado federal con licencia Javier Corral Jurado, ya candidato a senador por el PAN. "Hay quien asegura que una adhesión de Baeza traería una desbandada de priístas a nuestras filas, pero la verdad es que la desbandada de panistas podría ser mayor…"

Francisco Barrio, principal agraviado por el fraude electoral del 86, no condena sin embargo el intento. Por el contrario: "Percibo como algo muy sano, como una muestra de gran apertura y gran tolerancia, el que se hubiera registrado ese encuentro", comenta. "Creo que es algo conveniente, porque existen asuntos vitales para el país que sólo podemos resolver basado en acuerdos entre las fuerzas políticas." Reconoce empero que en lo personal lo ocurrido en 1986 es algo que no puede olvidar. "Necesitaría volver a nacer", dice franco, muy a su estilo.

Baeza, despechado

Desde que terminó su gestión como gobernador de Chihuahua –en la que hizo grandes esfuerzos por reconciliarse con los sectores que impugnaron su elección, incluida la iglesia católica–, sustituido en el cargo por su rival de 86, el panista Barrio Terrazas, Fernando Baeza no ha visto la suya como político, condenado al ostracismo por su propio partido. En 1994 buscó una senaduría por el PRI, pero la candidatura fue para Martha Lara Alatorre. Nada cambió para él con la llegada del priísta Patricio Martínez, considerado su ahijado político, a la gubernatura del estado. Patricio ganó a ley la candidatura en las primeras elecciones primarias abiertas a la ciudadanía realizadas por el PRI en toda su historia, de manera que no se la debió ni a él ni a nadie. Y después triunfó en las elecciones constitucionales y con él su partido reconquistó el gobierno de Chihuahua.

Ante la sucesión presidencial y la contienda interna por la candidatura del PRI, Baeza coqueteó primero con Manuel Bartlett –quien como secretario de Gobernación fue precisamente el operador del fraude electoral de 1986 en Chihuahua–, pero luego dejó a su padrino chiflando en la loma y se pasó a las huestes de Roberto Madrazo, de quien fue coordinador estatal de su precampaña. Esto lo alejó aún más –al grado de la ruptura– del gobernador Patricio Martínez. Baeza perdió junto con su gallo en las internas priístas del 7 de noviembre.

124

Convertido de súbito en ardiente demócrata, denunció la imposición arbitraria y tramposa de Francisco Labastida como candidato presidencial, pero en las negociaciones con Emilio Gamboa Patrón para la "operación cicatriz", en la capital del país, logró la promesa de una senaduría. En efecto, Gamboa le aseguró la primera candidatura a senador por Chihuahua, lo que le garantizaba, aun perdiendo la elección, un escaño en la casona de Xicoténcatl por la vía de primera minoría.

Baeza recuperó fugazmente sus convicciones priístas y regresó feliz a Chihuahua, pero sólo para encontrarse con que siempre no, que su nombre iba pero en el segundo lugar, mientras el primero lo ocupaba el líder cetemista Doroteo Zapata. El ex gobernador se rebeló contra semejante "imposición" y declinó la candidatura. Volvió a tronar contra la antidemocracia y el dedazo. Y, despechado, empezó a buscar otros cobijos. Consiguió reunirse con el dirigente estatal del PAN, Guillermo Luján Peña. Comieron juntos en el restaurante más concurrido de la capital, La Calesa, lo que provocó encontradas reacciones en las filas panistas y priístas. Habilidoso, Baeza logró en los medios convertir ese encuentro en un supuesto "perdón" del PAN hacia él, lo que aumentaba sus bonos políticos para cualquier negociación. La buscó, también –por si acaso– con el PRD, a través del dirigente estatal Luis Javier Valero.

Encuentro frustrado

La entrevista entre Fernando Baeza y Vicente Fox es propuesta ocho días antes al equipo del guanajuatense por un grupo de panistas de Delicias, encabezados por César Reyes Roel, candidato a diputado federal por el V distrito. En reuniones previas, Baeza ha planteado a esos panistas la posibilidad de sumarse con todo y sus seguidores a la candidatura de la Alianza por el cambio, lo que en términos regionales significaría un importante respaldo electoral a Reyes Roel.

Y se soban las manos.

Baeza propone su propia casa, en su rancho nogalero, como sede de la reunión con Fox, y éste acepta en principio. El encuentro –un desayuno que ocurriría el sábado 15 de abril muy de mañana–, sin

125

embargo, no se incluye en la agenda oficial de la gira del panista por Chihuahua entregada a los reporteros, pero acaba por filtrarse. El viernes 14 de abril, víspera del presunto encuentro, Fox reconoce en Chihuahua ante la prensa que "amigos del licenciado Baeza" le habían hecho llegar saludos suyos, que él había correspondido. No niega la posibilidad de un encuentro entre ambos. El asunto es motivo de una reunión especial del Comité directivo estatal del PAN chihuahuense. Ahí se argumenta a favor y en contra de la reunión Fox-Baeza y sus posibles implicaciones y consecuencias. La mayoría –entre ellos el ex gobernador Francisco Barrio Terrazas y el ex dirigente nacional Luis H. Álvarez– está a favor de la realización del encuentro, pero cuestiona que éste se lleve a cabo en el rancho de Baeza. Se propone un lugar neutral y que se haga público, explícito, el motivo de la reunión y la agenda de temas a tratarse. Tras de alguna resistencia, la gente de Fox está de acuerdo. Baeza no. No acepta: "Si vienen a mi casa y tocan las puertas, yo se las abro", dice. El encuentro se frustra.

Barrio: tiempo de consensos

Pancho Barrio acompaña a Fox en buena parte de su exitosa gira por Chihuahua. Está con él en un mitin nocturno en la capital del estado y en actos públicos en Delicias, Meoqui y Camargo. Toma el micrófono en varios de ellos y, con su vehemencia característica, llama a los chihuahuenses a no cejar en el empeño de llevar a Vicente a Los Pinos. "Imaginen la noche del 2 de julio cuando se anuncie por radio y televisión que Vicente Fox es presidente electo", invita. "Imaginen la alegría. Imaginen los brincos y los abrazos y las lágrimas de felicidad y de emoción." No denota malestar alguno por el posible encuentro del candidato presidencial de su partido y su antiguo rival electoral, Fernando Baeza. Entrevistado en Delicias, reconoce que aunque él considera que "son convenientes" encuentros como el que estuvo a punto de darse, "en el PAN hay todavía gente que sencillamente no puede tragar la idea de que un candidato presidencial del partido se reúna con el licenciado Baeza. Eso es real: Hay gente que guarda con recelo y resentimiento sus posiciones, que son muy respetables". Sobre Baeza, dice: "Sin juzgarlo ni opinar sobre sus motivos, pienso

126

que él tiene una situación bastante incómoda. Es evidente que en 1986 jugó con las reglas del sistema, que exigían a los actores una renuncia de ciertos principios éticos, porque concretamente en esa elección se cometió una serie de acciones francamente inmorales de las que el candidato a gobernador no pudo quedar ajeno, ni ignorante".

El legislador chihuahuense Javier Corral, que tampoco se opuso a la realización del encuentro, pero sí a que tuviera lugar en el rancho de Baeza –"nomás eso nos faltaba"–, advierte por su parte que el PAN debe tener mucho cuidado de recibir, en aras de la alegría del triunfo, cualquier tipo de adhesiones. "Como dijo alguna vez Carlos Castillo Peraza, el PAN no puede morir de inanición por negarse a probar bocado ajeno, pero tampoco puede morir de indigestión por tragar todo lo que tiene a su alcance." Dice que en el caso presente hubo exceso de ingenuidad por parte del PAN ante los devaneos de Baeza. "Fernando Baeza es un tipo habilidoso para negociar posiciones dentro del PRI con el pretexto de la democratización, pero no podemos olvidar que es un gran simulador. Sólo Baeza sabe el juego de Baeza." Ciertamente, los panistas deben eliminar resentimientos personales; "pero la historia no se conserva por razones personales: es un referente fundamental para no olvidar y no volver a caer en los mismos errores. Fernando Baeza tiene que ajustar cuentas con la historia de Chihuahua antes de presentarse como el nuevo demócrata". Y pide hacer prevalecer "algo fundamental" en la campaña presidencial foxista: la autonomía de los comités directivos estatales del partido. "Debe tomarse en cuenta su opinión", reclama. "No podemos ser arrasados por el pragmatismo."

10. LOS PUENTES

"¿Vieron la cara de los priístas?", suelta el líder de los diputados federales panistas Carlos Medina Plascencia a sus acompañantes amontonados en la camioneta Suburban, al término del debate del 25 de abril entre los seis candidatos presidenciales. "No los calentaba ni el sol. Esto fue contundente."

Un minuto ha bastado a Vicente Fox para llevarse la noche. Ante la quejumbrosa enumeración de agravios hecha por Labastida Ochoa –"me ha llamado chaparro, mariquita, lavestida, mandilón; ha hecho señas obscenas en la televisión refiriéndose a mí…"–, el panista revira: "Mi estimado señor Labastida, a mí tal vez se me quite lo majadero, pero a ustedes lo mañosos, lo malos para gobernar y lo corruptos, no se les va a quitar nunca".

Su éxito durante el encuentro en el World Trade Center de la ciudad de México provoca, como nunca en la campaña, la unidad de la cúpula panista en torno de su candidatura. Sólo falta Fernández de Cevallos, distanciado hace meses del gobernador de Guanajuato con licencia; pero aún él, asegura el propio Vicente, "está trabajando en la campaña, y me mandó unas recomendaciones de una señora para que las utilizara en el debate". De ahí en fuera todos, hasta los no muy foxistas –como el líder senatorial Jiménez Remus– convocan a los panistas a no cejar en el ánimo para llevar a su abanderado a Los Pinos. "Es hora de reconocer que Vicente ha cumplido con su tarea", dice el líder nacional del blanquiazul, Luis Felipe Bravo Mena, ante unos dos mil simpatizantes que se reúnen a las afueras de la casa de campaña, en la colonia del Valle, para festejar "el triunfo" de su candidato.

Dentro de la casona 200 invitados esperan el arribo del candidato. Hay gran alegría, pero no euforia porque, como dice en el vestíbulo el politólogo Jorge G. Castañeda, "Fox ganó el debate, pero no barrió". Lino Korrodi expresa su confianza en que el éxito del candidato azulverde lleve más dinero de los empresarios a sus arcas: los 240 millones necesarios para "las municiones del último mes de batalla". Y Juan Antonio Fernández, el de Amigos de Fox, no puede describir su emoción: "Estuvo muy bien, muy bien". Ni los guardias del candidato disimulan su entusiasmo: "Labastida le quiso poner un cuatro y no pudo", comenta Marco Garza, uno de los jefes.

Fox llega a su cuartel a las 21:30 acompañado por Pedro Cerisola y Martha Sahagún. En conferencia de prensa, Cerisola da a conocer los resultados de los primeros sondeos de opinión que reciben. Cada uno de ellos es festejado por la multitud de afuera, que sigue atenta el informe a través de una pantalla gigante. En todas gana el panista. La de Harris: Fox, 31 por ciento; Francisco Labastida, 13.8; Cuauhtémoc Cárdenas 12.8; Gilberto Rincón Gallardo, 10; Porfirio Muñoz Ledo

5.6 y Manuel Camacho, 0.6. La de Arcop: Fox, 40; Labastida, 20; Cárdenas, 7; Rincón Gallardo, 4; Muñoz Ledo 3 y Camacho, 1. La de Imagen informativa: Fox, 38; Labastida, 19; Rincón Gallardo, 15 y Cárdenas, 12. Y en una por internet, 72 por ciento se ha manifestado a favor de Vicente...

Sonriente, complaciente con los fotógrafos que le piden hacer la "v" de la victoria y medido en palabras para no parecer triunfalista, Fox se dice "a gusto" con los resultados obtenidos en el debate, aunque lamenta que faltó tiempo "para expresar toda la riqueza de ideas que hemos recogido de 100 millones de mexicanos". Manifiesta su optimismo de que en el segundo debate –que hasta gente de su equipo cree que ya no se realizará– podrá exponer con más detalle sus propuestas "para un México exitoso y triunfador". No se ha quitado la vestimenta –traje gris, corbata verde y plata y camisa blanca– con los que apareció en las pantallas de millones de hogares. Lo acompaña su hija Ana Cristina desde unas 10 horas antes, cuando fueron a rezarle a la Virgen de Guadalupe en la Basílica. Cristina tuvo la "buena mano" para sacar en el sorteo la pelotita que le dio a su padre el preciado turno para cerrar el debate. Ante los periodistas, el candidato de la Alianza por el cambio acepta que la imagen ganada en el encuentro de los presidenciables no significa la derrota del PRI, pues "esperamos la acción del aparato de estado a favor del candidato priísta. Por ello, hace un llamado a los mexicanos a "no permitir que nos arrebaten ese futuro promisorio".

Luego vienen los halagos de la cúpula blanquiazul. Bravo Mena afirma que en el debate Vicente "demostró talante de jefe de estado". Santiago Creel, candidato a jefe de Gobierno del Distrito Federal, dice que al salón Olmeca del World Trade Center "vimos entrar un candidato y salió un presidente que está dispuesto a privilegiar los acuerdos". Gabriel Jiménez Remus, líder de los senadores del PAN, opina que "el candidato oficial (Labastida) inició esta noche el camino al cadalso que concluirá con la vida política de él y de su partido". Y Carlos Medina dice que "Vicente demostró ser el estadista que México requiere". Fox, siempre sonriente, retoma la palabra para agradecerle al PAN, "mi partido" –hace tiempo que no le llamaba así–, por darle "las ideas y el valor para seguir adelante". Afuera, el gentío soporta la llovizna. "¡Que salga! ¡que salga!", le piden a gritos. Al fin sale. Agradece la perseverancia a los 360 mil miembros activos y adherentes de Acción nacional y de su equipo de campaña. "Tenemos el triunfo a la distancia de 68 días", festeja.

Un acuerdo nacional

A partir de ese primer debate presidencial, la campaña de Vicente Fox tiene una nueva prioridad: tender puentes, crear consensos, sumar ideas de todos los colores y corrientes para responder al compromiso central asumido por el candidato en su exitosa participación en el encuentro del 25 de abril. No fue una promesa. Ni una propuesta. Se comprometió –lo dijo dos veces, en su primera y en su última intervención– a lograr un acuerdo nacional para integrar un proyecto común de país y conformar un gobierno plural e incluyente.

"Se trata de sumar, sumar y sumar", dice el senador panista Rodolfo Elizondo, coordinador de relaciones políticas de la campaña. "Vicente está convencido de que ese acuerdo nacional es indispensable para la transición a la democracia. No lo dice de dientes para afuera: lo asume como compromiso toral y ese es el sentido que le está dando a esta parte de su campaña." Para el equipo foxista, el énfasis que el candidato puso en el tema durante el debate "es una orden de trabajo", dice a su vez Pedro Cerisola. "Nuestra tarea es armar el andamiaje, las estructuras para llevar a cabo este proyecto."

Fox enuncia el nuevo compromiso desde su mensaje inicial durante el debate: "Con la responsabilidad que significa ir adelante en la contienda presidencial, me comprometo ante todos ustedes: a conformar un gobierno plural e incluyente, a integrar un proyecto común de nación, y a convocar a todos los mexicanos a un gran acuerdo nacional". Textualmente lo reitera en su intervención en la ronda final, que cierra el debate. Y enseguida exhorta: "¡Tengámonos confianza! ¡Creamos en nosotros mismos!"

Su empeño, dice Elizondo, implica una apertura total para incluir ideas, proyectos y propuestas, "inclusive de nombres para el gabinete" presidencial. "Está totalmente abierto a las diferentes corrientes políticas. Sabe que sólo la pluralidad y un gobierno incluyente asegu-

130

rarán la transición." Recuerda el legislador duranguense que esta actitud de apertura ha estado presente a lo largo de toda la campaña. "Lo que pasa es que ahora, a partir de su compromiso, se vuelve una prioridad." Aclara que "no necesariamente hablamos de declinaciones de candidatos. Se trata de sentarnos para buscar puntos de coincidencia, ideas y proyectos comunes. Lo logramos cuando las negociaciones de la frustrada alianza electoral. Llegamos a una plataforma política común. ¿Por qué no podemos hacerlo ahora?".

Y esto, agrega, no se limita a los candidatos y a las figuras políticas destacadas. "La convocatoria es a todos los mexicanos, para sumar ideas, proyectos, esfuerzos que permitan el cambio democrático para México." Elizondo ve con optimismo la respuesta a este planteamiento. "Ha habido ya adhesiones importantes, numerosas. Y pronto habrá otras más. Esto se va a incrementar, sin duda."

Pasado el debate, Fox reanuda su actividad proselitista en un ambiente enrarecido. Pareciera que, por usar las figuras características del propio candidato, su éxito en el encuentro entre presidenciables solivianta a las tepocatas, sanguijuelas, víboras prietas y demás alimañas que tratan de evitar que llegue a Los Pinos. La reacción del aparato priísta, dicen los miembros del equipo del Grandote, se hizo evidente desde la noche misma del debate. En los medios electrónicos se quebró el balance informativo sobre los candidatos, a favor del priísta Labastida. "A mí me cancelaron al día siguiente, sin explicación, cuatro entrevistas de radio ya acordadas", dice Cerisola. "Y a Rodolfo (Elizondo) le cancelaron otras tantas." La reacción de los priístas después del debate "es evidencia de que el sistema se desmorona", dice Fox en Zihuatanejo el viernes 28 abril. "Y es que el fracaso reproduce fracaso."

Rabieta en el ITAM

Alejandro Murat llega de mal humor el 26 de abril a sus clases de economía en el Instituto tecnológico autónomo de México (ITAM). Le tiene molesto que, aun cuando Vicente "eludió sus leperadas y sus contradicciones" en el debate de candidatos, resultó ganador en las encuestas. Por eso el muchacho no se quita de la cabeza la idea de confrontar al panista esta mañana, cuando acuda al auditorio de su escuela para exponer sus propuestas de gobierno. Así, a tiempo aparta su asiento en la tercera fila. Y espera –como otros 700 estudiantes– la llegada del candidato, que finalmente arriba a las 11:30, con un retraso de media hora. La ovación en grande para el aspirante presidencial de la Alianza por el cambio molesta aún más a Alejandro.

Fox sube al podium para hacer su exposición sobre "una elección entre dos futuros", en la que esboza sus ideas para combatir la inseguridad, la pobreza, el desempleo y la corrupción. Repite frases enteras del debate presidencial: "Nadie imaginaba que un campesino llamado Nelson Mandela pudiera romper las cadenas de la opresión en el sur del África... Hoy los ojos del mundo están puestos en México". En materia económica plantea que, además de lograr un crecimiento de 7 por ciento al año para generar un millón 350 mil empleos en igual periodo, la inflación no exceda los tres puntos porcentuales anuales antes del año 2003; implementar una reforma fiscal integral como "punto central en mi programa de gobierno" y alcanzar el superávit fiscal al cuarto año. "Nuestra propuesta es crecer, pero crecer con calidad humana", sintetiza. En cuanto a política social, ofrece "una verdadera vía de inclusión al desarrollo, con programas que alienten la capacidad personal antes que programas orientados a mantener la dependencia de los mexicanos". Particularmente, reitera su compromiso de incrementar el gasto en educación hasta llegar a 8 por ciento del PIB. También ofrece "un plan verde" para crecer de manera sustentable, con pleno respeto a la naturaleza.

Viene la ronda de preguntas. La mecánica es hacerlas llegar a una moderadora, por escrito. Pero Alejandro Murat ya no tiene más paciencia y se levanta para cuestionarlo directamente mientras lo señala con el índice. "Señor licenciado Fox, díganos..." Viene la rechifla, que le exige guardar las formas. Otro sector del público, minoritario pero aguerrido, insiste: "¡Déjenlo hablar!, ¡déjenlo hablar!" Y Fox, muy sonriente, pide que le entreguen el micrófono al muchacho. "Que hable, que hable", dice también el candidato.

Entonces vienen mil reproches de Alejandro, nada novedosos pero que son festejados por otros alumnos priístas, entre ellos los hijos de Esteban Moctezuma, Arturo Núñez y José Antonio González Fernández. Que cuántas leperadas va a decir cuando llegue a Los Pinos, que si propone un "cambio sin rumbo" o uno "sin ocurrencias", que cómo que ha dicho que confía en el IFE pero que no reconocerá el triunfo de algún adversario, que cómo que también dijo que resolverá el conflicto en Chiapas en 15 minutos. El panista aclara –como muchas otras veces– que él nunca ha dicho que no reconocerá la victoria electoral de otro candidato, sino que confía plenamente en el IFE pero no en el presidente Ernesto Zedillo, en Francisco Labastida y en el PRI, por lo que piensa que el tricolor tendría que ganar con 10 puntos de ventaja para que sea creíble su triunfo. Y de Chiapas, insiste en que es la decisión de retirar al Ejército mexicano a las posiciones que guardaba antes del conflicto y sentarse a dialogar con el subcomandante Marcos, siempre y cuando lo acepte el líder guerrillero, la que se toma en 15 minutos, "no más".

Fox recibe en eso un recado de sus asesores. De un tajo, como en el debate, frustra la estrategia labastidista. "¿Qué es hijo de José Murat, el gobernador de Oaxaca? ¿Eres hijo de Murat?" Entre las risas multiplicadas de los simpatizantes foxistas, el joven, nervioso e inquieto por haber sido descubierto, grita: "¡Soy estudiante del ITAM!" El candidato remata: "No me importa, está muy bien, lo que pasa es que Murat no se lleva bien con Diódoro (Carrasco, secretario de Gobernación). Por cierto, también vamos a ganar en Oaxaca". Y entonces Alejandro se va, todavía más enojado.

Justamente en el ITAM –donde se forman los nuevos cuadros de la tecnocracia–, se realiza el jueves 27 un simulacro de votación, que refleja ya los resultados del debate: Fox obtiene 56 por ciento de los votos, mientras el priísta Labastida alcanza 24.5 y Gilberto Rincón Gallardo, de Democracia social, logra un sorprendente 10.8, arriba del perredista Cuauhtémoc Cárdenas, que tiene apenas cuatro puntos y de Porfirio Muñoz Ledo, del PARM, con 3.3. Manuel Camacho, del Partido centro democrático, no obtuvo un solo voto. Cero.

Fox enterito

El positivo resultado del debate, según confirma Pedro Cerisola, no alterará la estrategia general de la campaña, sus tiempos y sus previsiones. "La estrategia central hoy es mostrar a Vicente." Explica que hasta ahora en los medios de comunicación se ha difundido una "imagen lineal" del candidato. "Debemos difundir con más énfasis una visión global de su personalidad." Platica que hace algunas semanas, durante las negociaciones para el encuentro entre los seis candidatos, Esteban Moctezuma –coordinador de la campaña del priísta Labastida– comentó festivo que el debate mostraría el verdadero rostro de Fox.

"¡Y eso ocurrió, por supuesto!", dice Cerisola entre risas. "Es eso precisamente lo que vamos a hacer: mostrar a Fox tal cual, enterito. El mayor activo de Fox es Fox. No es necesario inventarlo, sino simplemente mostrarlo." La campaña, resume, sigue al candidato "y no al revés". Defiende el llamado foxista al "voto útil", atacado por sus detractores que consideran que trata de "polarizar el escenario político electoral". Dice el coordinador operativo: "Esta es una contienda para elegir un solo presidente, no dos ni tres. La polarización es inevitable. Vicente es un candidato que se lanzó para ganar, no para competir".

A partir de la última semana de abril se observan cambios en la logística de las giras, como en la que realiza por Hidalgo, Guerrero y Guanajuato. Se reduce el número de actos por día y se da prioridad a la atención de los medios informativos. Se preparan ya actos masivos, el primero de los cuales ocurre el domingo 30 de abril en León, Guanajuato, el terruño del candidato, donde junta a más de 15 mil paisanos.

Durante su estancia en Guerrero, reitera su llamado a sumar el "voto útil" a su favor, toda vez que Cuauhtémoc Cárdenas "ya no tiene ninguna posibilidad de ganar". Y ante el ataque del propio Cárdenas –que volvió a querer golpearlo con el asunto de la presunta inclusión de las empresas de su familia en el Fobaproa– pide al perredista que cese su ofensiva y lo exhorta a llegar a acuerdos "para sacar al PRI de Los Pinos" y lograr ese pacto para la transición democrática que planteó en el debate. Conciente de que "Labastida ya marcó la nueva línea en la estrategia del PRI", al tratar de denostarlo como un lépero, advierte que "si se desatan las fuerzas ocultas de la maquinaria priísta, si hay un impulso a la violencia, Ernesto Zedillo será el único y último responsable". Y, de paso, deja clara su propia

134

línea a seguir: que en las siguientes semanas entrará en negociaciones con Manuel Camacho Solís y Porfirio Muñoz Ledo para que, aun sin pedirles su declinación, "gane la democracia" el 2 de julio.

11. ESTAMPAS Y ESTAMPILLAS

A medida que transcurren las semanas, la gente se apropia de la campaña de Fox. La hace suya. El espectáculo está cada vez más en el público que en el actor central, que no hace más que repetir en cada estrado el guión bien aprendido. Las mujeres embelesadas frente al grandulón con botas. Los viejos escépticos, distantes, que acaban por aplaudirlo. Los campesinos que lo sienten cercano, uno de los suyos. Los soldados que hacen a su paso la "v" de la victoria. Los niños que en parvadas lo rodean, que quieren tocarlo, que le ofrecen los brazos para que los cargue. Los meseros de los restaurantes que salen a la calle para saludarlo. Los jóvenes que le hablan de tú, que con él se identifican hasta en el lenguaje. Las empleadas de tiendas que improvisan pancartas en su apoyo. Los músicos de pueblo que cantan corridos en su honor. Los cientos, miles de ciudadanos de toda condición que le hacen llegar una carta, un recado, un dibujo, una petición, una sugerencia, una foto, un reclamo.

* * *

Dos millares de jóvenes saltillenses, eufóricos, se arremolinan en torno al candidato. Y Vicente Fox –que nunca antes estuvo tan expuesto a un accidente– pasa de la alegría a la angustia: revienta incontenible la pasión de los estudiantes de la Universidad autónoma de Coahuila y del Tecnológico de Saltillo, a tal grado que los guaruras, visiblemente rebasados por la situación, sólo atinan a guiarlo a empellones hasta el autobús para que escape, lo que le lleva más de veinte minutos de enorme tensión. Se cancela por supuesto la "pega de calcomanías" programada en la agenda como actividad posterior a la concentración en la explanada de la UAC. En esa manifestación el Grandote invita a los muchachos a "arremangarse la camisa y quitarse la corbata" para

135

trabajar por México, al tiempo que efectivamente él mismo lo hace. La locura. Todos los chavos lo quieren ver. Y entonces Vicente se trepa en un banco que, bromea, "seguramente estaba preparado para Labastida, que está muy chiquito".

* * *

En Chiautla de Tapia, Puebla, le cantan un corrido:

Mi candidato es buen gallo
y a cualquiera le sostiene.
Es político afamado
sólo porque puede viene.
Siendo Fox el presidente
habrá fuentes de riqueza,
cambiará notablemente
nuestro estado de pobreza.

Tendremos más libertades
rigiendo nuestros destinos,
tierras y facilidades
a todos los campesinos.
En él se ve la esperanza
de todo México entero,
seguirá aquella doctrina
progresista entre el obrero.

El corrido fue compuesto
por el C. Ramiro Jiménez,
originario de Chiautla
donde hay hermosas mujeres.
Ya con esta me despido,
ya me voy a la avanzada,
que viva mi candidato
don Vicente Fox Quesada.

* * *

Vuelo 336 de Mexicana de aviación, Veracruz-México. Noche del 28 de mayo. Al abordar el avión, tres jóvenes encuentran que sus asientos están ya ocupados. Hubo por error una doble asignación. Se les pide esperar, en la parte posterior, para ser reubicados. Unos minutos después, a punto del despegue, desde la parte delantera de la nave la azafata Lorena Ortiz levanta el brazo derecho para indicarles que hay dos lugares disponibles. Sin querer forma una "v" con sus dedos. Más de una veintena de brazos surgen entre los asientos para responder al involuntario saludo foxista.

* * *

Carta de Fresnillo, Zacatecas (textual).

Sr: Vicente Fox. Mi admiración a usted como caballero. Y que siga igual de guapo para que sea el 1º presidente con esa personalidad y carácter. Y sea el orgullo de México. Le pido a Dios por Ud. por su familia y ese buen cambio que todos esperamos. No se olvide de las madres solteras ya que somos el pilar de una familia y nuestros hijos el futuro de México. Aquí en Fresnillo no me dan trabajo porque tengo 38 años y 2 hijos que mantener. Ojala Ud. nos proporcione una situación más estable ya que a veces somos parte de muchas injusticias a que somos mujeres solas. Su amiga Adriana Patiño A.

* * *

De Francisco Guadarrama Nova, con música country:

Un noble vaquero, defensor del pueblo,
con sus grandes botas al pueblo llegó.
Viene tras la meta de servir al pueblo
para bien de todos, se trata de Fox

Llega en el momento para hacer el cambio
que por tanto tiempo la gente soñó.
Llega en el momento de arreglar las cuentas
que otro simplemente al irse dejó.

* * *

En la carretera La Paz-Ciudad Constitución, en Baja California Sur, la camioneta se detiene en un retén militar. Es el viernes 2 de junio y el termómetro indica 37 grados centígrados. El oficial al mando, teniente de infantería –que lleva una libreta sobre una base de formica– mira los pegotes en los vidrios del vehículo. Y de inmediato le da paso franco, sin revisión. Ríe travieso el militar, mientras hace al despedirse la "v" de la victoria y voltea su tabla de anotaciones: por detrás tiene una calcomanía de "Fox presidente"… Escena frecuente en los retenes y casetas de cobro, los militares ahí destacados saludan el paso del convoy foxista con la "v" formada por los dedos índice y medio de su mano derecha, la sonrisa en los labios. Lo mismo en el trayecto Mazatlán-Culiacán que en las sinuosas carreteras de la Huasteca, en la inacabable recta Juárez-Chihuahua o en la autopista México-Puebla-Oaxaca y los caminos de Michoacán… Un día de abril, en uno de tantos pueblos, recibe Fox esta carta: "Uno de cada 10 militares es priísta. Uno de los nueve restantes es del que sea. Los ocho restantes son amigos de Fox. El problema es que a final de cada sexenio, los militares de más alto rango (generales) casi casi nos exigen a votar por el PRI-gobierno, y aunque sabemos que esto está prohibido, no podemos hacer nada, debido a nuestras leyes y reglamentos. Pero nuestro voto no se subordina y tenga Ud. señor Fox nuestra palabra de honor de que en las urnas y casillas nuestro voto va para el partido que Ud. abandera. Acuérdese de nosotros en la presidencia. Atte. Los Militares Amigos de Fox."

* * *

María Trinidad Casillas Gálvez, de Ecatepec, México, le escribe unos versos:

Necesitamos un cambio
 y lo digo a toda voz
 ya no queremos al PRI
 necesitamos a Fox.

Y de Zacatecas vengo
porque yo no nací aquí,
los que roban y los tontos
esos votan por el PRI.

* * *

Collares de trigo, pan y frutas trae colgados el candidato. Anochece ya cuando llega a Tarecuato, un pintoresco pueblo michoacano hecho de barro cocido. Emocionados lo reciben –más bien lo envuelven– los indígenas purépechas, mujeres en su mayoría. Ellas visten atuendos en los que predominan el azul y el violeta. Lo acompañan primero al atrio de la iglesia y le piden apoyo para su remodelación. Luego lo llevan a la plaza y le muestran sus artesanías antes de que trepe al templete para encabezar un mitin. Lo miran como con azoro, como con ilusión. No se atreven a acercarse, pero siguen con atención las palabras de Vicente. La banda toca y toca, mientras uno de los indígenas, Juan Manzo, dice en su lengua: "Nosotros, los purépechas, decimos que ya no vamos a esperar otros seis años para el cambio. ¡Despierten purépechas, ya amaneció!" Luego, una señora pide al candidato empleos, pues las indígenas del lugar, explica, tienen que ir de pueblo en pueblo vendiendo aguacates y nopales y ya no quieren quedarse a vivir en su pobre comunidad. Conmueve al candidato la pobreza extrema de esa gente. "Este es el México del que no se habla y al que no se le escucha", dice con coraje. "Lo importante es que recuerden que México es de ustedes y no de los priístas."

* * *

Una docena de niños chiapanecos firman una carta a Vicente Fox, que le entregan en San Cristóbal de las Casas. "Señor Fox: queremos que llegues a ser nuestro presidente porque sabemos que tu antes de ser político eras un ser humano con un buen corazón y eso hará que lleves por un buen camino a nuestro México. Tus amiguitos te pedimos buena educación, respeto a la vida de los niños, alimento a los niños pobres y a mi colonia Bosques del Pedregal pavimento a las dos calles que tiene que están muy feas y un lugar donde podamos jugar. Te deseamos todo el éxito del mundo."

* * *

Aquí no hay contingentes. Tampoco proclamas estudiadas. Cada quien, cada cual, en grupos de dos, tres, cuatro personas, improvisa porras y se integra a la muchedumbre como le viene en gana. Las multicolores, carnavalescas mojigangas se dispersan. Las mantas se pierden. Ni siquiera se respeta ya la regla impuesta por las juventudes panistas de que las camionetas van al frente. Libres, alegres, joviales van por el Paseo de la Reforma unas 10 mil personas que marchan desde el Ángel de la Independencia hasta el Zócalo de la capital, el sábado 24 de junio, para encontrarse con Fox. Muchos llevan puesta la máscara de "Chente" –dicen los que las venden a 80 pesos que "las de 'Labas' y las del 'Cuatemochas' no tienen igual demanda, qué va"– y levantan la "v" de hule espuma o unicel o cartón que aparece ya en todos los actos del candidato. Hay niños que juegan con sus alimañas y víboras prietas de goma. Alguien viene disfrazado de pridinosaurio. "Yo-sí-le-voy-le-voy-a-Vicente…" Es una marcha de La generación Fox.

* * *

"Estimado licenciado señor Vicente Fox", pone una carta que recibe en Tampico, Tamaulipas. "Le escribo estas líneas porque en mi corazón sentí un profundo deseo de hacerlo, es la 1ª vez en mi vida que le escribo a un futuro presidente de México. Quiero decirle que admiro de usted su temple y espíritu de lucha a pesar de las circunstancias adversas que cada día se le presentan, por eso mismo diariamente pido al Dios vivo y todopoderoso, al dueño del oro y de la plata, al creador del Universo, lo llene de bendiciones, de fortaleza interna y salud; al mismo tiempo que le dé un corazón sabio y justo para que gobierne esta gran nación. No soy una persona religiosa, pero clamo a Dios para que su poder fluya verdaderamente en su vida y sé que así será, lo digo por mi propia experiencia ya que tenemos un Dios fiel que cumple sus promesas. Con todo nuestro afecto. Guadalupe Ortiz de Almazán."

* * *

José de Jesús Leos Noriega le escribe este corrido.

Voy a cantar un corrido
con el permiso de Dios,
y llegará a la presidencia
el señor Vicente Fox.

Es un hombre decidido,
También de mucho valor;
en Guanajuato sí ha sido
valiente gobernador.

Ya con esta me despido
Pero no les digo adiós,
le dedico este corrido
al señor Vicente Fox.

* * *

Carta de León, Guanajuato. "Estamos con usted toda mi familia y le manifestamos todo nuestro apoyo. Estoy enfermo y yo le digo a mi familia que no me quiero morir, quiero ver que usted ocupe el cargo principal. Estoy preocupado por la suerte de mis hijos, de mis nietos. Quiero que Dios me conceda más vida para que mis ojos puedan verlo y que México tiene gente que lucha, que ama y que no se deja vencer. ¡Viva Dios! ¡Viva México! ¡Viva Fox! Nazario Montenegro Padilla."

* * *

Duro como palo, incrédulo, el viejo campesino mira al candidato que habla y habla y gesticula sobre la tarima, en un mitin nocturno en

Pinos, Zacatecas, el 17 de febrero. Bajo el sombrero maltrecho lo escucha con atención, mientras su rostro reseco se suaviza, poco a poco. Al final, cuando Fox pide a los asistentes levantar la mano con la "v" para comprometerse a ir con él "de Pinos a Los Pinos", el anciano se suma feliz, su cara transformada por la alegría.

* * *

En Córdoba recibe Vicente esta carta, el 18 de junio: "Sr. Fox, en la presente pongo toda la esperanza, puedo decir que también mi futuro. Mi nombre es Yuliana, curso el 6º semestre de bachillerato, mi meta es llegar a estudiar la carrera de comunicación. Por el momento soy obrera de una tortillería y a mí me gustaría un trabajo mejor, yo trabajo 15 horas y sólo gano $300 semanal y que con mucha dificultad me alcanza para los gastos de mi escuela. Tengo 5 hermanos que también estudian. Mi papá es ayudante de albañil el cual gana muy poco y lo que gana apenas sirve para mal comer, estamos pasando muchas necesidades. Mi papá ha querido irse a Estados Unidos de mojado, pero nunca ha tenido para pagar el coyote. Él me promete que hará todo su esfuerzo y lo posible para que yo logre mi carrera. Mas yo sé que esa carrera es muy cara y más cuando no se tienen los medios, pero a mí es lo que me nace y lo que quiero. Yo aspiro llegar a trabajar a Televisa de comunicadora, ese es el sueño de mi vida. Le pido de la manera más atenta tome en cuenta estas palabras, que son de todo corazón y en ellas expreso las necesidades de mi familia y espero pueda usted ayudarnos a que tenga mi papá un trabajo mejor. Discúlpeme por todo lo que le pido y que Dios lo bendiga siempre. Srta. Yuliana Sorcia Luna".

* * *

Al terminar Fox su discurso durante un desayuno con mil 200 mujeres, en el Club de leones de Monterrey, la mañana del viernes 14 de enero, el conductor pregunta a las asistentes si quieren que se realice la sesión de preguntas y respuestas programada o prefieren que el candidato vaya de mesa en mesa a saludarlas. Un alarido apoya la segunda opción. El recorrido del candidato se prolonga más de una hora y retrasa toda la agenda del día. En cada mesa lo abrazan, lo apapachan, lo besan. Se toman la foto con él, le piden autógrafos. "¡Arriba mi Luis Miguel del Bajío!", grita una mujer cuarentona, guapa.

* * *

En Querétaro le escribe Alejandro Castillo López. "El motivo de ésta, me he mantenido distante en lo político. Mas no apartidista, no sé mucho de política pero me interesa y visiona mucho, mi sexto sentido o 'un don de Dios' como le llamo yo me dicen que Ud. debe ser el próximo presidente de México, por su carácter, por su firmeza, por sus hechos, por sus palabras, por su personalidad implacable, aah y por supuesto por nuestros votos (incluyo el mío), sin intención de barbearle. La intencion de la carta es para que supiera que tengo la decisión de irme de mi país si Ud. no gana la presidencia, el destino Canadá o Italia, la razón, no pienso ni quiero seguir aguantando cochinadas, Ud. sabe, pero tengo todavía la última esperanza de que Ud. sirva a nuestro México. Mi compromiso a quedarme si gana: honestidad, puntualidad, responsabilidad y firmeza en todas mis acciones como ciudadano."

* * *

Con música de *Sergio el bailador*, letra de Paul Vázquez Domínguez, de Jalapa, Veracruz:

Todo el pueblo unido esperando está,
a que se aparezca Fox el ganador,
porque con su gracia y personalidad,
a la presidencia él debe llegar.

Ya llegó, ya llegó, ya llegó Fox el ganador.
Llegó, llegó Fox el ganador, ya llegó Fox el ganador,
de Guanajuato a todo el país, ya llegó Fox el ganador.
Su gran franqueza nos gusta más, ya llegó Fox el ganador.

12. La campaña invisible

Aun en el círculo más cercano a Vicente Fox sólo dos o tres personas conocen de la existencia de un operativo de contingencia, altamente confidencial, para la eventualidad de un intento de fraude electoral el 2 de julio. Ni siquiera quienes aplican el plan saben realmente para quién trabajan ni cuán definitoria puede ser su labor en la toma de una decisión crucial. Son temas de campaña que no están en la escena, fuera de la agenda oficial, lejos del escenario público y publicitario; pero que son esenciales para el éxito del Proyecto Milenium. Temas que tienen que ver también con el vital financiamiento y las comunicaciones alternativas, subterráneas, que permiten una respuesta inmediata, eficaz.

El Midas Korrodi

Los reporteros que cubren la campaña ignoran que con frecuencia, luego de agotada la agenda del día, disponibles apenas unas horas para el sueño, el candidato vuela a otra ciudad para asistir a una cena privada con empresarios a fin de recabar fondos y regresa como si nada para continuar su gira. Fox concede alta prioridad a este tipo de actividades y dedica a ellas entre 20 y 25 por ciento de su tiempo de campaña. Sabe que el financiamiento es vital y que los recursos obtenidos por la vía de las prerrogativas oficiales otorgadas a los partidos coligados son insuficientes. El presupuesto estimado por el equipo foxista es igual al tope legal de gasto establecido por el IFE: 490 millones de pesos. El PAN aporta alrededor de 160 millones y el Partido verde 50 millones. Los 280 millones restantes tienen que obtenerse de la buena voluntad de los amigos ricos y los simpatizantes no tan ricos, en efectivo o en especie. Todo sirve.

Gracias a uno de esos amigos, Fox y su *staff* disponen desde julio de 1999, sin costo alguno, de cuatro habitaciones en el piso 22 del hotel Fiesta Americana de la ciudad de México, convertido durante más de un año en su casa. El apoyo incluye todos los consumos. También hay cortesías en hoteles de la cadena Fiesta a los que llega la comitiva en sus giras por la república.

Día de reyes del 2000 con niños de la calle en la Alameda.

Noche del 20 de enero de 2000. La sorpresa de Veracruz.

Con niños yucatecos el 25 de febrero.

Noche del 26 de febrero. Paseo por el malecón de Campeche.

En el rancho San Cristóbal.

Con sus cuatro hijos en el rancho San Cristóbal: Vicente, Paulina, Rodrigo y Ana Cristina.

Chicago. El Fox de exportación.

En Acapulco.

A su estilo, comparte el micrófono.

Por la Huasteca hidalguense en abril.

Foxismo culinario en el DF (11 de abril).

28 de abril. La escena, en Acapulco.

Martha Sahagún y su *staff* de prensa y relaciones públicas:
Ana García, Alberto Bolaños y Darío Mendoza.

Mayo: con el escritor Mario Vargas Llosa en el Hotel Marriot del DF.
Los acompañan el escritor Sealtiel Alatriste y Jorge G. Castañeda.

Domingo 11 de junio, Distrito Federal. Una "chiquilla" en hombros.

17 de junio: con penacho kikapú, en Nueva Rosita, Coahuila.

Sábado 17 de junio. Cierre de campaña en Morelia.

En la Plaza de armas de Morelia.

En San Juan del Río, Querétaro.

Como "biker", en San Juan del Río.

Con estudiantes de Baja California.

Las mujeres de Fox.

El ultrafoxismo, en Nueva Rosita, Coahuila.

Domingo 11 de junio "La caravana de la victoria"
recorre la avenida Insurgentes en el DF.

Domingo 11 de junio, en la zona rosa del DF.

La muerte del dinosaurio, en Morelia.

18 de junio. Cierre de campaña en el malecón de Veracruz.

Noche del 22 de junio en la Plaza grande de Mérida.

Sábado 24 de junio. Cierre de campaña en el Zócalo. "¡Despieeerta México!"

Sábado 24 de junio. Cierre de campaña en el Zócalo del DF.

3 de julio. Recibe las felicitaciones del rey de España.
Lo acompañan sus hijos Ana Cristina y Vicente.

El alarido.

Otro rubro vital es el de los aviones privados que permiten al candidato desplazarse con libertad, a cualquier hora, para cumplir una agenda complicada e intensa. Felipe Zavala tiene entre sus tareas conseguir esas ayudas. "Batallamos bastante", dice. "Pero de una u otra manera siempre conseguimos el avión". Entre los empresarios que con mayor frecuencia prestan a Fox sus aparatos –más de 30 se utilizan en la campaña, para cubrir unos 320 vuelos– están: Daniel Chávez, de Jalisco; Miguel Abed, del Distrito Federal; Alfonso Franco, Enrique Nieto, de Celaya; José Mijares, de Durango; y Guillermo Cantú. Y Cuauhtémoc Velázquez facilita los helicópteros. "No tenemos que pagar ni la gasolina y ellos nunca nos piden nada a cambio", dice Felipe. La empresa Avemex presta un avión que sirve para el traslado de la prensa en las primeras semanas de la campaña. "Parece una guajolota", bromea Fox al ver la nave. La *Guajolota* le llaman desde entonces los reporteros.

La recaudación de fondos se inició mucho antes de la campaña formal, desde que Fox anunció en julio de 1997 su intención de buscar la presidencia. "Vimos la necesidad de buscar financiamiento para tareas o proyectos específicos", recuerda Lino Korrodi. "Lo primero fue conseguir dinero para el proyecto económico a cargo de Luis Ernesto Derbez, que se empezó luego luego. Primero recurrimos a los amigos de la Coca Cola, ex compañeros nuestros. Después, a algunos empresarios de León, que aportaron dinero o elementos de logística. Cada vez se necesitaba más dinero. Recurrimos a la asesoría de un experto norteamericano en financiamiento de campañas electorales. Su teoría nos sirvió, pero nada más, porque en la práctica la realidad mexicana es totalmente distinta y sus recetas no funcionan aquí. Entonces concebimos la creación de la asociación civil Amigos de Fox con dos propósitos: la captación de fondos y la participación ciudadana en la campaña."

Cada semana Vicente concurre a un promedio de cinco eventos de financiamiento: reuniones privadas, desayunos, comidas o cenas. En la mayoría de los casos los asistentes pagan una cuota que fluctúa entre los 500 y los cinco mil pesos e incluye el cubierto y el donativo. En Monterrey, por ejemplo, mil empresarios asisten a una comida y pagan 500 dólares por persona. En Guadalajara hay una cena para 40 parejas, cada una de las cuales paga 50 mil pesos. La organización de esos actos está a cargo del propio Korrodi y de Carlos Rojas, los hombres del dinero en la campaña. "Yo les asigno un bloque de tiempo en la agenda y ellos lo administran", dice Juan Hernández, encargado de la agenda. "Ahí no me meto. Ellos son muy organizados." En ocasiones hacen malabares para llevar a Fox, de gira en el sureste, a una cena en Tijuana o Ciudad Juárez y regresarlo esa misma noche o muy temprano el día siguiente al punto donde debe continuar su recorrido. Hubo una semana en que el candidato estuvo tres veces en Monterrey para asistir a eventos de financiamiento privados.

Las jornadas de Vicente son de 16 horas diarias en promedio. Hay veces que duerme apenas dos, tres horas. Y llega el momento en que ya no le alcanza el día. "Necesito cuatro horas más", pide a Juan Hernández. "Le di esas cuatro horas extras", platica el coordinador de Agenda. "Acorté tiempos de traslados. Reduje los desayunos de una hora a tres cuartos de hora; las comidas, de dos horas a una quince; las reuniones de hora y media a una hora. Sólo así."

Lino es el tirano, el que regatea los recursos, el que cuida los centavos. La prioridad del gasto es la publicidad en los medios electrónicos. A eso se destinan ochenta centavos de cada peso. Los otros 20, para gastos operativos: infraestructura, viáticos, transportes, administración, seguridad, oficinas, prensa. Y no alcanza. En las semanas finales, destinados los últimos cartuchos financieros al cerrojazo final en los medios, la austeridad se agudiza, hasta hacerse crítica. Los "sablazos", como el propio Vicente les llama, resultan cruciales en los momentos culminantes de la contienda. De ahí los apremios de Rojas y Korrodi por llevar al candidato de un lado para otro de la república para asistir a los actos de financiamiento. "Las solicitudes abundan, porque en todos lados quieren tener a Vicente", dice Korrodi, amigo del guanajuatense desde 30 años atrás. "Por eso he puesto una tasa mínima de tres millones de pesos por comida; sin eso, el candidato no va".

Vicente es el gran promotor, el motivador de esos financiamientos. Inviertan en mí: soy un buen producto, le dice los empresarios. "Es buenísimo para convencer en corto a la gente", confirma Lino. "A nosotros nos toca la friega de darle seguimiento a los ofrecimientos que él consigue, de andar tras los centavos como cobradores. Y no es nada fácil, en la circunstancia mexicana. Muchos empresarios, por ejemplo, están dispuestos a colaborar, pero temen represalias. Por eso piden absoluta discreción, anonimato, seguridades. Digamos que tenemos que hacerle un traje a la medida a cada uno de ellos. Luego hay algunos que dan, pero en abonos, y es necesario estar sobre ellos."

Pocas veces se ve tan contento a Lino Korrodi como al salir de la Convención nacional bancaria, el sábado 4 de marzo en Acapulco, donde el candidato arrolla a sus contrincantes y es aplaudido de pie por los banqueros al terminar su exposición. "Ora sí, ora sí", dice bromista mientras se soba las manos y camina entre los jardines del hotel Princess. Lino fue por cierto el primero en entrarle con su cuerno: puso 450 mil pesos para el arranque de los Amigos de Fox, dos años atrás.

Hay altibajos a lo largo de la campaña. El éxito de Fox en los eventos empresariales como el de Acapulco o los que tiene con accionistas de Bancomer y Banamex, con los empresarios regiomontanos o jaliscienses, se refleja en la buchaca de Lino. Es esa otra utilidad de las encuestas de opinión: a medida que Vicente va al alza, los recursos fluyen más y mejor; cuando sus bonos caen, los dineros se hacen reacios. "Nosotros debemos entregarle resultados a esos patrocinadores, para que su apoyo se mantenga o se repita. Tenemos que volver para darles la cara y decirles: mira, tu dinero está sirviendo para esto y esto otro. Y entonces pedirles más."

Operación secreta

Desde principios de la campaña se especula sobre la presunta participación de asesores extranjeros. Se menciona inclusive al que fue asesor del presidente Bill Clinton en su segunda campaña presidencial, Dick Morris, como uno de los expertos en imagen que trabajan para Fox. También a quien a la postre resulta asesor de Labastida, James Carville. "Eso es falso", dice tajante Francisco J. Ortiz, el coordinador de mercadotecnia. "No tenemos ninguna asesoría extranjera."

En realidad la hay, pero no de manera formal ni remunerada. Algunos especialistas extranjeros actúan en diversos momentos como una especie de consejeros voluntarios del candidato, sin formar parte del equipo. Uno de ellos es Rob Allyn, un publicista texano de 40 años de edad que conoció casualmente a Vicente Fox en 1997, entonces gobernador de Guanajuato, cuando éste va a Monterrey a dar una conferencia. Allyn queda muy bien impresionado y ofrece su ayuda al grandulón. Fox pide a Juan Hernández entrar en contacto con el gringo y así se inicia una relación.

Allyn –que en 1998 trabajó para la exitosa campaña del panista Felipe González por la gubernatura de Aguascalientes– tiene participación como diseñador de una parte de la publicidad televisiva de Fox, única labor por la que cobra. En cambio, su asesoría informal, personal, es guardada con absoluta discreción. El trabajo más importante del experto estadunidense es la elaboración del proyecto *Democracy Watch*. Se trata de una especie de salvaguarda ante la eventualidad de un fraude electoral. Un operativo secreto que permita información absolutamente confiable de la jornada electoral del 2 de julio para actuar en consecuencia. En aras de su objetivo central, es importante evitar cualquier posibilidad de que ese proyecto pueda ser vinculado con el candidato o con el PAN. Tampoco deben saberlo quienes lo operan, para evitar cualquier sesgo. De hecho, ni siquiera el candidato conoce los detalles, pero tiene plena confianza en él. A tal grado que asume acatar los resultados del proyecto, sean los que sean.

El contacto se establece entre Rob y Juan Hernández a través de Jaime Gutiérrez Casas y Fredo Arias. Perla García se ocupa de cuestiones administrativas. A tal grado es la discrecionalidad del proyecto, que Allyn utiliza como seudónimos en hoteles y restaurantes los nombres de sus enlaces durante sus frecuentes estancias en México. *Democracy Watch* es creada ex profeso –con el patrocinio de empresarios anónimos– para diseñar una metodología adecuada y contratar en México alguna empresa especializada que aplique una *exit poll* o encuesta de salida de alta confiabilidad, en sucesivos cortes a partir del mediodía del domingo 2 de julio. Allyn invita a este proyecto a dos expertos de renombre internacional: Douglas Schoen –encuestólogo demócrata de Clinton– y Marcela Berland. Ellos ignoran que el proyecto en el que participan tenga relación alguna con el equipo de Fox. Lo hacen estrictamente en su calidad de profesionales en la materia. Ambos habían trabajado para la precampaña de Roberto Madrazo en la contienda interna del PRI. Este hecho confunde a los estrategas priístas, que lejos de imaginar alguna relación con el equipo foxista suponen una posible maniobra de Madrazo contra su propio partido. Temen un "madruguete" mediático del tabasqueño, capaz de todo. Allyn contrata a la empresa Mori de México, de Miguel Basáñez y Pablo Parás, sólo para la aplicación de la *exit poll* diseñada por Schoen y Berland. Basáñez y Parás saben que trabajan para *Democracy Watch*, pero también ignoran que lo hacen para un asesor de Fox.

"No había ninguna vinculación de Rob con el equipo de campaña ni con el partido", dice el asesor político Jaime Gutiérrez, uno de los enlaces. "La conexión se mantuvo en secreto."

Los ciberfoxistas

Basta un teclazo para que el mensaje llegue simultáneamente a más de 8 mil 500 usuarios registrados en la red electrónica de los Amigos de Fox de todo el país. Cada uno de ellos lo retransmite por internet a sus "ligas" personales, que en algunos casos supera las 500 direcciones. El universo final, estiman los foxistas, es superior a los 100 mil receptores, a los que se llega en minutos con información, encuestas, instrucciones, avisos. Objetivo central: contrarrestar acciones contra el candidato y el efecto negativo de los medios informativos.

Los operadores de la página web vicentefox.org.mx son Alberto y Mercedes Bolaños. Cuentan con cuatro listas de direcciones: una, de la gente del equipo de comunicación en los estados, para enviar instrucciones e informaciones importantes a los diferentes comités de campaña; otra, la lista general, con 8 mil 500 nombres de los ciberamigos de Fox; y las dos restantes son de medios de comunicación nacionales y extranjeros a los que se hace llegar información cotidiana y, eventualmente, despachos urgentes. La lista general también es usada para páginas clandestinas, a través de las cuales se manejan las cuestiones más delicadas. Miles y miles de simpatizantes foxistas desconocen el origen real de mensajes que reciben por esa vía: el comité de campaña. En esos casos los emisores usan seudónimos.

Son efectivos. Cuando el Tribunal federal electoral revoca el acuerdo del IFE que autoriza el uso de la fotografía de Fox en el emblema de la Alianza por el cambio que se imprimiría en las boletas electorales, por ejemplo, los ciberfoxistas llaman a un boicot. Bombardean entonces el sitio del Trife con mensajes de error y logran tumbarla por tres, cuatro días. Hacia el final de la campaña, Beto Bolaños prepara una página de emergencia, la members.theglobe.com/noviolencia. Es un instructivo de resistencia civil pacífica, basado en el libro *La lucha política no violenta*, de Jaime González Bernal, que utilizó Maquío en 1988. Ahí se describen acciones concretas de resistencia en diferentes escenarios. La página está lista, por lo que pueda ofrecerse el 2 de julio.

En la página oficial se incluyen también *spots* publicitarios de la campaña que han sido censurados por las televisoras. Entre ellos los actuados por Chespirito, Kate del Castillo, Florinda Meza y Eric del Castillo. En la misma dirección internet se reciben mensajes del público: comentarios, adhesiones, chistes, sugerencias, críticas, chismes, inscripciones a Amigos de Fox, denuncias, canciones, oraciones, cartas de amor, insultos, fotografías. En toda la campaña suman más de 60 mil esos *e-mail*. Todos son respondidos.

Surgen espontáneas por el ciberespacio no menos de 30 páginas de apoyo a Fox, diseñadas por simpatizantes de todo el país. Decenas más incluyen, en páginas sobre cualquier tema, propaganda de la Alianza por el cambio. Ana Guevara, la corredora olímpica cuya foto apareció en gallardetes de Francisco Labastida, apoya a Vicente a través de su propia página electrónica. A Beto Bolaños se le sale la carcajada: "Lo de Labastida es pura piña, porque en realidad está con nosotros".

13. ADHESIONES EN CASCADA

A finales de abril, Fox piensa que si logra arrebatar seis puntos porcentuales de votación a Cuauhtémoc Cárdenas tendrá asegurado el triunfo

150

"para sacar al PRI de Los Pinos". Y, como parte de su estrategia para captar el voto útil, logra el apoyo de priístas, perredistas, ex comunistas y aun de personajes que han cambiado varias veces de bandera.

"Esto es apenas el principio", presumen los estrategas del candidato de la Alianza por el cambio, que en el campo de las relaciones políticas encabeza el senador panista Rodolfo Elizondo. Ellos esperan pronto "adhesiones en cascada" provenientes de muy diversos sectores y corrientes políticas, tal como ocurre el 19 de abril con Héctor Castillo, hijo de Heberto, que pide a Cuauhtémoc Cárdenas declinar a favor de Fox.

La política de alianzas promovida por Fox desde hace años, es asumida plenamente por la dirigencia nacional panista. Dice Luis Felipe Bravo Mena, presidente del CEN panista: "Fue una decisión tomada por el consejo nacional y aprobada por la convención nacional. El partido entendió que estas elecciones, para ganarse, requieren la convergencia de otras fuerzas, otras corrientes. El compromiso es integrar los puntos de vista de esas corrientes al programa de gobierno". Y lo enfatiza, entusiasta: "Este es un movimiento cívico popular que ha rebasado los límites partidistas. Debemos garantizar la gobernabilidad mediante el diálogo abierto e incluyente, plural, que lleva a un acuerdo nacional. Esa es la configuración estratégica que Vicente sostiene y que el partido asume y respalda absolutamente".

La izquierda azul

El 29 de mayo, en uno de los salones del tercer piso del hotel Fiesta Americana, Vicente recibe nuevas adhesiones a su candidatura presidencial. Además de formalizarse la de Joel Ortega y más de 50 militantes de izquierda, así como la de Héctor Castillo, se suma a la campaña Francisco Curi, que fue subsecretario general adjunto de la secretaría general del PRD hasta el 9 de mayo. En una conferencia de prensa el candidato presidencial opina que, aunque las diferencias subsisten, "cuando hablamos de democracia encontramos con facilidad el camino para alcanzar acuerdos". Curi explica ahí que no renuncia al PRD ni se suma a Fox por diferencias con sus dirigentes o desacuerdos con los principios de ese partido, sino por la plena convicción de que sólo así se logrará la derrota del PRI y, en su caso, la transición democrática.

Sobre la alianza con los ex comunistas y otros personajes de la izquierda, Vicente asume el compromiso de llevar a su gobierno los acuerdos programáticos que se dieron entre el PAN y el PRD a finales del año pasado, durante la búsqueda, frustrada finalmente, de una convergencia electoral entre ambos partidos. El documento –titulado "Compromisos para un gobierno de transición democrática", signado ante los periodistas por Ortega, Castillo y Fox– implica:

- Concertar el esfuerzo, determinación e inteligencia en construir un nuevo régimen político que sea democrático.
- Impulsar un crecimiento económico que multiplique las oportunidades de educación y empleo remunerativo para la gente.
- Disminuir la marginación y la desigualdad social.
- Combatir la corrupción con decisión y eficacia, empezando por los altos niveles de la función pública.
- Fortalecer a la autoridad y la legalidad para reducir la inseguridad y enfrentar con mayor eficacia a la delincuencia y el narcotráfico.
- Proteger los recursos naturales y enfrentar las situaciones de emergencia ambiental con visión de largo plazo para darle sustentabilidad al futuro del país.
- Recuperar el orgullo nacional, afirmar la soberanía sobre nuestras decisiones políticas y desarrollar en el mundo un liderazgo que nos permita defender con eficacia nuestros intereses nacionales y apoyar la paz, la democracia, el desarrollo sustentable y el respeto a los derechos humanos.

Además de Ortega y Castillo, se suman en esos términos Cristina Gómez Álvarez, Eliezer Morales, Fernando Mendizábal, Lucero Hellmer, Hilda Hesselbach, Luis Reygadas, Guillermo Silva Ponce, Liberato Terán, César Ortega, Fernando Bazúa, Benjamín Russek, Marcela Ríos, Federico Campbell Peña, Antonio Valdez, Agustín Castillo, María Luisa Velazco, Gabriel Peralta Zea y otra cuarentena de personajes, todos ellos militantes de izquierda, algunos de ellos ex presos políticos o ex guerrilleros.

Héctor Castillo –veterinario de profesión, que no participa en polí-

tica desde que su padre Heberto Castillo declinó a favor de Cárdenas–
dice estar convencido de que el panista hace suyas las demandas de
las izquierdas. "Desde ahora es el candidato de la centro-izquierda."
Pide "que sea el pueblo el que decline su voto a favor de Fox".

Joel Ortega, ex líder estudiantil del 68, "militante de izquierda de
toda la vida", accede en entrevista a dar las razones de ese vuelco a
favor del panista: "Mis sueños no se acaban con Fox, ni queremos
cambiar nuestro perfil de izquierda, pero la tarea principal es quitar-
nos la lápida del PRI. La izquierda no puede ser esquirol del PRI. Un
voto para Cárdenas se traduce en un voto por Labastida". Y asegura
que su grupo –que también apoyará a Andrés Manuel López Obrador,
candidato del PRD al gobierno del Distrito Federal– es apenas "la pun-
ta del *iceberg*" de los izquierdistas que apoyarán al de las botas. "He
hablado con decenas de perredistas que van a votar por Fox pero, por
obvias razones, no se atreven a manifestarlo públicamente." Está a
disgusto por el "gobierno mediocre y represivo" que encabezó Cárdenas en el Distrito Federal. Lo dice, a pesar de haber apoyado a
Cárdenas en sus dos campañas presidenciales anteriores. "Lo siento
por él –justifica–. Pero el paquete le quedó muy grande."

Las flores de Florencio

Florencio Salazar Adame tardó 38 años en darse cuenta que el PRI
debía democratizarse. Finalmente el 11 de abril, el que fuera secretario general del priísta gobierno de Guerrero hasta marzo del 2000,
decide sumarse a las filas foxistas. Y es que, una vez desestimado
por el cacicazgo político del ex gobernador guerrerense Rubén Figueroa
Alcocer –que lo dejó fuera de sus aspiraciones para contender por
una senaduría con el membrete del tricolor– acá obtuvo su premio de
inmediato: fue nombrado coordinador de adhesiones de la campaña
de Fox.

Salazar Adame –del grupo político del malogrado José Francisco
Ruiz Massieu– no sabe aún cuántos son los priístas que romperán
con su partido en Guerrero y se volcarán con Fox, pero asegura que
"son muchos". La ruptura, insiste, "es evidente". En el cuartel foxista,
el también ex diputado federal y ex alcalde de Chilpancingo, que re-

153

nunció al PRI 12 días atrás, niega que su conversión obedezca a berrinches políticos. Más aún, asegura que sus convicciones democráticas son indeclinables. Para avalar su dicho, platica que el candidato presidencial priísta Francisco Labastida, al saber de su decisión de renunciar al PRI lo "invitó" a aceptar una candidatura plurinominal para diputado federal, que rechazó.

Fox por su parte justifica la inclusión del ex priísta en su campaña: "Nuestra lucha y nuestro triunfo no tienen el propósito de destruir o segregar a las fuerzas políticas del país, sino de hacerlas partícipes en el esfuerzo de ganar en la tarea de gobernar. Este es un proyecto común que está por encima de Fox e incluso de los mismos partidos. Florencio nos viene a echar una mano para hacer más intenso, en estas semanas que nos restan de campaña, nuestro empeño de convocar e integrar. Nuestros adversarios están temerosos, contra la pared; saben que su hora ha llegado". El sábado 29, en Acapulco, se formaliza ante el propio candidato la adhesión de más de un millar de priístas guerrerenses, entre ellos dirigentes municipales y hasta funcionarios públicos.

Los colosistas

En Magdalena de Kino, la tierra natal de Luis Donaldo Colosio, Vicente llena plaza. Ante más de tres mil simpatizantes –entre ellos ex priístas que lanzan al cielo globos azules, blancos y anaranjados– el candidato presidencial de la Alianza por el cambio da la bienvenida a los militantes del PRI "honestos y democráticos que vienen a sumarse al cambio", pero denuesta a aquellos "que quieren arrebatarnos la elección que ven perdida". Advierte a los integrantes de la jerarquía priísta: "No se vale asfixiar esta revolución de la esperanza. No nos van a quitar el camino de la libertad a los mexicanos".

El guanajuatense está justo frente a la estatua de Colosio, apostada en la parte anterior del parque Kino, pero nunca menciona en su encendido discurso, a 38 grados centígrados de temperatura, al asesinado candidato presidencial del PRI. "No es nuestra inspiración", reconoce en breve entrevista al finalizar el acto. Justifica más tarde la omisión, en Nogales, al recibir la adhesión de Alfonso Durazo, ex

154

secretario particular de Colosio. "No se trata de alimentar esta campaña con la sangre de Colosio", dice. En un restaurante de la ciudad fronteriza, Durazo informa a reporteros locales y nacionales que tomó la decisión de sumarse a la campaña del panista porque "es tiempo de que quienes aspiramos a un cambio de fondo en el país asumamos un compromiso político sin intolerancias de ningún tipo". Añade: "Es hora de escudriñar el porvenir con una nueva visión política y de tomar decisiones con un sentido esperanzador, confiando más en el futuro del país que en los intereses personales inmediatos. Comprometido históricamente con el proceso de cambio, me asumo obligado a hacer mi parte para que el avance democrático del país no continúe prisionero del régimen priísta en turno".

Dos meses antes, el 22 de marzo, a un día de cumplirse seis años del asesinato de Colosio, Fox sí reconoce que la plataforma del cambio que propone tiene similitudes con el ideario político del malogrado candidato presidencial priísta, aunque aclara que no compra su imagen a ciegas. Eso, en respuesta al apoyo que le da el Partido revolucionario colosista (PRC), organismo que, según sus dirigentes, tiene 560 mil afiliados en todo el país, aunque pocos creen que ese partido sea dos veces más grande que el PAN. Nabor Lanche, dirigente de los colosistas, afirma que su apoyo a Fox se da porque el gobierno del presidente Ernesto Zedillo incumplió su promesa "de hacerle justicia a Colosio y el pueblo de México ha sido una vez más traicionado". Fox dice por su parte a los colosistas: "Tomamos como propio el compromiso para se haga justicia y se termine con la impunidad, siempre bajo el imperio de la ley". Para ello propone la creación de la Comisión nacional de transparencia. Y va más allá al reconocer que la Alianza por el cambio comulga con ciertas propuestas de campaña que Colosio hizo en 1994, particularmente las referentes al cambio de las estructuras de poder.

En 1991, Vicente se dijo víctima de las "marranadas" del sistema, al referirse al fraude electoral en su contra en la lucha por la gubernatura de Guanajuato. Protagonista de primera fila en ese episodio fue Luis Donaldo Colosio: era el dirigente nacional del PRI.

—¿Qué significa para usted la figura de Colosio al recordar esos acontecimientos? –se le pregunta.

—La figura de Colosio quedó idealizada por una buena cantidad de mexicanos. Yo lo que tomo son las propuestas de campaña, que no sé si las hubiera puesto en práctica. No compramos en pleno la imagen de Colosio.

Layda y Porfirio

Jueves 25 de mayo. Vicente Fox y Porfirio Muñoz Ledo –candidato del PARM a la presidencia de la república– sellan finalmente un pacto largamente anunciado: ante los medios, panista y ex perredista firman el "acuerdo de convergencia y cooperación política", con el que se busca alcanzar, a través del "voto unitario" a favor del foxismo, el triunfo de la oposición el próximo 2 de julio. "La convergencia se propone defender, mediante todos los recursos legales y políticos a su alcance, la prevalencia de los principios de confiabilidad, certeza, transparencia, equidad y legalidad en el proceso electoral", explican los candidatos presidenciales en el documento.

Se trata de una propuesta semejante al "pacto de Chapultepec" al que se ha comprometido Fox en caso de llegar a la presidencia.

Después de celebrados los comicios, añaden los candidatos, "la convergencia promoverá un diálogo con los actores políticos, económicos y sociales, a fin de garantizar la gobernabilidad e impulsar una profunda reforma del estado que acredite plenamente la democracia en nuestro país. Convocaremos a la formación y establecimiento de una comisión de reforma del estado que se ocupará de trazar los lineamientos y elaborar las propuestas necesarias que permitan a la nación profundizar y culminar el proceso de la transición hacia la democracia, objetivo primordial de este acuerdo".

El candidato de la Alianza por el cambio sintetiza, en conferencia de prensa posterior a la firma de ese acuerdo: "La cooperación será la semilla de una nueva forma de gobernar". Muñoz Ledo precisa por su parte que continuará su campaña como candidato presidencial, pero ahora para apoyar al abanderado que tiene mayores posibilidades de vencer al PRI: Vicente Fox. "Promoveré el voto unitario", dice el también líder de Nueva república, organización que se escindió días antes del Partido auténtico de la revolución mexicana.

La campechana Layda Sansores anuncia el 16 de mayo que renuncia al PRD y a la vicecoordinación de la bancada de ese partido en el Senado para irse con Fox. Reclama a los perredistas no atreverse a decirle al "emperador" Cuauhtémoc "que camina desnudo" y advierte que el PRD, "si no es capaz de converger en una candidatura que asegure la alternancia que la mayoría de los mexicanos reclama, no debe unirse al PRI y al gobierno en una alianza contra México". Junto a Layda –hija de Carlos Sansores Pérez, ex dirigente nacional del PRI que por años ejerció el control político en Campeche– anuncian su adhesión los perredistas Ángel de la Rosa Blancas, diputado federal y ex consejero nacional; Carlos Nuño, coordinador general de la últimas dos campañas municipales del PRD en Reynosa, Tamaulipas; Javier Flores Lucio, regidor del ayuntamiento de Reynosa y ex presidente del comité municipal del PRD en la misma ciudad; y Valentín Escalón Torres, quien renuncia a la suplencia como candidato a diputado federal plurinominal por el PRD para sumarse al panista. "Cuánta falta hace el día de hoy un Heberto Castillo, con la generosidad para sobreponer sus intereses personales a un proyecto mejor para México", exclama Layda.

Como en botica

A lo largo de su campaña, Fox va cosechando apoyos en diversas partes del país. Recibe primero la adhesión, el 17 de febrero, de un grupo de priístas zacatecanos que antes apoyaron la campaña del ex priísta Ricardo Monreal –quien llegó a la gubernatura de su estado a través del PRD y el Partido del trabajo– y la precandidatura presidencial de Roberto Madrazo.

El sábado 18 de marzo, el gobernador de Nayarit, Antonio Echevarría –acaudalado empresario, también ex priísta, que llegó a ese cargo apoyado por una coalición del PAN y el PRD– da su respaldo a Vicente con una mariscada privada en su casa. Consta en una grabación de 10 minutos que el gobernador le pide a Fox, en medio de aplausos de decenas de comensales, tener "la inteligencia" para convencer al perredista Cárdenas de que "queremos ganar la transición democrática con la alternancia del poder". Y aunque se dice cierto

157

de que su anfitrión ganará la presidencia "por decisión", manifiesta que es deseable que lo haga por *nocaut*. Por ello, le pide al candidato panista: "Le quiero suplicar que sea más inteligente y que ojalá se pueda entrevistar con el ingeniero Cárdenas, solos, y que lo convenza de que él se tiene que poner en el bando de los mexicanos que ganaremos la transición democrática, la alternancia en el poder, pero en paz y tranquilidad, con cordialidad y de manera democrática".

Más tarde, el 13 de abril, se le suma Evaristo Pérez Arreola y su organización Unión democrática de Coahuila, que en el Congreso local representa a 6 por ciento del electorado de esa entidad. Pérez Arreola fue secretario general del Sindicato de trabajadores de la UNAM –primero como Sindicato de trabajadores y empleados y luego como STUNAM– de 1971 a 1989. Su trayectoria política habla también de sus vuelcos: fue diputado federal por el Partido comunista y diputado local de Coahuila por el Partido auténtico de la revolución mexicana; apoyó la candidatura presidencial de Cárdenas en 1988; llegó a la alcaldía de Ciudad Acuña por el Partido del frente cardenista de reconstrucción nacional (PFCRN) y fue asesor del ex presidente Carlos Salinas de Gortari en la primera parte de su mandato. A Vicente Fox "hay que dejarlo torear antes de chiflarle", pide Pérez Arreola al formalizar su apoyo en el Poliforum Cultural Siqueiros.

El 2 de mayo se quiebra la estructura estatal perredista en Oaxaca al sumarse sus principales dirigentes al candidato presidencial panista. Gerardo Santa Ana Colmenares y Flavio Sosa Villavicencio, presidente y secretario general interino del comité estatal del PRD en ese estado, renuncian al partido del sol azteca porque, explican, "en este momento Vicente Fox es el que representa el tránsito a la democracia". Con ellos se van también de las filas perredistas César David Mateos Benítez, consejero y secretario de la juventud del mismo comité; Lourdes Santiago Cruz, secretaria de asuntos municipales, y Armando Contreras, presidente municipal en Concepción Pápalo, Oaxaca.

Caso singular es el de la actriz y senadora Irma Serrano, la "Tigresa", quien, defensora a ultranza del ex presidente Gustavo Díaz Ordaz, ha coqueteado con el PFCRN, el PRD y... ahora con Fox. "Si Vicente quiere que le canten las rancheras –dice el lunes 17 de abril– se las vamos a cantar."

158

Carlos Castillo Peraza, ex dirigente nacional panista, hace un símil, muy a su estilo: "Los candidatos del PRI y del PRD han actuado como párrocos, como curitas de pueblo preocupados porque nadie se salga de su iglesita. Mientras, Fox ha actuado como un misionero y ha salido en busca de los infieles para convencerlos, ganarlos, sumarlos a sus filas". Y vaya que ha sumado impíos.

14. ASOMAN LAS TEPOCATAS

Conforme transcurre la campaña los priístas se inquietan ante la fuerza que adquiere la candidatura de Vicente Fox. Técnicamente empatados en las encuestas, pero con un elevado índice de "indecisos", la ventaja es para el candidato de la Alianza por el cambio. A partir de mayo el PRI intenta nuevas estrategias. Llama a participar en la campaña a los viejos *dinosaurios* e inicia un golpeteo sistemático contra el guanajuatense. Simultáneamente activa sus mecanismos de control y coacción tradicionales a través de sindicatos, organizaciones populares y centrales campesinas. Luego vendrán presiones cada vez mayores sobre los medios de comunicación para cerrarle espacios al panista. "Los cambios que se viven en la campaña del candidato del PRI confirman que no sólo Vicente Fox lo ha desplazado en las encuestas, sino que ahora la vieja guardia (del PRI) lo desplaza", dice Germán Martínez, representante panista ante el Instituto federal electoral.

Las sanguijuelas, tlaconetes, arañas panteoneras, alacranes, tepocatas, víboras prietas y demás alimañas de las que habló Fox durante meses, en efecto aparecen amenazantes en su camino hacia Los Pinos. Esto sin embargo no preocupa mayormente al candidato. Lo esperaba "hace rato", dice. Y piensa que la acometida del sistema en su contra le será benéfica. "Si se van al ataque, a la denostación, a la bajeza, la difamación, nos va a favorecer", confía en corto a los reporteros durante una gira por Aguascalientes. "Eso abrirá nuestra ventaja."

El apoyo de los gobernadores priístas a la campaña electoral de su partido y la utilización de recursos públicos para fines proselitistas tampoco está ausente esta vez. Queda evidenciado con el caso del mandatario chiapaneco Roberto Albores Guillén. Según documenta el diario *Reforma*, el gobernador de Chiapas instruyó y pagó a medios locales para que orientaran la información y publicaran que Francisco Labastida fue el ganador del debate presidencial del 25 de abril. El asunto es denunciado por el PAN ante el IFE como un grave delito electoral. "Lo que está a la vista es el uso electoral de las institucio-nes para fortalecer una campaña en picada", acusa Germán Martínez. "Las dependencias del gobierno, como la Secretaría de gobernación, que debería encargarse de la seguridad, la paz y la concordia entre los mexicanos, intenta levantar una campaña que no levanta y no levantará. Por esto hacemos un llamado al Presidente de la república, al presidente de todos los mexicanos, para que evite el desvío de recursos a favor de la campaña de su candidato; para que Goberna-ción combata la ilegalidad y no sea cómplice de ésta."

Prohibido hablar de Fox

En la serranía poblana de Xicotepec de Juárez –y en el marco de la conmemoración de la victoria del ejército mexicano sobre los france-ses en la batalla del 5 de Mayo–, Vicente exige al secretario de la Defensa nacional, Enrique Cervantes Aguirre, que no interfiera en la voluntad electoral de los soldados y responde fuerte a las nue-vas acusaciones del candidato priísta: "Ese hablador de Labastida, ese hombrecillo, ahora anda diciendo que iré a Estados Unidos a ven-der nuevamente Pemex. ¡Es un mentiroso!", exclama indignado, ante unos dos mil seguidores reunidos en el zócalo de Huauchinango. "Voy a los Estados Unidos para reunirme con nuestros hermanos mexica-nos que por culpa del PRI tuvieron que irse a trabajar allá. Voy a decirles que en 57 días se acaba el reinado del PRI. El 2 de julio nos vemos, Labastida."

Es apenas el principio del contraataque. Denuncia luego que pe-troleros de la región que apoyan su candidatura han sido presionados por su sindicato nacional, encabezado por el senador priísta Carlos Romero Deschamps. Basa su dicho en copias de misivas que dirigen-tes del Sindicato nacional de trabajadores petroleros de la república mexicana enviaron a Sandalio Mejía, presidente del departamento de jubilados.

Una de las cartas está firmada por Carlos Soto Islas y Artemio Azua Vite, secretario general y presidente del consejo local de vigilancia, respectivamente, de la sección 39 del STPRM. Pone:

> Por medio del presente y con fundamento en el artículo 7 de nuestra declaración de principios, Art. 49 fracción I y VII de las obligaciones de los socios, Art. 99 del gobierno del sindicato y Art. 199 fracciones I y II del secretario general de sección; todos ellos de nuestros estatutos. Conminamos de manera enérgica a usted y a sus representados que eviten a nombre de los petroleros de la sección 39 manifestaciones de apoyo y simpatía hacia el candidato del Partido Acción Nacional y se abstengan de publicar en mantas o cualquier otro medio escrito el supuesto apoyo de los petroleros de la sección 39 hacia ese partido político, dado que este Comité Ejecutivo Local no ha emitido ninguna autorización en forma verbal o escrita a ello. De continuar haciendo este tipo de propagandas usted y sus representados están contraviniendo lo pactado de nuestros estatutos.

Otra está firmada por Eduardo Alva Becerra, coordinador nacional de jubilados:

> Compañero Sandalio: Hemos sido informados que en esa ciudad de Huauchinango se han estado colocando mantas a favor del candidato de Acción Nacional, por lo que nos vemos precisados a recordarle que el señor senador Carlos Romero Deschamps, secretario general de esta organización a la que pertenecemos, y del cual hemos recibido siempre todos los jubilados su comprensión y su invaluable ayuda para que nuestras pensiones sean aumentadas cada vez más y ahora con la misma proporción que los compañeros activos, por eso es que nos extraña mucho que se tomen este tipo de actitudes que como institución no podemos expresar. Esto me obliga a recordarle que tenemos necesidad de ser congruentes con nuestra organización, por tal motivo le he de agradecer se corrija esta grave anomalía no sin antes decirle que como mucho lo ha repetido Carlos, como personas podemos decidirnos

por a quien a nuestro personal interés convenga, no así como miembros de la organización a que pertenecemos y que como tal está comprometida con el señor Lic. Francisco Labastida Ochoa.

"¡México no es del PRI, Pemex no es del PRI", alerta el grandulón panista. Y precisa, una vez más, que "no soy un privatizador", pues "he declarado que el petróleo es sagrado, que es de todos los mexicanos y que nunca debemos deshacernos de él". Por ello, dice, "no sólo defenderemos el trabajo de los petroleros, sino que vamos a mejorar sus condiciones de trabajo".

Flanqueado por mantas que cuelgan del palacio municipal, perfectamente pintadas con letras tricolores, en las que se agradece la labor gubernamental del presidente Ernesto Zedillo, la Secretaría de gobernación y el gobernador Melquiades Morales, Fox advierte que "el pánico está marcado en el rostro de Labastida. El miedo se muestra aquí mismo con esas mantas, que las pusieron en cuanto supieron que íbamos a venir. Ahora Labastida regresa a cobijarse con el manto de los dinos del PRI, gentuza con antecedentes de narcos, de fraude electoral, para intentar evitar el cambio que millones de mexicanos hemos emprendido". El de las botas no se va de la sierra norte de Puebla sin dar los nombres de esa "gentuza". En Xicotepec, ante unas 3 mil personas que se apretujan para conocerlo, llama "burócrata pequeño" a Labastida y precisa: "El que no es narcotraficante como es el caso de (Manlio Fabio) Beltrones (exgobernador de Sonora), es un pillo electoral, como es el caso de (Manuel) Bartlett", ex gobernador de Puebla. Más aún, esta vez acusa sin titubeos que los 420 millones de pesos presuntamente desviados por Óscar Espinoza Villarreal del gobierno de la ciudad de México "se fueron a las arcas del PRI, a la campaña de Labastida".

Elogia en cambio a las fuerzas armadas. "Un saludo respetuoso al Ejército mexicano, que está para garantizar la seguridad del país", dice de entrada, para luego enviar un mensaje: "Un saludo al Ejército que sabe que su lealtad es para México y no para un partido político, que sabe de su respeto y obligación con la democracia. Nosotros confiamos plenamente en la institucionalidad como el garante de esa transparencia política. El Ejército no es del PRI ni está obligado de manera alguna a votar por un partido determinado. Hago un llamado a todos los soldados mexicanos para que ejerzan esa libertad y al secretario de la Defensa para que no interfiera con la voluntad de sus soldados. Llamo a los soldados a pensar en los 40 millones de pobres que hay en el país. Le pido expresamente a cada soldado su voto por el cambio y la democracia".

Vendedor de Pemex

La andanada priísta contra Fox por sus supuestas intenciones de vender Pemex llega a la abierta manipulación de información publicada por diversos medios. El PRI utiliza así indebidamente el nombre del semanario *Proceso* para atacar a Vicente Fox en un comercial de televisión. En dicho *spot*, cuyo pago se atribuye al candidato priísta a la gubernatura de Guanajuato, Juan Ignacio Torres Landa –aunque el logotipo del PRI nunca aparece– se saca de contexto una frase de siete palabras de la amplia declaración que el ahora candidato presidencial de la Alianza por el cambio hizo en Nueva York ante miembros de la Sociedad de las Américas el lunes 13 de mayo de 1996, y que reprodujo la revista en su edición número 1020, del 20 de mayo de ese año. Curiosamente, la misma frase es utilizada, también fuera de contexto en un desplegado de prensa publicado en *Milenio Diario* el 3 de mayo, bajo el título "Fox miente", que también cita como fuente a *Proceso*, sólo que atribuido a la Fundación Colosio A.C.

"El 13 de mayo de 1996 Fox estuvo en Nueva York", dice una voz en *off* en el anuncio televisivo. "Ahí, ante empresarios e intelectuales, mostró sus intenciones de privatizar Pemex". Y aparece entonces a cuadro la página del semanario aludida. La voz agrega, mientras se destaca el nombre de *Proceso*: "Exactamente dijo: 'No hay duda, el camino es privatizar'. En el debate, ante mexicanos (ahora aparece Fox a cuadro en el encuentro entre presidenciables), se contradijo". Entra la voz de Fox, que dice: "El asunto de privatizar Pemex no sé de dónde lo sacan". Y remata el mensaje: "Tú tienes derecho a saberlo. En la contradicción no está el cambio".

El *spot* del PRI cita una frase que Fox ciertamente dijo aquella vez en Nueva York –"*The way should be to privatize, no doubt*" (El camino es privatizar, no hay duda)–, pero omite la respuesta completa, que se reproduce textualmente a continuación , en inglés y español, junto con la pregunta que dio motivo a la polémica.

—*What would* PAN *do with oil and oil related industries?* (¿Qué haría el PAN con el petróleo y las industrias relacionadas con el petróleo?)

—*I think that* PAN *is convinced that society, that people, that businessman are much better prepared to make profitable this company. But for the moment the way corruption is within government levels, and analysing what happened with the lost resources, the lost income that came from selling most of these state companies in the last five years we would say that they should not to be sold at this point in time until is cordinated with everybody, that everybody accepted... The way should be to privatize, no doubt, but it should be under very cristal, transparent, honest conditions so that the product of that can be reinvested in infraestructure of the country, can be reinvestedin development, because until today the product of that has only gone to debt and more debt and has only gone to social programs that have not solved people problems.* (Pienso que el PAN está convencido de que la sociedad, de que el pueblo, de que los hombres de negocios están mucho mejor preparados para hacer rentable esta empresa. Pero por el momento la presencia de la corrupción en el gobierno, y analizando lo que pasó con los recursos perdidos, el ingreso que se perdió al venderse la mayoría de esas empresas estatales en los últimos cinco años, nosotros diríamos que no deben ser vendidas en este momento sino hasta que tengamos una democracia plena, hasta que se coordine con todo el mundo, que todo el mundo lo haya aceptado... El camino es privatizar, no hay duda, pero debe hacerse bajo condiciones cristalinas, transparentes, honestas, para que el producto pueda ser reinvertido en la infraestructura del país, pueda ser reinvertido en el desarrollo, porque hasta ahora el producto ha ido a la deuda y más deuda o ha ido a programas sociales que no han solucionado los problemas de la gente).

El desplegado publicado en *Milenio Diario* incurre en una manipulación todavía mayor, pues escoge, mutila y "enchufa" burdamente, en inglés y en español, dos frases que Fox expresó de manera independiente. Pone: "El PAN está convencido de que los empresarios están mucho mejor preparados para hacer rentable esa compañía... el camino es privatizar, sin duda".

Dos semanas después de que *Proceso* publicó la nota sobre las declaraciones en Nueva York del entonces gobernador de Guanajuato, el semanario dio a conocer, el tres de junio de 1996, una carta que Fox dirigió a Julio Scherer García, entonces director del semanario, en la que, sin rechazar esa versión estenográfica, precisó su posición respecto a Pemex. Esta es la misiva, íntegra:

Estimado Julio:

Mucho te agradecería la publicación de la presente carta que contiene algunas precisiones sobre la discusión que se generó en torno del caso de Pemex.

1. Nuestras declaraciones en Nueva York acerca de Pemex, se dieron en una conferencia de prensa donde éste no era el tema principal. A pregunta expresa de uno de los asistentes sobre la privatización de la industria petrolera, mi respuesta fue la siguiente:

Primero: El petróleo es un patrimonio de los mexicanos que debe seguir en manos de la nación.

Segundo: El gobierno federal no es el dueño del petróleo, su propiedad recae en el pueblo de México.

Tercero: En consecuencia, el petróleo no debe ser privatizado, pero las labores de extracción, procesamiento y comercialización que realiza Pemex, bien pueden ser concesionadas si las condiciones así lo requieren.

2. Estas declaraciones, que sólo reflejan mi opinión en respuesta a una pregunta, fueron utilizadas para armar una gran discusión, por medio de la cual el sindicato de Pemex y algunos partidos políticos, en especial el PRI, quisieron decirle al doctor Ernesto Zedillo que no están de acuerdo con la privatización de la petroquímica, a pesar de que ha sido precisamente el PRI el que desde Miguel de la Madrid ha avalado las privatizaciones.

3. Aunque considero que el petróleo debe seguir en manos de los mexicanos, creo que este recurso ha dejado de ser estratégico y nuestra soberanía no puede depender de él, como se ha mencio-

nado al acusarnos de desnacionalizadores y amenazar con fusilarnos en el Cerro de las Campanas.

4. El petróleo cada vez tiene un menor peso en nuestra economía. Lo estratégico en el mundo de hoy es el conocimiento, la educación, la ciencia y la tecnología. Países que no cuentan con recursos naturales como el petróleo, pero que han entrado de lleno a la era del conocimiento, tienen una economía próspera que les ha permitido fortalecer precisamente su soberanía. Aquí es a donde México debe dirigir todos sus esfuerzos.

5. Quienes se rasgan las vestiduras por la opinión que expresé como ciudadano, son los viejos políticos que no quieren perder los privilegios que les da el poder y la disposición de incontables recursos que se han manejado en las empresas paraestatales.

6. En todo caso, si no están de acuerdo con las privatizaciones deben expresar su opinión de frente al doctor Zedillo y al Congreso de la Unión, del cual ellos forman parte a través de sus diputados. Son a estas dos instancias a las que les toca decidir sobre el futuro de la industria petrolera.

7. No es potestad de Vicente Fox privatizar la industria del petróleo, pero como ciudadano tengo pleno derecho a expresarme sobre los problemas de la nación. En todo caso, el pueblo de México, a través de un plebiscito, podría decir la última palabra.

En las propuestas de Fox como candidato de la Alianza por el cambio, se asume que "las reservas petroleras son de la nación, son y deben seguir siendo de los mexicanos" y que "Pemex debe transformarse en una empresa más autónoma y autofinanciada, menos sujeta a restricciones burocráticas artificiales, insertada en un contexto más competitivo que la discipline y con acceso a los mercados internacionales para proveerse de insumos, socios, tecnología y mercados". Se enfatiza: "Pemex no requiere privatizarse, pero sí transformarse, para ser viable en un mercado abierto a la competencia".

Enemigo de Procampo

El PRI ejerce también sus habituales presiones sobre los campesinos a través de la Confederación nacional campesina (CNC). Botón de muestra, las cartas que esa organización reparte por cientos en Tlaxcala y

San Luis Potosí. Una de ellas, con membrete de la Liga de comunidades agrarias y firmada por Pedro Valencia Gallegos, "productor agropecuario" de Cuapiaxtla, Tlaxcala:

Compañero campesino: Soy representante de un grupo de campesinos que están siendo beneficiados con varios apoyos para adquirir vacas, gallinas y semillas en nuestra región, otros grupos también han recibido apoyos para que las familias tomen leche, compren más barato en las tiendas rurales las cosas que luego necesitan y han recibido préstamos para sus siembras y para que puedan comercializar fuera de aquí. Nos preocupa que en las últimas semanas el Sr. Fox, candidato del PAN que quiere ser Presidente, haya hecho declaraciones que afectan directamente a nuestros proyectos al plantear la desaparición de instituciones que tienen que ver con la superación de nuestra vida, que nos apoyan tanto a nosotros como al campo y que seguramente él ni las conoce. ¿Qué pasaría si quitan todos los apoyos? Sabemos que la mejor manera de oponernos a cada idea que no aceptamos es defendiendo lo que nos ha servido y necesitamos, queremos a nuestros hijos juntos, que ya no migren y que con esos apoyos las mujeres también logren tener su pequeña empresita, manifiéstate, informa y moviliza a los miembros de tu grupo y de otros.

Alimañas universitarias

Tampoco en las universidades está el candidato a salvo de maniobras, agresiones verbales o francas provocaciones claramente orquestadas para "tronar" sus encuentros con los estudiantes o cuando menos desviar la atención de los medios de comunicación. En la Universidad autónoma del estado de Puebla, por ejemplo, aparece de pronto una mujer cuarentona que se dice "maestra solidaria" y arremete contra Ana Cristina, la hija de Fox, al compararla con la esposa de Labastida, María Teresa Uriarte. "¿Cómo pretendes ser primera dama de México si no tienes preparación?", dice a la muchacha, sentada al lado de su padre. "No eres como la esposa de Labastida, que es doctora." Y se arma la gresca: "¡Fuera! ¡fuera", gritan los estudiantes. "¡Priísta! ¡provocadora! ¡sáquenla!" Vicente, molesto, revira: "Para tu conocimiento –dice a la mujer, que tres veces cambia su nombre ante los reporteros– Ana Cristina no va a ser primera dama. Ella está estudiando la carrera de leyes". La propia Ana Cristina toma el micrófono: "Cada mujer tiene sus prioridades. La mía es terminar mis estudios, casarme y tener hijos. Ayudaré a mi papá en lo que pueda, pero nada más". El candidato lamenta después ante los alumnos: "Van a ver que aunque estuvimos hablando hora y media con ustedes, a la mera hora lo de esta señora será la nota que publicarán los medios mañana."

Mas tarde, en conferencia de prensa, alerta que los priístas "quieren provocar un clima de terror". Concretamente acusa al presidente Ernesto Zedillo y a su secretario particular, Liébano Sáenz, así como al secretario de Gobernación, Diódoro Carrasco –"el cuatacho de Labastida"– de estar detrás de la "guerra sucia" en su contra. Pruebas de ello, precisa, son el envío de documentos apócrifos a las redacciones de algunos medios, en los que se culpa al candidato de la coalición PAN-Partido verde de tener "nexos con la mafia rusa" y la campaña contra los gobiernos estatales panistas, a los que los priístas señalan como ineptos para combatir la pobreza y el narcotráfico. "Es claro el compromiso –subraya– de todo el gobierno federal para sacar adelante la candidatura de Labastida, que está muy nervioso y muy enredado. Sólo un miope o un tonto no ve que las campañas del gobierno en la televisión, que tiene más anuncios que todos los candidatos juntos, son plenamente electorales."

Mañas priístas utilizan jóvenes universitarios para manipular las preguntas al candidato el 5 de abril, en la Universidad iberoamericana. Pertenecen, según Ana Cristina Fox, que ahí estudia, al grupo "Jóvenes unidos con Labastida". Manuel Cavazos, uno de los muchachos del PRI, es descubierto por Alberto Pérez, del equipo de Fox, con un "taco" de preguntas que saca de entre sus ropas y está a punto de meter a la pecera de vidrio usada como urna. Otros han logrado hacerlo, como se confirma cuando aparecen preguntas repetidas a la hora que el candidato las toma al azar. Paralelamente, se "descompone" el sonido exterior al auditorio, a través del cual unos 2 mil foxistas siguen las intervenciones de Vicente. "¡Boicot! ¡boicot! ¡boicot!", denuncian a coro.

Enterado a tiempo el candidato por sus asesores sobre los antecedentes y las trampas de esos estudiantes, alcanza a decir en un mensaje final: "A los jóvenes labastidistas aquí presentes les invitó a reflexionar su voto y a convencer a su candidato a que venga aquí a dar la cara y no los mande a ustedes". Entonces el aplauso es mayoritario.

15. FOXIMANÍA

Justo a 42 días de las elecciones presidenciales, la organización Amigos de Fox –que asegura a esas alturas contar ya con 4.8 millones de miembros en todo el país– lanza su "ofensiva final" para consolidar un triunfo de Vicente Fox el 2 de julio.

Desatan la foximanía.

"La consigna es una: salir a las calles", dice ufano el coordinador nacional de los Amigos, Juan Antonio Fernández. "Queremos que todos den rienda suelta a su inventiva, a su imaginación, a su alegría, para nutrir en toda la república el ambiente triunfalista, victorioso motivado por las encuestas que ponen a Vicente al frente de las preferencias electorales." El objetivo central es dinamizar la etapa final de la campaña, que ha adquirido un renovado aire a partir del debate del 25 de abril. El *levantón* ha sido ya tangible en concentraciones multitudinarias logradas por el candidato en León (con más de 15 mil asistentes) y en Monterrey (con más de 30 mil).

El liderazgo de Fox en la carrera presidencial, por cierto, ha obligado a su equipo de seguridad a incrementar las medidas de protección al candidato. En las concentraciones mayores se instalan ahora vallas metálicas en torno al templete. El cuerpo de guaruras se aumentó de seis elementos por turno a 24: 14 agentes integran la avanzada de seguridad y otros 10 escoltas acompañan permanentemente al candidato. Y es que cada vez más gente quiere estar cerca de él, saludarlo de mano, tocarlo. Cada día también se suman a la comitiva de prensa nuevos representantes de medios de información nacionales y extranjeros, como la agencia France press y Televisión española, que se incorporan a la gira por Sonora.

Foxilindros, canciones, misas

Amigos de Fox moviliza sus huestes desde el sábado 20 de mayo a través de sus 25 redes sectoriales –mujeres, maestros, jóvenes, obreros, profesionales, taxistas, niños, deportistas, policías, intelectuales, entre ellas– y su estructura orgánica nacional, regional, municipal y distrital. "Esta es una organización de ciudadanos", dice Fernández. "Aquí no hay línea: cada quien sabe cómo hacer su campaña, de acuerdo con su iniciativa y las características de su región o su comunidad. Ejercemos el federalismo que postula nuestro candidato."

En la "ofensiva final" tienen particular importancia la operación tractor para la penetración electoral en comunidades rurales a través de líderes naturales, y el movimiento Migrantes mexicanos por el cambio, con más de 450 mil miembros en Estados Unidos, que promueve el voto de sus parientes en México en favor del guanajuatense. Amigos de Fox aporta sus contingentes para integrar brigadas de promoción del voto y para alimentar a la Alianza por el cambio de representantes de casilla a fin de cubrir al 100 por ciento las 103 mil casillas que se instalarán en el país. Y también para tareas de observación electoral. "Un segundo objetivo es crear confianza en el IFE", dice el coordinador nacional.

—¿Y el PAN?

—Nosotros estamos absolutamente supeditados al partido, a la Alianza por el cambio. Ellos mandan. Ellos son los que saben de leyes, registros, trámites. Ponemos toda nuestra organización a disposición de la Alianza y del Instituto federal electoral (IFE).

Ante las maniobras fraudulentas del PRI y el gobierno, como la compra y coacción del voto, los Amigos opondrán, dice Patricia Quesada, coordinadora regional de la organización en el Bajío (Guanajuato, Querétaro, Zacatecas, Aguascalientes y San Luis Potosí) un "ejército antimapaches". Se intensifican asimismo las acciones que ya realiza la asociación ciudadana: campaña de afiliación "casa por casa", instalación de buzones y módulos de afiliación, distribución masiva del boletín *Entre amigos* y de folletos para niños (*Conociendo a Vicente*) y para adultos, obras de teatro callejero, "cinefox", con proyección de videos sobre el candidato y sus propuestas con brigadas itinerantes que van de pueblo en pueblo; redes telefónicas y de internet, llamadas a programas radiofónicos. También, presencia de Jóvenes con Fox en discotecas y otros centros de diversión. Y misas en las iglesias que las Mujeres con Fox mandan decir para pedir a dios por Vicente.

Hay ya más de 90 canciones y corridos compuestos por ciudadanos, algunos de los cuales –como los del grupo veracruzano Flamers– se difundirán masivamente en casetes y discos compactos. Entre los artículos utilitarios con los que los Amigos alientan la foximanía hay saleros, "foxilindros", tortilleros, mascadas, pantalones, gorras, videos, mandiles, playeras, botas, encendedores, bolígrafos, prendedores, llaveros, cuadernos, abanicos, calendarios, costureros, manoplas con la "v" de la victoria, maletas, camisetas, separadores de libros, pasta de dientes, relojes, tazas, vasos, peines, pantuflas, crema para las manos, ceniceros. Hay también tarjetas de descuento para los Amigos, aplicables en tiendas de autoservicio. Y toda una serie de nuevos carteles, trípticos, folletos, volantes, gallardetes y pegotes.

Grupos de jóvenes recorren el país para recabar dibujos y mensajes en lienzos de tela con la idea de integrar la manta por el cambio, "la más grande del mundo", presumen, que esperan se incluya en los records del Guiness. "El valor de éstas y muchas otras acciones es la espontaneidad, la frescura", dice la coordinadora nacional de Mujeres con Fox, Leticia Múzquiz. "Vamos a llenar de color y de alegría la contienda electoral."

Amigos de Fox apoyará con toda su organización y capacidad de movilización los cierres de campaña que el candidato de la Alianza por el cambio encabezará en las 30 ciudades más importantes de la república. Además de los macromítines de León y Monterrey, en los días anteriores ha habido concentraciones significativas en La Piedad, Michoacán –antiguo bastión perredista–, en Puerto Vallarta, Jalisco –donde inesperadamente unas cinco mil personas se vuelcan para escuchar a Fox en el malecón–, y en Magdalena de Kino, Sonora, la tierra de Luis Donaldo Colosio, donde el viernes 19 de mayo se reúnen más de tres mil personas en un entusiasta mitin. "Cada vez son más y más los priístas serios, honestos y democráticos que se suman al cambio", festeja Fox en esa concentración. "¡Bienvenidos!"

16. El martes negro

El martes 23 de mayo vive Vicente Fox un momento crucial de su campaña. Empeñado en el cumplimiento del compromiso contraído entre los tres principales candidatos presidenciales para la celebración de un segundo debate precisamente en esa fecha, el panista acaba por meterse en un berenjenal en el que muchos suponen se ahogaría. No ocurre así, sin embargo. Pese al linchamiento masivo del candidato, al que se suma –como en los viejos, dorados tiempos– la mayoría de los medios de comunicación, el tropezón del Grandote guanajuatense en el encuentro con sus contendientes no se refleja en algún deterioro de su posición en las preferencias electorales. "Aunque pueda sorprender a muchos, Vicente salió fortalecido", dice el senador Rodolfo Elizondo, coordinador político de la campaña foxista. "Y entre esos sorprendidos estamos nosotros", ríe.

Sondeos de opinión efectuados inmediatamente después del "martes negro" indican en efecto que las torpezas y terquedades del candidato panista no disgustaron a los electores. Es más: según una encuesta de Gauss, aunque Cuauhtémoc Cárdenas ganó por una nariz (28.3 por ciento frente a 27.8 de Fox) ese debate sobre el debate, el panista subió su porcentaje de preferencias. "El martes no pasó nada", dice con desparpajo el propio candidato el viernes 26, horas antes del debatido y postergado segundo debate, luego de presumir que lleva ahora una ventaja mayor, con 46 por ciento del electorado frente a 40 por ciento de su oponente priísta Francisco Labastida.

Pasan en realidad muchas cosas en la larga semana, que tienen su clímax ese martes 23. El candidato panista vive los días más duros –hasta ahora– de su campaña electoral. Y es objeto de un linchamiento de proporciones espectaculares, "obviamente orquestado", según el senador independiente Adolfo Aguilar Zinser, asesor de Fox. La prensa escrita alcanza prácticamente la unanimidad en sus encabezados principales del miércoles 24. Como no se veía hace años. El muestrario de cabezas "de ocho" en los diarios llamados nacionales crispa:

Excélsior: "Fox, Apabullado; CCS, hábil anfitrión; FLO, Serio, Preciso"
Unomásuno: "Fox en Ridículo"

La Jornada: "Cárdenas y Labastida, por el debate; Fox no sabe
Milenio diario: "Fox se Encapricha en Vivo y a Todo Color"
Reforma: "Pierde Fox debate... de la negociación"
El Universal: "Rehuye Fox Acuerdo para Debate"
El Sol de México: "Se Exhibe Vicente Fox"
El Heraldo de México: La Terquedad de Fox Bloquea el debate
El Día: "Apabullan Labastida y Cárdenas a Vicente Fox"
La Prensa: "¡Papelón de Fox!"
Ovaciones: "Cárdenas y Labastida por el Debate este Viernes; Fox, intransigente, no Asistirá"
La Crónica, tuvo al menos humor: "A Fox le falló el Fax"
Y el que dio *la nota*, a final de cuentas, fue *México Hoy:* "Linchan a Fox".

Juego sucio

La historia empieza la noche del sábado 20 cuando en la casa del representante perredista Lucas de la Garza, en Polanco, naufragan las negociaciones para el debate del martes 23 de mayo acordado desde marzo por los representantes de Labastida, Fox y Cárdenas.

"Habíamos llegado ya a acuerdos prácticamente de todo: horario, formato, rondas, temas", platica el "Negro" Elizondo. "Dos puntos atoraron el acuerdo: la anticipación con que debería efectuarse el sorteo (para el orden de intervenciones) y definir al o los entrevistadores."

Respecto al sorteo, el PRI quiere que se efectúe 24 horas antes. "Nosotros, que fuera una hora y media antes de iniciar el debate, como se hizo la vez pasada. El PRD se acercaba a esta propuesta." Respecto al conductor, en un momento dado el PRI propone a Carlos Fuentes, pero después no lo sostiene. "Es falso que el PAN haya mencionado a (Jorge) Castañeda. Sería absurdo que propusiéramos a un asesor de Vicente. Pedro Cerisola llevaba una lista de nombres, eso sí. Entre otros: Enrique Krauze, Ricardo Rocha, Denise Maerker, Denise Dresser... Pero esa lista ya ni siquiera la sacó Pedro." Y ese es el punto ciego. "El resto del formato estaba listo, pero el tema del o los entrevistadores fue insuperable. Entonces se decidió dar por concluida la negociación y se acordó expedir un comunicado conjunto que lo anunciara y lo explicara. Se trataba de repartirse entre los tres el costo de la cancelación del debate. Ese fue el acuerdo."

Pedro Cerisola, por la Alianza por el cambio; Lucas de la Garza, por la Alianza por México y Jorge Alcocer, por el PRI, firman el documento en el que se reconocen mutuamente la buena fe y los esfuerzos de las tres partes por llegar a un acuerdo. Al día siguiente, sin embargo, "el PRI y el PRD violan ese acuerdo del desacuerdo" y se lanzan contra Fox para culparlo de la cancelación del debate, acusa Elizondo. "Fue una andanada, a la que tuvimos que responder. Fueron ellos, no nosotros, los primeros en atacar, con un comportamiento muy artero."

Fox y su equipo se reúnen ese mismo domingo para preparar el contraataque y revertir el costo que para el panista podría tener el quedar como el intransigente que hizo abortar el debate. "Decidimos una estrategia urgente de medios: entrevistas en radio y televisión, declaraciones, desplegados." El lunes 22 el tiroteo es intenso, al tiempo que una nueva encuesta de Aduncin, publicada por *El Universal*, pone a Fox dos puntos arriba del candidato del PRI en las preferencias electorales, 43 a 41 por ciento. Labastida concede ese día 18 entrevistas de radio y televisión. Cárdenas está en 10. Y Fox en 21. Priísta y perredista endilgan la culpa del fracaso negociador al panista. Y el panista a los otros dos, a los que ya acusa de estar en "sorprendente coincidencia". En efecto, la versión del PRI sobre la "culpabilidad" de Fox cobra fuerza con el respaldo del PRD. "Nos madrugaron, nos dieron un albazo y nos ganaron la batalla en los medios", acepta José González Morfín, secretario adjunto del CEN del PAN.

Por la noche, los tres candidatos aparecen simultáneamente, a control remoto, en "El noticiero" de Televisa que conduce Joaquín López Dóriga. Cárdenas reitera la invitación que había dirigido por escrito a los otros dos candidatos para reunirse al día siguiente los tres y definir los términos del debate. Labastida y Fox aceptan ante las cámaras.

Cartas marcadas

El martes negro comienza temprano en la casa de campaña de Vicente Fox. Rodolfo Elizondo recibe una llamada del representante de

174

Cuauhtémoc Cárdenas, Lucas de la Garza, para fijar el encuentro de los candidatos, como se habían comprometido, para negociar directamente los términos del debate. "El ingeniero puede ir entre las dos y las cinco de la tarde", plantea De la Garza, y deja abierto el lugar a la iniciativa del panista.

Consultado por Elizondo, el panista propone ir a las 14 horas al hotel Marriot, lo que es aceptado por De la Garza. Encerrado en su privado, poco antes de las 11 de la mañana, Vicente confirma directamente la cita con Cuauhtémoc. Y le pide aceptar que la reunión sea abierta a los medios, para evitar interpretaciones, suspicacias o acusaciones posteriores, como ya había ocurrido con el acuerdo del desacuerdo. "De acuerdo", le responde el perredista. "No hay ningún problema."

Según relata Elizondo, Fox habla también con Emilio Azcárraga Jean, presidente de Televisa. "Le aseguró que por parte de su empresa no había ningún problema para que el debate se realizara y televisara esa misma noche". Luego, preocupado por revertir la imagen que se había ventilado en los medios en los días anteriores, Fox utiliza su habitual conferencia de prensa de los martes para dejar constancia de su disposición a debatir. Y comienza la estrategia.

Ante el asombro de una cincuentena de reporteros, fotógrafos y camarógrafos convocados en la misma casa de campaña, el candidato panista se comunica, pasaditas las 11 de la mañana, con su rival priísta, Labastida Ochoa, a través del número telefónico 5250-1724. Amplificado el diálogo por una bocina, Fox insiste sobre el encuentro y Labastida pone peros, pretextos. Pide al fin 10 minutos para hacer algunas llamadas, una de ellas a Cárdenas. "Yo aquí te espero, la hago de secretaria", le dice el panista.

Pasan casi 20 minutos. Finalmente retorna la voz de Labastida:

—Vicente, pude hablar con el ingeniero Cárdenas y me dijo que él te había planteado que prefería que fuera en la tarde y que había la opción de que primero se reunieran los negociadores para acordar los términos de lo que vamos a discutir.

—Me parece, Francisco, que otra vez le estamos dando vueltas al asunto. Ya quedamos ayer, ante el público, que hoy nos reuníamos. ¿No nos vamos a reunir o cuál es la postura?

—Sí nos reunimos.

—¡Pero ya! El debate es hoy a las nueve de la noche.

—¿A qué hora? El debate lo tenemos que acordar nosotros y lo tenemos que acordar con la CIRT –tartamudea Labastida.

—Está acordado, la fecha ya está acordada y firmada.

—La Cámara tiene que tener instalaciones…

—Están los ofrecimientos de Televisa y de Televisión Azteca. Ellos dicen que no hay ningún inconveniente en dar ese espacio. También se puede en el World Trade Center.

—Hay que hablar con Cuauhtémoc.

Labastida habla con Cuauhtémoc. Y Cuauhtémoc se comunica de nuevo con Fox: el perredista ha cambiado de opinión. "¿Qué pasó, Cuauhtémoc?", dice Fox al teléfono. "¿Otra vez vamos al juego de los representantes?… Estamos perdiendo seriedad… Tú me acabas de decir hace una hora… ¿Dependes de lo que diga Labastida?… ¿Que sin medios?… A ti también te sirve estar frente a los medios… Está una presidencia de la república de por medio, Cuauhtémoc; ya no podemos zafarnos, hay que aceptar la realidad… Los medios van a estar ahí, aquí están frente a mí y tú siempre has propuesto que las cosas se hagan transparentes."

Labastida no responde una nueva llamada de Vicente. Manda pedir otros cinco minutos más para hablar por su lado con Cárdenas. En ese lapso, el guanajuatense dice a los reporteros: "A veces caemos en la trampa del PRI. Hoy queda evidente quién es el que no quiere el debate. También se demuestra que Cuauhtémoc Cárdenas busca darle una salida falsa a Labastida. Yo recuerdo a un Cuauhtémoc Cárdenas que acusaba a otros de concertacesiones y ahora no quiere que estén los medios. Hasta hoy se empieza a evidenciar, así como es evidente que nosotros no mentimos jamás. Yo no lo tengo que interpretar, ustedes lo están viendo".

Cárdenas al teléfono otra vez. "Dime dónde nos reunimos, en el hotel que tú me digas, si quieres en tu casa de campaña", ofrece Fox. Esta vez el perredista le toma la palabra. Acepta que acuda a su cuartel, en Polanco. No queda claro si también irá Labastida. Fox cuelga el teléfono. Visiblemente satisfecho, sonriente, dice a los reporteros: "Están todos ustedes invitados".

El candidato se reúne entonces con su equipo más cercano. Cerisola, Elizondo, Eduardo Sojo, Martha Sahagún. Ahí planean una estrategia: mantener la postura de ir al debate esa misma noche y denunciar la alianza entre Cárdenas y Labastida, evidenciarla. "Había que ir al debate. Todo estaba ya acordado previamente entre los tres equipos, excepto los dos puntos: la hora del sorteo y el nombre del conductor", acota Elizondo. "Por eso Vicente pareció empecinado, terco. Claro que no llevó ninguna propuesta, porque la propuesta nuestra ya estaba. Ellos, en cambio, salieron con propuestas distintas a las que llevaron a la negociación."

Fox come esa tarde en el restaurante Costa Vasca de la colonia Nápoles con Porfirio Muñoz Ledo, Jorge Torres Castillo, Ricardo Valero, José González Morfín y sus asesores Aguilar Zinser y Castañeda, y Elizondo. "Hablamos exclusivamente de la adhesión de Porfirio que se anunciaría en dos días, de la redacción del documento que se daría a conocer."

Labastida llega a la casa de campaña de la Alianza por México, en Polanco, a las 4:33 de la tarde, 27 minutos antes de la cita acordada. A las 4:45 llega el presidente de la Cámara nacional de la industria de radio y televisión, Joaquín Vargas. Según la versión de Elizondo, ambos se reúnen en privado con Cárdenas. En el jardín de la residencia está ya dispuesto un templete, techado, en el que hay una mesa... y cuatro sillas.

El candidato de la Alianza por el cambio llega en punto de las cinco, hora de la cita. Se niega a pasar al interior de la casa, donde se efectúa la reunión privada. Sube al templete y ahí, de pie, espera frente a la prensa. Unos minutos más tarde llegan juntos Labastida, Cárdenas... y Joaquín Vargas.

"Fue una trampa", dice el senador panista. "Nadie, en ningún momento, habló de la presencia de Vargas. La reunión era entre tres: los tres candidatos. Por eso Vicente se molestó y preguntó que quién había invitado a ese señor. Cuauhtémoc dijo que él, pero yo pienso que quien lo llamó, me dicen que estaba en Guadalajara, fue el equipo de Labastida."

El encuentro –transmitido sorprendentemente en vivo por dos canales de televisión durante tres horas– resulta un espectáculo bochornoso. Los pretextos de Cárdenas y Labastida, efectivamente unidos, para evitar la realización del debate esa noche son avalados por Vargas. Mientras, Fox se empecina: "Hoy, hoy, hoy". Reitera que tanto Televisa como TV Azteca le aseguraron que no había ningún problema técnico para realizar y transmitir el debate. Cuauhtémoc le pide esa confirmación por escrito. Vicente ofrece que la tendrá "antes de las 6:30" de esa tarde. Y todos esperan.

Sudan tinta los foxistas para lograr que su jefe cumpla el ofrecimiento. A los colaboradores del panista no se les permite pasar más allá de la recepción de la casa perredista, donde sólo hay un aparato de fax. Ahí están Gina Morris, Juan Ignacio Zavala y Alberto Pérez, que esperan impacientes la respuesta de las televisoras a la petición hecha ya a Bernardo Gómez, de Televisa, y a Sergio Sarmiento, de TV Azteca. Y el fax no llega. Alberto García, reportero de Azteca, avisa que su empresa ya transmitió la carta de confirmación. Pero no llega. Alberto Pérez –que en la campaña foxista participa como secretario de la mesa de libertad religiosa– se cuelga de un barandal y descubre que el aparato de fax está desconectado. Pide el auricular, pero la secretaria se lo niega. Entonces lo arrebata y comprueba: la línea está muerta. Sale desesperado el foxista a tocar timbres en casas aledañas. Inútil. Corre por la avenida Ejército Nacional. Pregunta en una farmacia. Inútil. Encuentra un hospital privado, la Clínica Santa Fe, en la calle Eugenio Sue. Una enfermera le dice que tienen prohibido prestar el fax. Mira la muchacha que Pérez lleva un emblema de Fox en la solapa. "¿Viene usted con Fox?", le pregunta. "Pues fíjese que aquel doctor –señala con un ademán– es muy panista. Pídaselo a él". Así lo hace. Y ¡lo consigue! Regresa a toda carrera hasta la casa de Cárdenas para avisar y dar el número del fax. Son las 18:22.

El reportero Alberto García llama a TV Azteca. "En este momento lo están enviando", dice. Pérez sale de nuevo disparado, ahora acompañado por Carmen Alcántara y Daniel Popoca, del equipo de prensa. Efectivamente, la carta ha llegado al fax del hospital. La recogen. A las 18:27 están de regreso en la puerta exterior del cuartel perredista, con el fax en la mano, pero entonces los guardias no los dejan entrar. Pérez se mete a empujones. A las 18:29 –justo cuando Cuauhtémoc pretende dar por terminada la espera– entrega el fax a Fox. "Ya llegó la mitad", anuncia el panista, antes de leerlo.

La "otra mitad" es el fax de Televisa: minutos más tarde, Gabriela González, de prensa del PAN defeño, recibe en una casa cercana el mensaje esperado y lo hace llegar al candidato. Es una brevísima carta de Emilio Azcárraga Jean dirigida a Vargas, y sin mencionar esto último el panista lee textualmente: Por medio de esta carta te reitero la disponibilidad del tiempo de Televisa a conveniencia de la Cámara de la industria de radio y televisión para celebrar el debate en el momento que ustedes decidan. "La carta era ambigua", comenta Elizondo. "Aunque primero se dirige a Vargas en singular, luego lo hace en plural: *en el momento que ustedes decidan*. Lo que es bien claro es que no pone condición de tiempo alguna, por el contrario."

El "aparato" se le viene encima a Vicente Fox. Y en los medios su denuncia, evidenciada en los hechos, de una "confabulación" entre Cárdenas y Labastida, se diluye: Fox es el saboteador del debate, el terco, el autoritario. Y viene el linchamiento. Elizondo acepta que "fue un error de Vicente" el proponer ir a la casa de campaña de Cárdenas, donde el perredista tenía todo a su favor, hasta porra. "Debió ser en un lugar neutral", dice. "Ora ya ni modo."

As en la manga

La unanimidad de los encabezados y el enfoque de la información en la mayoría de los diarios –sin contar las caricaturas, los editoriales, las columnas– resulta cuando menos asombrosa. Y mete tremendo susto al equipo foxista, que se reúne durante más de cuatro horas el miércoles 24. Otro tanto hacen, en la sede del CEN del PAN, el presidente nacional Luis Felipe Bravo Mena y un grupo de notables panistas, entre ellos Diego Fernández de Cevallos. Luego hay una reunión conjunta.

—¿Le impuso el CEN a Fox la decisión de asistir al debate del viernes 26?

—De ninguna manera –responde Elizondo. Entre nosotros las decisiones se discuten y se consensan siempre. Y finalmente el candidato es el que tiene la última palabra. Así consensamos la decisión de ir al debate.

También es curioso que ningún periódico publique encuesta alguna sobre el impacto de lo ocurrido ese martes. Ni siquiera los medios que tienen predilección por los sondeos. Los hubo, sin embargo. El ya mencionado de Gauss, encargado por el equipo foxista, coincide con otros dos mencionados por Sergio Sarmiento en su artículo del viernes 26 en *Reforma*. Las tres encuestas, ambas telefónicas, dan como ganador a Fox. En la de Gauss, realizada en el área metropolitana entre personas que vieron o supieron del encuentro, alcanza 39 por ciento a su favor, por 20 y 19 por ciento, respectivamente, de Cárdenas y Labastida. Comparada la intención del voto antes y después del *show* entre los candidatos, el panista no sólo no baja sino que gana dos puntos.

Otro sondeo es realizado en las 32 capitales del país, con resultados muy similares: Fox, 37 por ciento; Cuauhtémoc, 19, y el priísta, 18. Y en la tercera, realizada según escribe Sarmiento por una empresa internacional, a la pregunta *¿Quién se vio mejor?*, la coincidencia sigue: Fox gana con 38 por ciento, Cuauhtémoc obtiene 34 y Labastida se queda en 17. Y a la pregunta *¿Por quién votaría usted?*, los porcentajes respectivos son 39, 23 y 15.

"Esos resultados prueban que los políticos debiéramos acercarnos más al ciudadano, al elector, palpar su verdadera percepción de las cosas y no cerrarnos en el universo de los periódicos", dice Elizondo. También el analista Jorge G. Castañeda, asesor de Fox, piensa que "exageramos el efecto de ese episodio". Fue, dice, "una tormenta en el vaso de la clase política, que es muy pequeñita. Somos muy pocos, pero nos vamos con la finta".

La noche misma de ese martes, el ambiente en la casa de campaña foxista es distinto del habitual. Es una amalgama de emociones encontradas. Hay desánimo en unos, coraje en otros, desasosiego en los más. Fox evade las preguntas de los reporteros. "Mañana hablamos", ofrece desde la escalera por la que desciende. "Hoy, hoy, hoy", guasean en respuesta los informadores. Entre el maremágnum, Vicente se traslada a las instalaciones de TV Azteca, en el Ajusco, donde está dispuesto un escenario para el debate. Al llegar, lejos de las cámaras, decenas de trabajadores de la televisora salen a su encuentro y lo vitorean. Es el único de los tres candidatos que concurre a la cita. Lo entrevista Sergio Sarmiento para canal 13 durante más de una hora. En tanto, un millar de simpatizantes lo espera en el Poliforum Cultural Siqueiros. Llega al filo de la medianoche y es recibido como un triunfador, con porras y coros. Está ahí la dirigencia nacional del PAN y figuras prominentes como Luis H. Álvarez, Santiago Creel, Francisco Barrio, Felipe Calderón, Carlos Medina Plascencia. "Pobre Cuauhtémoc: tan lejos de la silla presidencial y tan cerca del PRI", parafrasea en su turno el dirigente panista Luis Felipe Bravo Mena.

Para la militancia panista capitalina es una fiesta. Según ellos, Fox ha evidenciado los "nexos" entre Labastida y Cárdenas y eso es un triunfo. "¡Cuauhtémoc se vendió, Labastida se rajó!", grita una y otra vez la entusiasta concurrencia.

Un día después, al terminar la reunión en que se formaliza el apoyo de Porfirio Muñoz Ledo a Fox, y en clara alusión al comportamiento de Labastida y Cárdenas, el candidato presidencial del PARM dice: "Este es un encuentro patriótico, no una celada de rufianes como la del martes".

17. El segundo debate

Miércoles 24 de mayo. Vicente Fox acepta, "sin condiciones", ir al debate presidencial a realizarse dos días después, viernes 26, fecha propuesta por Cárdenas y Labastida. La decisión es tomada después de una encerrona del candidato y su equipo de colaboradores durante toda la mañana y parte de la tarde, primero en su casa de campaña y luego en el hotel Marriot. Serio y fresco a la vez, Fox lee ante los reporteros un comunicado, a las 18:15 horas, en un salón del Club de Industriales, acompañado del líder nacional panista Luis Felipe Bravo Mena: "Mexicanas y mexicanos: porque ustedes lo piden participaré con gusto en el debate de candidatos presidenciales el próximo viernes", anuncia el candidato. "Enfrentaré la alianza de Cárdenas con Labastida que pretende preservar el sistema autoritario de corrupción y privilegios que se ha impuesto a la sociedad mexicana los últimos setenta años. Voy al debate sin poner condición alguna, para que no pongan más pretextos y no sigan engañando a la sociedad mexicana. La gran mayoría de las mexicanas y los mexicanos desean el

181

cambio y la alternancia en el poder. Al debate llevaré su voz y sus aspiraciones".

Jueves 25 de mayo. Por la noche, Vicente Fox se reúne con Joaquín Vargas Guajardo, presidente de la CIRT, organizadora del debate del día siguiente. El encuentro se da después de que por la internet se ha difundido durante el día un mensaje en el que "una ciudadana que cree firmemente en el cambio" convoca a boicotear a Multivisión (MVS) –cadena televisiva de la que Vargas es accionista mayoritario– con la cancelación de suscripciones, y al noticiero de Joaquín López Dóriga, de Televisa, dejando de comprar los productos que en él se anuncian. Esto, para "contrarrestar todo el manejo de información en contra de Vicente Fox" por parte de esas empresas. En la casa de campaña corre la versión de que el llamado de esa cibernauta, de nombre Lorena Delgadillo –que pide divulgar su mensaje entre los Amigos de Fox–, ha surtido efecto. Martha Sahagún se lava las manos. Deslinda al candidato y a su equipo de esa convocatoria.

La reunión privada entre Fox y Vargas, solicitada por éste, ocurre en una cafetería. El candidato de las botas refrenda su compromiso de respetar a los medios informativos, al tiempo que reconoce que estos se han manejado con mayor equidad y objetividad durante este proceso electoral. Por su parte, Vargas le reitera que la CIRT seguirá exhortando a sus agremiados a cubrir con objetividad, equidad e imparcialidad el proceso y la disposición de ese organismo para transmitir los debates entre los candidatos.

Viernes 26 de mayo. Un Vicente Fox algo nervioso, tenso en su primera intervención, gana pronto confianza y se muestra seguro, desenvuelto, jovial a lo largo del debate entre los tres principales candidatos presidenciales en el auditorio del Museo Tecnológico. A ratos enseña su estilo característico de hablar, de gesticular –el Fox en campaña, pues–, acotado en otros momentos por la lectura de notas o documentos. Lo evidente: consigue el objetivo de su estrategia.

A raíz de los ataques del PRI y del PRD que recibió después del fracaso de las negociaciones sobre el debate, cuya culpabilidad le endilgaron, Vicente acusó a Cuauhtémoc Cárdenas de haberse aliado con el priísta Francisco Labastida Ochoa. La campaña publicitaria del perredista, dedicada casi exclusivamente a atacar al panista, daba mayor sustento a la sospecha esgrimida por Fox. Eso lleva a Cuauhtémoc a buscar deslindarse de semejante aliado. El perredista centra sus ataques en el PRI y en Labastida, casi sin tocar a Fox. El candidato del PAN puede así dedicarse más a la exposición de sus propuestas que al denuesto de sus rivales. Y lo hace con claridad.

"Sé tú en el debate", le había pedido el ex procurador Ignacio Morales Lechuga cuando le dio su apoyo, por la mañana de ese día. Y el candidato, en efecto, es la mayor parte del tiempo tal cual. Tanto, que para quien cubre habitualmente su campaña no hay más sorpresas que la entrega de "las llaves" del PAN y el Partido verde que permiten, al reunirse con las del PRI, PRD y PT "abrir" las famosas listas del Fobaproa. Con esto, calla a Cuauhtémoc, que ya ha iniciado su ataque con el estribillo de "la complicidad" del PAN con el PRI en el asunto del rescate bancario. Saca otro as: la acusación contra Labastida sobre la liberación anticipada de narcotraficantes cuando era secretario de Gobernación. "Aquí están los documentos", advierte. Y Labastida se queda callado. Como se queda callado, frío, cuando el panista le endilga otra de las suyas –ante la necia insistencia del priísta sobre la supuesta intención de Fox de aumentar impuestos–: "Ay, Pancho, estás más terco que yo el martes".

El panista se mira ciertamente incómodo, raro, sentado a la mesa del debate. Su postura favorita –y favorable– es de pie. Siempre, en sus mítines, en sus presentaciones ante estudiantes, empresarios, maestros, prefiere hablar de pie, con el micrófono en la mano. Los podios lo atan, lo limitan y suele caminar de un lado a otro mientras habla. Otro logro suyo en esa, su noche feliz, es no caer en ninguno de sus célebres deslices verbales, salvo cuando acepta a Cuauhtémoc: "Me la ganaste", en referencia a las ligas del PRI con la corrupción, a las que el perredista alude antes. Y que Cárdenas aprovecha para meterle un gancho, prácticamente el único que lanza en toda la noche contra el panista: "Sí, qué bueno que reconoces que hoy te gané otra vez". El guanajuatense logra enmendar con habilidad: "Bueno, no dije que ganaste el día de hoy, dije que das la apariencia que estás corrigiendo lo que vivimos todos los mexicanos el otro día, donde te volviste alegre, chistoso; donde nos regañaste, según esto, en tu casa de campaña, lo cual no mostró mucha hospitalidad". Y lanza la estocada:

"Pero ese día quedó claro que un viejo amor ni se olvida ni se deja, y que hoy aparentemente hay otro comportamiento, quizá por alguna razón que me es difícil de explicar".

Aunque no lo denota, Fox llega al debate presionado, tras del linchamiento que sufrió en los medios de comunicación a raíz del debate sobre el debate y que esa misma mañana ha tenido una nueva expresión en la hostilidad de reporteros que acudieron a la rueda de prensa que compartió con Morales Lechuga. Y precisamente con el tema de la terquedad –centro de los ataques en su contra– abre su participación en el debate. Con humor además, aunque un tanto acartonado por la lectura de un discurso escrito. "Al insistir esta semana en un debate abierto –dice– algunos pensaron que fui un poco terco… mi mamá también me lo decía. Se necesita carácter, firmeza, y un verdadero liderazgo para acabar con 70 años de corrupción, pobreza y desesperación."

Tras de hacer un reconocimiento a los estudiantes que se rebelaron al poder autoritario en 1968, a la perseverancia de Rosario Ibarra en su lucha por los desaparecidos políticos, al "tesón panista en su batalla por la democracia en los últimos 60 años", a la manifestación del silencio de Manuel J. Clouthier y a la marcha de la dignidad de Salvador Nava, así como a la lucha del Frente democrático nacional y los "actos de grandeza de Heberto Castillo", remata: "El camino ha sido largo y difícil. Estamos llegando al final, gracias a que millones de mexicanas y mexicanos han superado con firmeza, con carácter y un poco de terquedad, los desafíos del autoritarismo priísta." Apenas termina el encuentro se empiezan a conocer resultados de las encuestas. De acuerdo con ellas, el triunfo del panista es contundente: Gauss le da 48 por ciento, contra 20 de Labastida y 10 de Cárdenas; *Reforma*, 47 contra 19 y 18; cni, 48, 17 y 13; Harris, 45, 24 y 27; Terra, de internet, 57, 33 y 7; bimsa, 59.1, 19.2 y 21.7 por ciento, respectivamente.

Ya de regreso a su casa de campaña de Las Lomas, encantado con esos resultados, Vicente se comunica telefónicamente con su madre, doña Mercedes, al rancho San Cristóbal. "Ya ves, ¿pa' qué andabas tan espantada?", le dice emocionado. "Allá nos vemos el lunes con toda la familia. Prepárate un lomo con aceite de oliva, porque aquí me tienen a dieta. Yo llevo un vinito tinto."

18. ¡Hoy! ¡Hoy! ¡Hoy!

Los panistas reunidos la noche del viernes 26 de mayo en torno al
monumento a la Independencia para festejar lo que consideran un
triunfo de su candidato en el debate, convierten el supuesto error de
mayo de Vicente Fox en nuevo grito de campaña: "¡Hoy! ¡Hoy! ¡Hoy!"
El estribillo acompaña desde entonces al candidato de la Alianza por
el cambio en los actos abiertos de la etapa final.

* * *

El sábado 27 Fox reanuda su campaña proselitista en el puerto de
Veracruz. A las 13:10 horas llega al hotel Continental, en el municipio
conurbado de Boca del Río, para presentar su programa educativo en
una reunión de maestros organizada por el Sindicato nacional de trabajadores de la educación (SNTE). A su arribo al hotel, es interceptado por unos 200 ahorradores que dicen haber sido defraudados por
sociedades de ahorro y crédito. En pancartas y con gritos y coros le
expresan su apoyo al candidato panista y le piden atención a sus demandas. "Nos gustas por entrón", pone una manta. En el salón principal del hotel, mientras tanto, los coros foxistas cunden entre casi un
millar de maestros ahí presentes, antes de la llegada del candidato. A
grado tal que los organizadores tienen que pedir mesura por el sonido
local. Aclaran que no se trata de un mitin de apoyo a Vicente Fox,
sino un acto del SNTE para escuchar sus propuestas educativas, como
se ha hecho con otros candidatos. También el dirigente panista Juan
Bueno pide a la concurrencia abstenerse de expresar sus simpatías
por Fox. "No es el momento ni el lugar", dice.

El guanajuatense entra al fin y tarda casi 10 minutos en llegar a su
lugar en el centro de una mesa dispuesta en cuadro. A su paso estrecha
decenas de manos. Hace la presentación de su propuesta educativa y
contesta una docena de preguntas. Sale en medio de aclamaciones y es
obligado a dar la vuelta a la gran mesa para saludar a los maestros.

Fox se reúne luego, en un salón menor, con 16 oficiales de la mari-
na mercante. Le plantean la situación de ese sector y sus problemas.
Le ofrecen apoyo a su candidatura. Ahí mismo recibe minutos des-

pués a una comisión de los ahorradores, que permanecen en los pasillos del hotel sin dejar de vitorear al candidato. Escucha sus demandas y recibe su apoyo. Nace el grupo Marinos con Fox.

* * *

Llega al hotel Torremar, también en Boca del Río, para ofrecer una conferencia de prensa. Desde que desciende de *El Jefe* es envuelto por la gente aglomerada a la entrada. En el vestíbulo es recibido con porras, coros y aplausos por unas 200 personas, en su mayoría huéspedes. Varios en traje de baño. Algunos chorrean agua, pues saltaron de la alberca. También aplauden a Fox las recepcionistas, los meseros del lobby *bar* y del restaurante, los botones. Y hasta el payaso pintarrajeado que entretiene a los niños.

* * *

Viaja Vicente hacia el sur veracruzano, en autobús. Llega a Villa Isla. Entra al pueblo de sombrero y al volante de un tractor, vitoreado por los lugareños que forman valla a lo largo de tres cuadras. Arriba al estadio de beisbol, atiborrado ya, y encabeza un mitin. "¡Hoy! ¡Hoy! ¡Hoy!", gritan a coro unos cuatro mil asistentes. Sigue a Minatitlán, municipio petrolero gobernado por el PRD. Ante cinco mil simpatizantes reunidos en el malecón promete una vez más que no venderá Pemex y pregunta:
—¿Quién ganó el debate?
—¡Foooox! –responde la multitud.
—¿Quién perdió el debate?
—¡Labastidaaa!
—¿Quién traicionó a México?
—¡Cáaardenas!

* * *

Martes 30. En el salón inferior, circular, del Poliforum Cultural Siqueiros, insuficiente su capacidad, Fox encabeza un acto en el que participan los personajes principales que desde distintas posiciones

186

ideológicas y aun partidarias se han sumado a su campaña. Están en el estrado con el candidato Evaristo Pérez Arreola, Porfirio Muñoz Ledo, la senadora Layda Sansores, Florencio Salazar, Joel Ortega, Héctor Castillo, Francisco Curi, Ángel de la Rosa Blancas –diputado federal perredista–, Francisco de Paula León, Alfonso Durazo, José Ojeda Jiménez –dirigente del Movimiento nacional indígena de la CNC–, Ricardo Valero… Cada uno de ellos expone los motivos de su adhesión y la importancia de la coyuntura que vive el país ante las elecciones del 2 de julio.

A su vez, Fox da lectura al texto titulado *Alternancia ya,* que según su asesor Jorge G. Castañeda es uno de los "documentos torales, fundamentales" de la campaña. Durante su lectura el candidato es interrumpido siete veces por las aclamaciones y otras manifestaciones de apoyo, incluidos los ¡hoy!, ¡hoy!, ¡hoy! de quienes llenan el lunetario inferior y superior además de accesos y pasillos. Desglosa los 10 compromisos concretos "que serán la norma de mi conducta y la base de mi convocatoria a la participación de todos en el gobierno de transición que habré de encabezar". Se compromete a:

- Mantener el carácter laico del estado mexicano y de la educación pública.
- Promover reformas que acoten las facultades del presidente de la república y garanticen la autonomía y el equilibro entre los poderes.
- Respetar la libertad, la diversidad y la pluralidad de la sociedad mexicana y no usar nunca el poder del estado para imponer estilos de vida, creencias religiosas o códigos particulares de comportamiento; a respetar la libertad de creación, la cultura y todas las expresiones de todos los grupos que conforman la sociedad mexicana.
- Crear las condiciones políticas para la solución pacífica del conflicto en Chiapas y para el desarme de los grupos armados que hay en el país, con estricto apego a derecho.
- Promover acciones para eliminar toda forma de discriminación y exclusión de grupos minoritarios y para lograr la equidad de género.

- Que la educación sea prioritaria y se garantice el aumento sustantivo de los recursos para la educación y la investigación.
- Poner fin al sistema de complicidad y de privilegios y a combatir la corrupción sin salvedades, pero sin venganzas políticas ni revanchas partidistas.
- Defender la soberanía del país para que su inserción en los procesos de globalización permita elevar el nivel de vida de los mexicanos. "No voy a privatizar Pemex y la Comisión federal de electricidad"
- Establecer como prioridad una política social que combata la pobreza y las desigualdades, evite el uso de programas sociales con fines electorales, impulse esquemas de desarrollo, reactive la agricultura e incluya a la sociedad civil en la gestión de demandas ciudadanas y la supervisión de acciones del gobierno.
- Culminar el proceso de reforma electoral para garantizar definitivamente condiciones equitativas.

Fox ofrece también establecer a partir del primero de diciembre un gobierno plural, incluyente, capaz de "transformar a México, en mil días, en una verdadera democracia". A la salida del acto, el embajador Andrés Rozental, ex subsecretario de Relaciones exteriores y con larga carrera en el servicio diplomático, dice: "Apoyo plenamente esta convergencia. A eso obedece mi asistencia a este acto plural. Pienso que es el momento de sumar fuerzas para llevar a México a una nueva etapa, la de la democracia. Y estoy convencido de que la opción ante esta coyuntura es la candidatura de Vicente Fox".

* * *

El candidato se reúne en un desayuno con mil 550 "amigos de Fox", el miércoles 31, en el restaurante Hacienda de los Morales, en el Distrito Federal. Cada uno de ellos paga 500 pesos, a manera de colaboración a la campaña. Les sirven huevos con jamón, jugo y café. Ahí, Carlos Medina Plascencia, líder de la fracción parlamentaria del PAN, cuenta cómo Fox le pidió en 1991 aceptar ser gobernador interino de Guanajuato a lo que accedió, dijo, no sin reticencias. En conferencia de prensa el candidato da a conocer los resultados de dos nuevas encuestas sobre intención del voto. En la realizada conjuntamente por las empresas Gauss y Redes Consultores, aparece con 40.6 por ciento, Labastida con 37.1 y Cuauhtémoc Cárdenas con 15.5. En la otra encuesta, de la empresa Arcop, sale también adelante con 41.4 por ciento, seguido por Labastida con 37.8 y Cárdenas con 18.8 de "preferencia efectiva" (sin indecisos).

Se reúne luego con una treintena de corresponsales extranjeros en el salón Acacias del hotel Camino Real. Ahí advierte que habría turbulencias y caos social si ocurriera en México un fraude electoral, aunque luego matiza y ve lejana, dice, esa posibilidad. "Nada detendrá esta revolución de la esperanza." En materia de política exterior anuncia que aplicará "con flexibilidad" la doctrina Estrada, ya que México se manifestará en los casos de dictaduras, golpes de estado o violaciones graves a los derechos humanos.

Esa tarde inicia una serie de "cierres de campaña" con una concentración popular en el campo deportivo La Presa, de la colonia Emiliano Zapata, en Tlalnepantla, Estado de México. La lluvia y el viento que se abaten dos horas antes del acto derrumban una enorme lona que pretendía proteger a los asistentes –calculados previamente en 10 mil por los organizadores– que ocuparían una cancha de futbol. El agua convierte la cancha de pasto en un lodazal. A pesar de eso, desde las cinco de la tarde empieza a llegar gente, muchos jóvenes y mujeres con niños, trabajadores de la zona. Se ha anunciado para después del mitin la actuación del grupo musical La Costeña. En torno al templete se ha dispuesto una valla metálica que impide a los asistentes acercarse. Fox arriba a las 18:15 horas acompañado de candidatos a diputados y senadores y a la presidencia municipal de Tlalnepantla. En la cancha hay unas cuatro mil personas que agitan pancartas de plástico con la foto del candidato a munícipe Rubén Mendoza Ayala llevadas ahí en camionetas y distribuidas por cinco jóvenes a la entrada. Entonan coros de "¡Vicente presidente!" y repiten el "¡hoy!, ¡hoy!, ¡hoy!" ensayado durante la espera a instancias de un animador. El acto dura escasos quince minutos: habla primero Mendoza Ayala y luego, entre el griterío, Fox. Al salir de la unidad deportiva –mientras se inicia la actuación del grupo musical– el candidato es estrujado, jaloneado, sacudido por la gente que se quedó a su espera para verlo de cerca, para saludarlo de mano. El equipo de seguridad notoriamente reforzado es incapaz de contener a la gente, que en vilo lleva al guanajuatense a su camioneta.

Unos minutos más tarde, las escenas se repiten, magnificadas, en otro mitin "de cierre" efectuado en Ecatepec, al que asisten 10 mil personas, a pesar de que según denuncian los organizadores –que esperaban una concurrencia mucho mayor– grupos de la priísta Fuerza mexiquense 2000 realizaron actos de boicot y taxistas de gremios priístas y perredistas bloquearon avenidas de acceso al deportivo Siervo de la Nación donde tiene lugar la concentración. Frente a millares de banderolas agitadas sin cesar Fox pregunta cuándo empezar a trabajar para sacar al PRI de Los Pinos. "¡Hoy!, ¡hoy!, ¡hoy!", le responde la multitud.

* * *

Sin contratiempos tiene lugar en Tecamac, el jueves 1º de junio, uno de los mítines más concurridos de la campaña. Más de 15 mil personas reunidas en un campo deportivo de ese municipio mexiquense forman olas con sus coros y sus banderas. Como una sábana al tenderse. Hay gente en los árboles, en los cerros cercanos. El candidato panista recibe el bastón de mando de la comunidad. El mitin dura 25 minutos, pero la fiesta amenizada por la banda La Costeña se prolonga horas.

* * *

El viernes 2 de junio Vicente Fox vuela 1,474 kilómetros para un "cierre de campaña" matutino en Ciudad Constitución, Baja California Sur, y de ahí otros 784 para estar en el mitin vespertino en la capital de Durango. Baja California Sur, con unos 400 mil habitantes y gobernada por una coalición PRD-PT, es pobre en votos: no más de 230 mil ciudadanos contiene su padrón. Constitución es una villa de 25 mil habitantes, cabecera del municipio sudbajacaliforniano de Comandú, uno de los cinco de la entidad. Ahí quiere Fox, no en La Paz, la capital, hacer su "cierre de campaña". En día hábil y a media mañana.

190

Dos horas al rayo de sol, a 38 grados centígrados, aguantan tres millares de campesinos, mujeres, niños, en espera del candidato. Forman una valla de dos cuadras a su arribo, que a los custodios cuesta trabajo mantener abierta. "Nunca antes se había visto aquí algo así", dice el ex presidente municipal Alfredo Martínez Córdova. El Grandote expone sus lineamientos centrales y pide a los perredistas sumarse a su candidatura. "Cuauhtémoc ya no tiene la mínima oportunidad", dice. "Votar por él es votar por Labastida, desperdiciar su voto."

Una avería en el Learjet blanco en que ha viajado desde México le impide trasladarse a Torreón, camino a Durango, para comer con empresarios. "El sablazo", dice él mismo. Tiene que viajar, con todo y cuatro guaruras, en el *charter* de la prensa, directo a la capital duranguense.

El cielo se derrumba sobre 14 mil personas que desbordan la plaza IV Centenario de Durango en espera del candidato. Justo cuando la comitiva se traslada desde el aeropuerto– y luego de cinco años de sequía– se suelta el diluvio. Mucha gente aguanta. Mucha más busca refugio en los portales, bajo alguna lona, en los puestos. Con todo, cuando el candidato llega y se trepa a un templete con una gorra roja y una chamarra azul, protegido con un paraguas rojo y blanco, no son menos de cinco millares los duranguenses que en la plaza aguantan el chubasco. También el candidato. Todos, incluidos los reporteros, acaban empapados. No se moja el ánimo: "¡Ya ganamos!, ¡ya ganamos! ¡ya ganamos!", corean sonrientes los foxistas, que al final de nuevo desbordan a los custodios y ahora son éstos quienes tienen que llevar a Vicente casi en vilo hasta la camioneta, bajo la lluvia que no cede y el grito que no cesa: "¡Hoy!, ¡hoy!, ¡hoy!"

* * *

Plaza llena. Como en las grandes tardes, aquellas de los mano a mano entre Manolo Martínez y un decadente Paco Camino en la feria queretana de Navidad en los setentas. Insuficientes resultan los tendidos de la hermosa plaza Santa María, capaces de acomodar a 12 mil espectadores. La gente se queda fuera este sábado 2 de junio.

Hasta portazo hay. Y cuando el candidato –que de joven alguna vez soñó con ser torero– aparece por la puerta de cuadrillas, el coso estalla: más que grito, un bramido monumental. Llueve papel picado. Su discurso es en los medios de la plaza, el ruedo también atiborrado. Mandón, dueño de la tarde, liga sus propuestas en un palmo de terreno. "¡Ole!", corea la multitud cada una de ellas. "¡Ole! ¡ole!" Faena de orejas y rabo la suya, que culmina con un estoconazo: "¡Este cambio no lo detienen ni los mapaches del PRI ni Labastida y sus dinosaurios". Y sale casi a hombros por la puerta grande, entre gritos de "¡To-re-ro¡, ¡to-re-ro!"

El fenómeno Fox. Tal cual.

La relación entre Fox y su partido, el PAN, había sido difícil, a veces tortuosa durante la precampaña. Aparentemente las diferencias entre el equipo del candidato y algunos cuadros directivos del PAN se habían zanjado y el partido participaba activamente en la campaña, a pesar de que era sólo esporádica la presencia de dirigentes nacionales panistas en los actos y giras foxistas. Poco se sabía con certeza sobre la situación de esa relación cuando el proselitismo foxista llegaba a su apogeo. Los reporteros de *Proceso* asignados a la campaña pensaron que era un buen tema, cuyo interés compartió el director Rafael Rodríguez Castañeda, y se abocaron a trabajarlo. Entrevistaron al dirigente Bravo Mena, a ex presidentes del partido, a quienes en un momento dado pudieron disputarle la candidatura presidencial y a otros personajes destacados del panismo, y recurrieron a material de archivo para dar un contexto a su trabajo. Elaboraron así el reportaje que entregaron a la mesa de edición para ser incluido en la edición del 21 de mayo del semanario. Sin embargo, cuando ese domingo vieron el material publicado, encontraron que no correspondía al texto que habían escrito. Su sentido había sido tergiversado, alterada su entrada y el enfoque general. Se habían mutilado varios párrafos y, lo peor, se había adicionado un texto que ellos no habían escrito. Todo ello por supuesto sin habérseles consultado, sin ser siquiera avisados. La censura se hacía ya patente, abierta. Y tenía una clara intención: golpear a Fox al presentarlo como domador de su propio partido por la fuerza, ausente en él toda convicción ideológica panista. Desde el encabezado: "Hacia el final de la campaña, Fox domó al PAN".

Los reporteros decidieron redactar una carta aclaratoria en la que se deslindaban de esas enmiendas y pedirle al director su publicación. Se la entregaron el lunes 22 a mediodía. Esa misma tarde Rodríguez

Castañeda los llamó para tratar el asunto. En la reunión estuvo también el subdirector editorial, Pedro Alisedo. De entrada, el director asumió que los reporteros tenían la razón, que no se valía lo que se había hecho con su texto, ni hablar. Sin embargo no habló en absoluto de alguna sanción para los responsables de la censura. "Aquí siempre hemos dicho que la ropa sucia se lava en casa, pero por lo visto ustedes quieren lavarla fuera." Por supuesto, respondieron los reporteros. "Esta vez la ropa se ensució en casa pero la suciedad se exhibió públicamente", dijo Ortiz Pardo. "Y nuestro prestigio profesional y nuestra honestidad están de por medio." El director asumió: "Está bien. Sólo les pediría que le bajen el tono acusatorio de su carta, en buena onda. Y la publicamos, como piden, bien, en el mismo lugar". En ningún momento pidió que los reporteros retiraran su carta. Lamentó en cambio las alteraciones a su reportaje, que calificó de "totalmente injustificadas". Aseguró además que se les ofrecerían públicas disculpas.

—Lo que pasa –dijo Pedro Alisedo a manera de justificación– es que nosotros estamos a dos fuegos. En la junta –de "coordinadores"– nos critican porque sus textos los sienten muy foxistas, y ustedes nos reclaman porque les bajamos el tono. Esto ya se partidizó. Es un problema.

—No hay problema si todos nos atenemos a criterios estrictamente periodísticos –dijo Ortiz Pinchetti–. Nosotros así lo hacemos.

En atención a la petición del director, en buena onda, los reporteros revisaron su carta. Le quitaron todo tono acusatorio pero mantuvieron su reclamo. Entregaron al director la nueva versión.

—Muy bien. Así quedó bien –dijo.

—En el mismo lugar, Rafa, como quedamos. ¿*Oquei*?

—Claro –sonrió el director–. Y les ofrecemos disculpas. No se preocupen, ya está. En buena onda todo se puede.

Los reporteros preguntaron quién había sido el responsable directo, el ejecutor físico de las alteraciones a su texto. Rodríguez Castañeda y Pedro Alisedo se negaron a revelarlo. Una y otra vez lo encubrieron.

—Nosotros asumimos la responsabilidad –decía el director.

—De acuerdo, pero ¿directamente quién fue? –insistió Ortiz Pinchetti.

—Eso no importa. La responsabilidad es nuestra. Fui yo.

No pasó mucho tiempo para que los periodistas se enteraran, porque lo dijo Julio Scherer García, que el autor material de la censura —el peón, pues— había sido el corrector Gerardo Albarrán de Alba.

La carta de Ortiz Pardo y Ortiz Pinchetti se publicó en las páginas 20-21 de la edición del domingo 28 de mayo. Este es el texto, tal como apareció en *Proceso*:

Señor director:

En el texto que bajo nuestras firmas aparece en *Proceso* No. 1229 de esta semana, relativo a la relación entre el Partido Acción Nacional y el candidato presidencial Vicente Fox, no reconocemos el que originalmente entregamos a la mesa de Redacción.

Nuestro reportaje sufrió tergiversaciones y mutilaciones que afectan el profesionalismo de nuestro trabajo y que no podemos avalar con nuestras firmas. Precisamos a continuación las modificaciones más graves:

1. Bajo un título inexacto —pues nunca escribimos que Fox domó al PAN hacia el final de la campaña—, en el texto se modificó la entrada original de manera que parece sustentarse la afirmación de que "Fox domó al PAN" en las declaraciones del dirigente nacional panista Luis Felipe Bravo Mena que enseguida se transcriben, lo cual es falso y en consecuencia no avalamos.

2. Sin ninguna justificación se injertó a nuestro original una frase entre paréntesis que obviamente no escribimos y que además constituye una aberración histórica, periodística y jurídica. Cuando hacemos alusión al apoyo manifestado a Fox por "Carlos Medina Plascencia, ex gobernador interino de Guanajuato" se agregó en dicho paréntesis: *merced a la concertacesión que impidió a Fox arribar a la gubernatura en su primer intento*. En todo caso, la negociación política —el término concertacesión jamás lo utilizaríamos, por falaz— que permitió en 1991 subsanar parcialmente el fraude electoral en agravio de Fox y del electorado de Guanajuato denunciado por el PAN, el PRD, el PDM y otras fuerzas políticas y sociales, impidió al priísta Ramón Aguirre Velázquez, no a Fox, acceder a la gubernatura que oficialmente ganó. Nuestro semanario informó exhaustivamente en su tiempo sobre el proceso político guanajuatense de 1991 en más de una veintena de reportajes,

crónicas y entrevistas (*Proceso* 759, 760, 761, 762, 763, 764, 771, 772, 773, 774, 775, 776. 777, 778 y 780), todos ellos bajo la firma de Francisco Ortiz Pinchetti, y por supuesto de ninguna de ellas podría deducirse la mentira contenida en el paréntesis injertado.

3. Se mutiló de nuestro texto el siguiente párrafo, que sin duda aportaba elementos relevantes para el tema del reportaje:

"Harto significativa resulta ahora la composición de una mesa durante la cena con que se festejó la toma de posesión de Fox como gobernador de Guanajuato, el 24 de junio de 1995, en el salón principal del hotel Parador San Javier de la capital guanajuatense. En torno a esa mesa compartieron viandas y bebidas: Ernesto Ruffo, Porfirio Muñoz Ledo, Manuel Camacho Solís, los todavía entonces no panistas Santiago Creel Miranda –ex consejero ciudadano del IFE– y Julio Faesler; el entonces gobernador priísta de Tlaxcala, José Antonio Álvarez Lima, la perredista Malú Micher, ex candidata al gobierno estatal y el propio mandatario entrante. La pluralidad foxiana en pleno."

4. En un reportaje cuyo tema era la relación Fox-PAN, incluidas las desconfianzas de algunos panistas hacia las convicciones partidistas de Fox, se suprimió, también sin justificación alguna, la siguiente cita que resultaba fundamental en el texto:

Más contundente fue (Fox) al afirmar en mayo de 1998 en una entrevista con el reportero Gerardo Galarza:

"Con el PAN, por el PAN y por México; sin el PAN, nunca. Soy profundamente panista y ser panista es comulgar con los principios, los valores, la ideología. Por eso estoy en el PAN. Vivo el panismo en los hechos. Lo vivo en el gobierno y gobierno con los principios y valores panistas. Por eso les pido a los panistas que me tengan confianza, que no se vayan con la finta de tantas cosas malintencionadas que se dicen." (*Proceso* 1125)

Pedimos a usted de manera atenta pero enérgica que esta aclaración que nos deslinda del texto alterado que sustituyó a nuestro original sea publicada en el mismo lugar que ocupó el mencionado reportaje, en la próxima edición de *Proceso*.

Atentamente,
Francisco Ortiz Pardo y Francisco Ortiz Pinchetti.

Al calce se incluyó la "respuesta de los editores". Textual también:

Lamento la molestia de los reporteros y ofrezco las disculpas pertinentes. En cuanto al primer punto, se trató de un error propio de la edición por computadora, que colocó el signo de dos puntos en el lugar equivocado. De los restantes, se hace responsable la mesa de edición.

Pedro Alisedo,
Subdirector Editorial.

La publicación de la carta fue vista en el medio político y periodístico como una actitud de honestidad por parte de *Proceso*, que reconocía públicamente la indebida censura y ofrecía disculpas a sus reporteros. Carlos Medina Plascencia, entonces coordinador de la fracción panista en la Cámara de diputados y afectado directamente por la adulteración del reportaje, envió una carta a la revista, el 4 de junio:

Por una parte, felicito tanto a Francisco Ortiz Pinchetti como a Francisco Ortiz Pardo por su profesionalismo y actitud para defender su trabajo periodístico y, por la otra, celebro que se haya publicado dicha petición, ya que esto habla muy bien de la apertura interna con la que se realiza *Proceso* y de la voluntad que tienen quienes la llevan a cabo para reconocer sus errores. Sin embargo, el texto que nos ocupa tiene una gran importancia, sobre todo en el momento electoral que vive el país, por lo cual no debe omitirse la responsabilidad que tiene *Proceso* con sus lectores y la trascendencia que esto pudiera tener en merma de la credibilidad que la revista ha venido construyendo durante décadas. Por tal motivo, independientemente del derecho que tienen aquellos periodistas de hacer que se respete el texto entregado, a lo cual me sumo, considero pertinente que el reportaje sea publicado nuevamente de manera íntegra, sin adiciones ni supresiones.

Sin embargo, como en otros casos, la "buena onda" de Rodríguez Castañeda era una farsa. Dos días después de publicada la aclaración, intentó una primera represalia contra los reporteros, a quienes citó a una reunión la tarde del martes 30. Estaba acompañado por Alisedo y Beltrán del Río. Su actitud era notablemente distinta.

—Con lo de la carta hemos llegado al límite –advirtió de entrada el director, engreído, amenazante–. Las reglas van a cambiar. Desde ahora se deberán respetar las jerarquías; lo de la carta llevó las cosas al extremo y se debe poner orden.

En el caso de Ortiz Pardo la advertencia era ociosa, pues él en todo momento atendió esas jerarquías y asumió toda encomienda de trabajo que se le hizo, sin queja de coordinador alguno. "A ustedes tres les consta", dijo el reportero. Con Ortiz Pinchetti, en cambio, Rodríguez Castañeda pretendía violar el acuerdo que había establecido con el reportero fundador de *Proceso* desde que tomó posesión como director, el 23 de marzo de 1999: "Tú deberás ser un pilar en esta nueva etapa de *Proceso*", le dijo esa noche. Y desde entonces acordaron, dada su condición particular, que Ortiz Pinchetti trataría directamente con él los temas de sus reportajes.

Además de fundador del semanario, Ortiz Pinchetti había formado parte de la dirección colectiva que sustituyó a Scherer García en noviembre de 1996. "Por supuesto que tú no puedes estar bajo las órdenes de Pascal", le ratificó el director a finales de ese año. Además, había aceptado el proyecto que Ortiz Pinchetti le entregó por escrito sobre la creación de una unidad de investigaciones coordinada por él para la realización de reportajes especiales y que se implementaría al término de la campaña electoral. Por todo ello rechazó el reportero el intento de "cambiar las reglas" y subordinarlo a las órdenes de Beltrán del Río –quien por cierto fue incapaz en cinco meses de proponer tema alguno sobre la campaña de Fox–, justo a raíz de la aparición de la carta. Era claramente un intento de represalia, inaceptable.

—Yo estudié periodismo por ti, Paco, porque leía tus trabajos y te admiraba –dijo lambiscón Beltrán del Río a Ortiz Pinchetti, cuando éste lo señaló como comparsa de una campaña interna en su contra bajo el argumento de que era "foxista"–. Siempre te he admirado.

—¿Y no te parece absurdo pretender ser jefe de tu maestro? –terció Ortiz Pardo.

La conversación tuvo giros patéticos. Como cuando Rodríguez Castañeda preguntó "¿qué es eso de incluyente?, no entiendo", al pedírsele que dejara participar a los reporteros en lugar de reprimirlos, que fuera incluyente. En cambio, sin que nadie se lo preguntara, esgrimía una y otra vez, ansioso, que él había sido nombrado director "con todas las facultades", como si entre esas facultades estuviesen las de censurar y reprimir y a sabiendas de que en realidad llegó al cargo sin mover un dedo, gracias a la presión de 34 reporteros y corresponsales –entre ellos por supuesto los integrantes de la asociación Reporteros en *Proceso*– que pidieron, desesperados ante la anarquía, el fin de la dirección colectiva y el nombramiento de un solo director, a lo que Scherer García se había resistido durante meses.

Patético también cuando Alisedo cuestionó la afirmación de los reporteros en uno de sus textos de que el PAN estaba "más cerca que nunca" de acceder a la presidencia de la república.

—¿En qué sustentan eso? –inquirió muy serio.

—En las encuestas, por ejemplo, que casi todas coinciden; pero además en lo que vemos en la campaña –dijo Ortiz Pardo.

—¿Las encuestas? ¿Quién cree en las encuestas?

—Las encuestas serias tienen una base científica. Nos referimos a las encuestas serias. No se hacen al tanteo. Son instrumento de la ciencia social.

—¿No será que por tu profesión de sociólogo estás prejuiciado? –intervino el director, que por más de 20 años ha vivido encerrado detrás de un escritorio.

—La sociología me sirve para entender la realidad, justamente sin prejuicios, y así concebir trabajos periodísticos objetivos –repuso Ortiz Pardo.

Rodríguez Castañeda llegó al colmo:

—¿No será que están embelesados ante el líder, que Fox los ha cautivado, como luego pasa? –insinuó.

—Si eso piensas, dinos qué dato es falso, qué apreciación es subjetiva –replicó Ortiz Pinchetti–. *Órale*, aquí están nuestros textos.

Guardó silencio el director de *Proceso*, impotente ante la evidencia escrita, publicada. Cambió su tono. Y al final se llegó a un acuerdo, a propuesta suya. En lo relativo a la cobertura de la campaña de Fox para *Proceso*, Ortiz Pinchetti y Ortiz Pardo seguirían coordinándose como hasta entonces y propondrían directamente al director sus temas cada semana. Rodríguez Castañeda estaría acompañado en esas reuniones por Alisedo y Beltrán del Río.

—Perfecto, así quedamos –dijo el director.

—Así quedamos –confirmó Ortiz Pinchetti.

Era un nuevo engaño de Rodríguez Castañeda. Los periodistas siguieron su trabajo en la campaña. Se incorporaron a la nueva gira de Fox por Veracruz, Baja California Sur, Durango, Querétaro y el Estado de México. Propusieron al director una crónica de la semana posterior al segundo debate, que aprobó y publicó sin enmienda alguna, perfecto. El martes 6 de junio cubrieron la presentación del libro *Fox propone*, de Guillermo Cantú y José Luis López, hecha por Juan Sánchez Navarro en el hotel Fiesta Americana. "Te están provocando, Vicente", advirtió el respetado empresario al candidato panista en un vibrante discurso. "Basta leer la prensa de los últimos días. Vas bien, Vicente, pero no caigas en provocaciones, porque si no cambia México tendremos otra etapa más de la dictadura real que hemos tenido durante 70 años."

Fue ese el último acto de la campaña que como reporteros de *Proceso* cubrirían Ortiz Pardo y Ortiz Pinchetti. Vendría luego, a traición, fulminante, el despido, cuando confiados acudieron a una cita con el director del semanario para supuestamente hablar sobre los asuntos periodísticos de la semana. "La empresa da terminada su relación de trabajo con ustedes; están despedidos, retírense", dijo un tembloroso Rodríguez Castañeda flanqueado por dos abogados de la empresa antes de literalmente huir ante las preguntas de los dos reporteros que, azorados e indignados, le pedían alguna razón, alguna explicación.

Consumado el ilegal despido, todavía serían los periodistas víctimas de las vejaciones, las presiones, las amenazas a través de los abogados del despacho Barrera, Siqueiros y Torres Landa, que los incomunicaron y los obligaron a abandonar las instalaciones de su propia casa, la casa de *Proceso* en Fresas 13. "Nosotros cumplimos órdenes", respondían ante los reclamos de los periodistas y varios de sus compañeros. En menos de una hora les cortaron las computadoras, los teléfonos, los celulares, los radiolocalizadores. Dieron instrucciones a la telefonista de no pasarles llamada alguna. Los tuvieron confinados en sus cubículos. El abogado Luis Ignacio López Rodríguez, amenazante, llegó al extremo de plantearles un plazo perentorio de 10 minutos para salir, "o los sacamos por la fuerza". Fueron expulsados de la manera más ruin, casi 24 años después de que le hicieran lo mismo a Julio Scherer García en *Excélsior.* Scherer García no atendió, por cierto, las repetidas llamadas que Ortiz Pinchetti le hizo suponiendo todavía, ingenuo, que el ex director y presidente del consejo de administración era ajeno a lo que ocurría.

—Fue espeluznante lo que nos hicieron en *Proceso* –dijo Ortiz Pinchetti al propio Scherer García, a Vicente Leñero y a Enrique Maza la mañana del 7 de junio, cuando por fin los tres integrantes del consejo de administración accedieron a reunirse con los reporteros ya entonces despedidos, en un Sanborns de la colonia del Valle.

—Pues más espeluznante fue su carta –brincó Leñero ante la sorpresa de los doblemente agraviados, a quienes los consejeros ni siquiera escucharon antes de asumir la decisión de echarlos.

—Nos censuraron un reportaje. ¡En *Proceso*! Y ahora nos corren por haber publicado la aclaración. Es un derecho elemental de los periodistas en cualquier parte del mundo.

—Pues será en cualquier parte del mundo, pero en *Proceso* no –remarcó Leñero.

Asombraba, dolía a los reporteros la reacción del ex subdirector de *Proceso*, su amigo, el hombre en que más confiaban dentro del semanario, compañero de Ortiz Pinchetti desde que fue su director en *Revista de revistas* de *Excélsior* 27 años atrás. Vicente Leñero compartió con ellos las preocupaciones por el anquilosamiento de *Proceso* y la autocrítica sobre la falta de imaginación para concebir asuntos originales e imparciales. Había sido siempre un defensor radical del respeto al estilo propio del reportero-redactor y enemigo de las mutilaciones indebidas de los editores. Postulaba como nadie la necesidad de rescatar "el espíritu de *Proceso*" a través de la participación activa de los reporteros y siempre desconfió de las ambiciones de Rafael Rodríguez Castañeda.

En el gabinete del Sanborns, Scherer García inició entonces una perorata, infaltable su monólogo apabullante, sobre la tesis de que la ropa sucia se lava en casa, que hay modos, que se vulneraba la autoridad, que no se vale no se vale no se vale.

—No se vale –repitió el jesuita Maza, como siempre, con las mismas palabras de su primo.

—Lo de la carta es intolerable –concluyó Scherer García.

—Sí, intolerable.

La carta aclaratoria de los reporteros que el director aceptó publicar y junto con la cual se les ofrecieron disculpas era ahora esgrimida por los consejeros como motivo-pecado-causa del despido. Escudados en un autoritarismo a ultranza –capaz de aplastar décadas de afectos y de lealtades– nada dijeron de las verdaderas razones de la represión, de las constantes presiones para que los reporteros desvirtuaran la campaña de Fox, de la censura, del clima de terror que en la redacción de *Proceso* provocó deliberadamente el atropello. "Si eso te hacen a ti ¿qué nos espera a los demás?", decían sus compañeros a Ortiz Pinchetti.

El despido de los periodistas de *Proceso* ocurrió justo en los momentos en que el aparato gubernamental priísta accionó todos sus mecanismos de presión sobre diversos medios de información para cerrarle espacios a Fox. "Justo en esa semana supimos de cuando menos cinco compañeros reporteros que recibieron presiones en sus medios", dijo Salvador Guerrero Chiprés, presidente de la Fraternidad de reporteros de México. "Hubo llamadas de atención contra quienes cubrían la campaña de Vicente Fox. Les dieron línea. A otros de plano los cambiaron de fuente. No tengo la menor duda de que en ese contexto se inscribe la represión a los dos reporteros de *Proceso*."

Por lo demás, a partir del despido de Ortiz Pardo y Ortiz Pinchetti, la campaña de Fox desapareció de las páginas de *Proceso*, justo en la etapa final, crucial de la contienda. Ni una línea se publicó ya sobre las actividades del candidato panista, que en las semanas siguientes encabezó precisamente los actos más importantes, los cierres de su campaña. Con su despido, los reporteros fueron impedidos por la fuerza de ejercer su profesión –su obligación– de informar.

Apenas se supo del agravio la respuesta del gremio fue contundente, insólita. En horas se sumaron cientos de firmas de reporteros de todos los medios escritos y electrónicos –quienes cubrían la campaña de Fox los primeros– en una carta de repudio a la represión contra sus compañeros. No se daba abasto el reportero Fernando Ramírez de Aguilar, siempre solidario, para recibir las adhesiones. Apoyaron también corresponsales extranjeros, maestros y estudiantes de periodismo, organizaciones gremiales. El Sindicato independiente de trabajadores de La Jornada (Sitrajor) cedió solidariamente un espacio en ese diario para la publicación de un primer desplegado, el 22 de junio, con las firmas de más de 200 periodistas.

Los Pacos –como les llamaban sus compañeros de viaje-- decidieron continuar en la campaña de Vicente Fox como reporteros independientes, convencidos de que a la postre nadie podría acallarlos. Como tales fueron acreditados. Y la soleada mañana del domingo 11 de junio ya estaban de regreso, trepados en el camión de redilas que sirvió de transporte a los periodistas durante la caravana de la victoria foxista que recorrió 12 kilómetros desde San Ángel hasta el monumento a la Independencia, en la ciudad de México. "¡Bienvenidos!", los saludó sonriente la reportera Verónica Reynolds, de *To2.México.*

Tercera parte
La victoria

1. LOS RELÁMPAGOS DE JUNIO

Encaramado en el vehículo descubierto en el que acompaña a Vicente Fox, Luis H. Álvarez recuerda conmovido el recorrido triunfal de Manuel J. Clouthier por esas mismas calles de la capital en 1988. "Esto supera todo", dice el chihuahuense mientras devora con la mirada esa muchedumbre desbordada que bajo un sol calcinante vitorea el paso del candidato de la Alianza por el cambio. Es la caravana de la Victoria.

Domingo 11 de junio, a 21 días de la elección. Desde el monumento a Álvaro Obregón, en San Ángel, hasta la columna de la Independencia, en el Paseo de la Reforma, miles y miles de defeños forman una valla prácticamente ininterrumpida a lo largo de la avenida Insurgentes y las calles Monterrey y Florencia. No sólo ocupan las banquetas. También trepan a los árboles y a los postes e invaden el arroyo para acercarse a la caravana donde Vicente Fox, con su camisa azul arremangada, no atina a volverse a un lado y a otro al saludar a sus simpatizantes. Se empina para dar la mano a una mujer, se yergue y levanta la vista y los brazos para corresponder al saludo de quienes desde las ventanas de los edificios y las azoteas de las casas le aplauden, sin dejar de contestar las preguntas de los periodistas que por turno suben a entrevistarlo. Más que una manifestación masiva, en algunos puntos multitudinaria, es una insólita, espontánea expresión de alegría que no respeta límites ni físicos ni emocionales y que de pronto copa la calle e impide la marcha de los vehículos. Una fiesta.

Viaja Vicente en la parte posterior de un camión blanco adaptado a propósito. Lo acompañan, además de Álvarez, sus hijas Ana Cristina y Paulina; el presidente nacional del PAN, Luis Felipe Bravo Mena; el candidato panista a jefe del Distrito Federal, Santiago Creel; el dirigente nacional del Verde ecologista, Jorge González Torres; y el recién aliado candidato parmista a la presidencia, Porfirio Muñoz Ledo. Al vehículo antecede un carro de redilas en el que se apiñan reporteros y fotógrafos y camarógrafos de medios nacionales y extranjeros. Entre expresiones hostiles de los foxistas –"¡Digan la verdad!" "¡Cuéntennos bien!" "¡No se dejen comprar, atiendan a su conciencia!"– los informadores suben y bajan, corren, van, regresan, en busca de la nota, de la imagen.

El convoy se detiene frente al parque de Cedros, donde está una estatua de Clouthier, demasiado pequeña y demasiado escondida. Hace casi 13 años de que Maquío y Luis Álvarez se reunieron en León con el rejego ranchero y zapatero Vicente Fox para convencerlo de entrarle a la política. Y ahí va Fox hoy, en triunfo. Mediante un complicado mecanismo, Bravo Mena acciona una cuerda para colocar desde el camión la "primera piedra" de un nuevo monumento al desaparecido ex candidato presidencial sinaloense.

Familias enteras salen de sus casas en la colonia Florida, en Guadalupe Inn, en la Del Valle, en Mixcoac. De los restaurantes de Insurgentes brotan comensales, meseros, cocineros. A las puertas del Tony Romas, casi al cruce con Félix Cuevas, una docena de meseros, todos uniformados de rojo y negro, saludan al candidato con la "v". En Insurgentes y Pilares, un *chef* del Freedom, con todo y su alto gorro, trepa a la marquesina con una bandera azulblanca del PAN. Brincotea, feliz, el cocinero. Frente al parque Hundido, un hombre joven que lleva un niño en brazos muestra una cartulina: "Yo estoy aquí por mis güevos". Otros llevan banderolas, globos, matracas. A cada cuadra vuelve el grito: "¡Hoy!, ¡hoy!, ¡hoy!". La cadena móvil formada por los Jóvenes con Fox es incapaz de contener la euforia de los asistentes que en completo desorden detienen el paso del candidato en el cruce con el viaducto Miguel Alemán y bloquean en ambos sentidos el tránsito vehicular por la avenida. Desde el puente la vista no alcanza el final de la marcha.

Dos, tres horas esperan en la colonia Roma, bajo el sol, hombres y mujeres, jóvenes y ancianos, niños, el paso de la caravana que encabeza una descubierta de charros a caballo al que sigue la banda de

206

música a bordo de una camioneta. Dos jóvenes cargan durante todo el trayecto una enorme campana de bronce, "la campana de la democracia", que un hombre mayor hace tañer constantemente. Viejecitas asoman por las ventanas de los vetustos edificios. Algunas agitan las manos, un pañuelo blanco. En la esquina de la avenida Álvaro Obregón, un nutrido grupo de jóvenes foximaníacos, con cintas en la cabeza, camisetas, banderolas, guantes de unicel con la "v" y foxilindros, arman fenomenal escandalera. "¡Ni un minuto más de PRI¡, ¡ni un minuto más de PRI!", corean y bailan. En la confluencia con la calle Monterrey, la caravana vira a la izquierda y enfila directo hacia el monumento a la Independencia. Es el acabose: en la calle notoriamente más estrecha, la multitud no cabe. Apenas pueden circular a vuelta de rueda los vehículos en los que van el candidato y su comitiva, a los que sigue a pie una muchedumbre. Casi a golpes abren paso en Florencia los comisionados de orden, porque la gente concentrada en torno al Ángel rebasa el entorno. Tiene ahí lugar, incontenible, la algarabía, el mitin con que culmina la histórica jornada. Mitin de la victoria, parece en efecto. "¡Este arroz ya se coció!", grita Vicente.

* * *

Miércoles 14. De regreso a la vieja Antequera para su cierre de campaña, Fox duplica la asistencia de su anterior visita: más de 12 mil oaxaqueños se reúnen en la alameda de León a pesar de la llovizna que no cesa. Ahí, el candidato fustiga al presidente Ernesto Zedillo porque, dice, no tiene ninguna autoridad para exigir el cumplimiento de las reglas electorales "cuando es el primero en rechazar la invitación del IFE para retirar la publicidad del gobierno en apoyo del candidato Labastida". Guasón, dice al presentarse: "Su humilde servilleta se compromete con ustedes a impulsar los cambios que el país necesita urgentemente". Invita al gobernador José Murat a que, ante los desaires que le ha hecho Labastida, se sume a su candidatura; pero sólo provoca que el gentío forme coros de "¡borracho! ¡borracho!" El panista disfruta la tarde, ante la alegría de sus seguidores. "Aquí huele a triunfo", remata su discurso.

207

En San Pedro del Monte, Tlaxcala, el mitin del viernes 16 está a punto de naufragar. Empieza a llover sobre unos tres mil tlaxcaltecas reunidos en la plaza. Falla el sonido. Vicente salva la tarde: toca los platillos y la tuba, entre el regocijo. No hay discurso, pero si *show*. A la capital de Puebla va esa misma noche. El zócalo está lleno esta vez, pese al aguacero. No se amilanan los poblanos. Algunos llevan letreros religiosos: "Esta es palabra de Fox". Y Vicente pregunta fuerte: "¿Cuándo quieren el cambio?" La respuesta es más tupida que la lluvia: "¡Hoy!, ¡hoy!, ¡hoy!"

El día siguiente, sábado 17, el cierre es en Morelia. Llena la plaza de Armas: 25 mil, 30 mil personas. Ha brincado desde Nueva Rosita, Coahuila, donde lució un penacho de la tribu kikapú. Es el mitin más grande que haya logrado candidato presidencial panista alguno en la tierra del "Tata" Cárdenas. "¡Únete, únete, únete!", le exige la multitud a Cuauhtémoc. Llega a manos de Fox un pequeño dinosaurio de plástico. Lo agarra de la cola y lo azota contra el piso, haciendo cara de malo. "¡Písalo!, ¡acábalo!, ¡mátalo!", le pide la concurrencia, divertidísima. El Grandote lo pisa con el talón de sus botas hasta que lo degüella. Y brincan y gritan y festejan los foxistas.

* * *

A Veracruz regresa Fox el domingo 18 de junio. Grande la expectativa por el recuerdo de aquel inolvidable carnaval adelantado de enero, cuando la campaña "rompió". Va primero a Jalapa, al mediodía. El mitin de cierre en la capital veracruzana supera lo previsto. Frente a una plaza colmada, Vicente arenga a los jalapeños: "¡Vamos por la victoria! Estamos a sólo dos semanas de sacar al PRI de Los Pinos. Imaginen esa noche del triunfo". Entre el estruendo de la batucada, propone "un México con la poesía y la música que lleva dentro cada veracruzano". No ocurre lo mismo en Córdoba. Una tormenta desluce el acto en la plaza central, pese al estoico aguante de varios centenares de foxistas que soportan el chaparrón. Empapados ellos, empapado el candidato, empapados los guaruras, empapados los periodistas. El camión de prensa se transforma en vestidor y varios reporteros llegan al puerto con camisetas de "Fox presidente". No hay alguna caravana, alguna cadena humana como algunos supusieron. Directo al mitin, en el malecón. Un mitin fuerte, 30 mil personas tal vez. Fuegos artificiales, música; pero como que no, como que no sabe igual. Algo falta. "Sí que soy una persona afortunada", dice Vicente en su discurso. "Llevo en el corazón la noche apoteótica en que fui recibido en este puerto." Pura nostalgia.

* * *

Corren los yucatecos tras el autobús azul del candidato, cuando llega al centro de Mérida el jueves 22. Se quieren trepar por los costados, detener su marcha, saludarlo de mano. Por fin asoma Fox por la ventana delantera derecha y extiende sus brazos con los dedos en "v". Enloquecen y gritan: "¡Que se baje!, ¡que se baje!". Y se baja. Camina tres cuadras en medio de una valla cada vez más nutrida que desemboca en la plaza Grande, donde unos 20 mil meridanos lo esperan, en noche cálida y festiva. Lo acompañan Felipe Calderón, Adolfo Aguilar Zinser y Jorge Castañeda. Son momentos en que arrecia la guerra sucia contra Fox y se difunde la especie de que recibe financiamiento del extranjero, que secundan lo mismo Labastida que Cuauhtémoc. En el mitin, Calderón advierte que los priístas quieren distraer la atención del desvío de recursos de Óscar Espinosa Villarreal en el gobierno del Distrito Federal. "El PAN nada tiene que ocultar", dice. "Quienes han saqueado las arcas son los priístas". Adolfo descubre una pequeña cámara de TV en la azotea del palacio de gobierno y la señala. Acusa al gobernador priísta Víctor Cervera Pacheco de espionaje. "Nosotros no le tenemos miedo a Cervera Pacheco; Cervera Pacheco nos tiene miedo a nosotros porque sabe que vamos a ganar y ya no va a poder usar el presupuesto para comprar las conciencias". Toma vuelo: "¡Estamos ante el *watergate* del sistema priísta!" Se prende la gente con la arenga, listo el ambiente para el turno de Fox, que arremete como pocas veces contra Cárdenas. Pregunta el grandulón: "¿Por qué Cuauhtémoc quiere llevar al precipicio, al suicidio colectivo a sus seguidores? ¿Qué le mueve para seguir acercándose a Francisco Labastida? ¿Es la negociación del DF o algo más que desconocemos?"

De Mérida vuela al día siguiente a Ciudad del Carmen, donde encabeza un acto más ruidoso que concurrido, y remata en Villahermosa con un cierre a ritmo de marimba en el teatro al aire libre del parque de La Choca. Ahí anuncia que los empleados de Pemex serán los que decidan quién es el próximo director de la paraestatal. En el momento culminante, advierte al gobernador Roberto Madrazo: "Los madrazos se los vamos a dar a él mismo". Y los tabasqueños, algunos de ellos con enormes manoplas con la "v", se enardecen con la ocurrencia: "¡Duro!, ¡duro!, ¡duro!", corean. Fox no suelta a Cuauhtémoc: "¿Qué intereses ocultos te llevaron de regreso al PRI?", pregunta al candidato perredista.

* * *

Imposible avanzar por Madero. La gente llega casi hasta Palma. Ya no cabe. Parte de la columna de jóvenes panistas que viene desde el Ángel tiene que rodear para entrar por 16 de Septiembre. Todavía hay modo, por 5 de Mayo, de ganar la orilla de la plaza más lejana al monumental templete ubicado en el extremo sur, delante de los edificios del gobierno del Distrito Federal. Por Corregidora y Pino Suárez sigue el río de gente. Desbordada la plancha central, desbordadas las calles circundantes, invadidos los portales. Pobres y perfumados, jóvenes y viejos, mujeres, niños. Todos los colores, los gritos, los coros: el foxismo a plenitud. Está llena la plaza de la Constitución. Es el sábado 24. Cierre nacional de campaña de Vicente Fox. "¡No te detengas, México!", llama el candidato al final de su discurso, bajo un firmamento de fuegos artificiales.

* * *

Jornada triple, muy a su estilo, se avienta Vicente Fox el domingo 25 de junio. Cierres de campaña en Guadalajara a mediodía, en San Luis Potosí por la tarde y en Ciudad Juárez por la noche. Ninguno como el primero, cuando los tapatíos se dejan ir con todo y forman una de las concentraciones mayores de la campaña. Tres avenidas de gente confluyen frente al templete, en la esquina de avenida de La Paz y 16 de Septiembre. Cuarenta mil, cincuenta mil, sesenta mil calculan los periodistas. Cien mil, presume Fox, que también muy a su estilo infla la cifra de asistentes. Los panistas locales tienen una idea singular: contratan una grúa hidráulica, que permite elevar en una plataforma a los fotógrafos y camarógrafos. A veinte metros de altura la panorámica es impactante. Ni Maquío en 1988. Ni Diego en 1994.

En San Luis alerta a 20 mil potosinos congregados en la plazoleta del Carmen: "No dejemos que esta liebre se nos vaya viva. ¡Ya la tenemos!" Reconoce el riesgo de que sin el apoyo de Cárdenas y los perredistas su victoria se alcance "de panzazo", aunque enseguida advierte: "Aunque sigas de terco vamos a ganar, Cuauhtémoc". Con retraso de casi dos horas arriba el panista a la explanada del palacio municipal de Ciudad Juárez, donde una multitud en la que predominan los jóvenes aguanta el calorón y la espera. Desespera en cambio ante la secuencia de discursos, algunos demasiado largos y tediosos. "¡Vicente! ¡Vicente!", piden mientras hablan el dirigente estatal chihuahuense Guillermo Luján Peña y el candidato a senador Jefrey Jones. Javier Corral, también aspirante al Senado, mejor le corta la mitad a su intervención. Los chavos le festejan que diga que al PRI ya sólo lo podría salvar el Chapulín Colorado, "nada más que ahora resulta que Chespirito también está con Fox". Ni a Pancho Barrio dejan hablar en paz con sus llamados a Fox los neopanistas juarenses, que en cambio aplauden al candidato presidencial sus ocurrencias. "Amigocha –dice a una niña, que ayuda a subir al estrado–: el domingo 2 de julio despiertas temprano a tus papás y los llevas a votar. Y luego les dices que se queden un rato a cuidar la casilla, porque a la mera hora hay muchos ratoncillos rondando por ahí."

* * *

Vicente toma del brazo a doña Mercedes y la lleva a su lado cuidadoso hasta el extremo del templete-pasarela. Regala a su madre la escena final de su campaña: el delirio de los leoneses que atiborran el estadio Nou Camp, desplegadas millares de banderas tricolores y blanquiazules.

Quiere llover en León la tarde del miércoles 28. De hecho cae una llovizna mustia al mediodía, pero luego el cielo se despeja. Será que sirvieron los rezos de un grupo de panistas que fueron la víspera al estadio para hacer un "círculo de oración" en plena cancha. Es la fiesta en casa. Durante más de tres horas llegan a la ciudad zapatera caravanas de vehículos, cuyos ocupantes hacen sonar los cláxones, agitan banderas y retruenan matracas. Cuarenta mil dentro del estadio, en el graderío y en la cancha; 20 mil más quedan afuera. "El preludio de la victoria", le llama Luis Felipe Bravo Mena. Porfirio se gana a los leoneses –como aquella noche de 1991 cuando fue a respaldar a Fox frente al fraude electoral– al afirmar que los caminos de la historia pasan por Guanajuato y que "este es el lugar exacto del planeta donde se apuesta a la vida y se respeta al que gana". Juan Carlos Romero Hicks, candidato panista a gobernador, emula al cura Hidalgo: "¡Que viva la democracia y que muera el PRI!" Terminados los discursos aparece en escena Vicente Fox, todos los reflectores sobre su figura, vestido de impecable traje oscuro y corbata verde. Comparte con sus cuatro hijos la aclamación que lo recibe. Y lee un discurso sobrio en el que repasa sus principales, reiteradas propuestas; pero, como siempre, lo que prende al gentío, ahora ahí a niveles de alarido, sin límites, son sus frases características: "¡Llueva, truene o relampaguee, vamos a sacar al PRI de Los Pinooos!"

2. LAS VÍSPERAS

"Cincuenta y nueve, cincuenta y ocho, cincuenta y siete…", corean los integrantes del equipo de campaña en el Panteón Taurino de León cuando está a punto de llegar la medianoche del miércoles 28 de junio, límite legal para el proselitismo preelectoral. "Cuarenta y seis, cuarenta y cinco, cuarenta y cuatro…", cuentan en el atiborrado bar, desde el segundo piso, Juan Hernández, Juan Carlos Güemes, Pipo, Carmen Alcántara, Darío Mendoza, y en la planta baja Juan Antonio Fernández, Lino Korrodi, Martha Sahagún, Felipe Zavala, en torno de un Vicente Fox particularmente emocionado. "Veintisiete, veintiséis, veinticinco…", cuentan eufóricos los segundos finales de la campaña electoral, furiosos los reporteros porque los foxistas se apoderaron de su festejo de despedida. "Nueve, ocho, siete, seis, cinco, cuatro, tres, dos, uno." Y estalla la consigna por última vez: "¡Vi-cen-te!, ¡Vi-cen-te!, ¡Vi-cen-te!".

La campaña acabó. El acto final, el cierre de campaña en el Nuevo Campo leonés, fue espectacular, tal vez el más intenso de todos. Y la euforia perdura horas después, vitaminada por los tequilas, en la taberna cuyas mesas son lápidas con los nombres de toreros muertos. Atrás quedan los miles de kilómetros recorridos, los millones de pesos gastados, los centenares de mítines y reuniones, los discursos, peripecias, chascarrillos, incidentes sin cuento de los meses pasados. Es tiempo de esperar, de comer ansias en vísperas del desenlace, de hacer balances, de rasguñar ilusiones. Apenas 80 horas faltan para que abran las casillas para recibir la votación del 2 de julio.

"¡Gandallas!", dice molesto el reportero Alejandro Benítez. "Este era nuestro reventón, no el de ellos. Si invitamos a Vicente fue por mera cortesía, no para que se viniera con toda su flota a festejar."

Fox duerme esa noche en su rancho San Cristóbal. Al día siguiente vuela temprano de León a Toluca y de ahí sigue por carretera a México. Lo acompaña Juan Hernández. Se detienen en La Marquesa a echarse unos tacos. De nopal, de tinga, de chicharrón en salsa verde. Con su Coca helada.

—¿Qué cambiarías de la campaña, Vicente? –pregunta al candidato su jefe de agenda.

—No cambiaría nada. Hicimos todo lo que pudimos, lo mejor que pudimos. El equipo jaló, bien en serio. Un gran equipo.

Empate técnico

La suerte está echada. Las últimas encuestas publicadas –antes de la prohibición legal de hacerlo–, todas ellas levantadas entre el 6 y el 19 de junio, pronostican una contienda muy cerrada entre Labastida y Fox. Tan cerrada que es preocupante para todos. GEA da a Labastida 38 por ciento de las preferencias electorales y a Fox 39. CEO, de la UdeG, 43 al candidato del PRI y 39 al panista. ARCOP 38 y 43, respectivamente. Demotecnia, 34 y 44. Democracy Watch, 36 y 41. El diario *Reforma*, 42 y 39. *Milenio*, ACNielsen y Greenberg-Pearson, 43 y 39. Alduncin, 35 y 41. Reuters-Zogby, 44 y 41. Consultores y Marketing Político, 41 y 38. Mund, 37 y 36.

"El último día de campaña nuestra encuesta diaria nos daba empate-empate, exacto", dice como asombrado Francisco J. Ortiz, el coordinador de mercadotecnia del equipo de Fox. "Al día siguiente, el jueves 29, empezó a despegarse a favor de Vicente. Y el viernes, más. Para el sábado, un día antes de la elección, estábamos arriba por siete puntos."

Los secretos del jefe

Seis pares de botas gasta Vicente en la campaña. "Ya se las llevé a Martín, el zapatero de León, para que las arregle", cuenta Felipe Zavala. "Sus botas se las hacen a la medida. Algunas tienen el letrero FOX grabado en la piel. Usa una horma especial, porque tiene un clavo en el tobillo izquierdo por una caída que tuvo. Se cayó del caballo allá en el rancho. Por eso a veces como que renquea, ¿se han fijado? Como que arrastra un poco la pata cuando ya anda bien cansado; pero nunca se queja." Una sola vez en toda la campaña se ve a Fox sin sus botas. En Acapulco. Hay un mitin en la playa y sorpresivamente llega con zapatos tenis. Es la única vez. En Ciudad Delicias, Chihuahua, durante una plática con los reporteros, se quita una bota para sacarle unas piedras, tierra. La voltea y la azota en el piso. Como si nada, delante de fotógrafos y camarógrafos.

Durante tres años está Felipe de manera permanente al lado de Fox. Juntos recorren unas 15 veces el país. Lo acompaña a sus giras de trabajo como gobernador, a sus giras proselitistas de los fines de semana y, después, a la campaña en pleno. Es el hombre del celular del gobernador del celular. "Pocas veces lo vi enojado", confía el secretario particular. "De repente como que se desesperaba con los medios. Le daba coraje que le tergiversaran o descontextualizaran sus declaraciones; lo desesperaba la reiteración de los medios sobre supuestas declaraciones sobre Chiapas, Pemex, el Fobaproa… Siempre eran las mismas preguntas. Y luego había una total inequidad en los espacios que se daban a los candidatos en la tele. Hubo infinidad de reuniones con (Emilio) Azcárraga, (Ricardo) Salinas Pliego y (Joaquín) Vargas. Al final, ya ni eso sirvió... tuvimos que aguantar vara, como dice el jefe."

El candidato vivió en la campaña momentos de gran tensión. Pocas veces sin embargo lo notó Felipe tan tenso como en los días de la elección interna del candidato del PRI, sobre todo cuando Labastida se reposicionó y se subió en las encuestas. Dos meses antes de la elección interna, en septiembre de 1999, se reunieron Vicente y el priísta. Fue a la casa de Labastida, en Las Lomas de Chapultepec, una semana antes de que el panista saliera oficialmente candidato presidencial. "Hablaron a solas durante más de tres horas. Eran tiempos de mucha tensión, porque los cuatro precandidatos del PRI atacaban a Fox. Eran cuatro contra uno."

Justamente el 7 de noviembre de 1999, Labastida celebra su triunfo en las internas en un salón del hotel Fiesta Americana, donde desde julio viven Vicente y su equipo más cercano. "Llegamos de una gira y nos encontramos que había un gentío en el hotel", dice Felipe. "Ya ni entramos. Nos fuimos enfrente, al hotel Imperial. Cenamos con Lino, Aguilar Zinser y Jorge Castañeda. Y mejor nos quedamos a dormir allí, porque la fiesta de Labastida seguía. A lo mejor adrede la hicieron ahí, quién sabe."

Durante la campaña, el candidato procura hacer ejercicio. En su cuarto del piso 22 tiene una caminadora. "Cuando puede, le da un rato", dice el secretario. También hace abdominales. Poco se enferma el grandulón guanajuatense. Durante la campaña sólo algunas gripas, nada grave. "En Michoacán sí le agarró un gripón de aquellos", se ríe Felipe. "El jefe es de buen comer. Le encantan los mariscos y la carne roja, pero en los chequeos médicos salió que traía alto el colesterol. Así que al final se tuvo que aguantar con puro sándwich de pollito y pavito y cosas así. Ni modo. Es muy disciplinado."

Pocas veces ve Felipe al candidato tan contento como la mañana de abril en que se conoce la encuesta de Reuters, en que aparece ocho puntos arriba de Labastida. "Se puso feliz, como pocas veces. En cambio, se ponía negro con las encuestas del *Reforma*. No puede ser, no puede ser, decía. Se le notaba preocupado. Y nos contagiaba a todos con su enfado." También lo ve molesto cuando falla algún evento. Como en Monterrey, el primer mitin en la macroplaza, allá por marzo. "Chafió gacho: no había ni dos mil personas. Y en Monterrey, figúrense. Eso sí, luego nos desquitamos, cuando en mayo se juntaron más de 50 mil. Entonces hasta daba de brincos el jefe, cómo no."

Guarda Vicente para sí momentos intensos de la contienda. Ya en las vísperas comparte uno: "Nuestra visita a Zongolica, en la sierra de Veracruz, allá en los inicios de la campaña, fue algo que recordaré siempre", dice el candidato. "El municipio más pobre del país, me dicen, indígenas en la vil miseria, desarrapados. Y sin embargo bajaron de los cerros ese día para recibirnos con un entusiasmo increíble, con una fe, con la esperanza en el rostro. Me caló fuerte, más que nada."

En las horas finales consigue Fox reconciliarse con el jefe Diego. Ellos habían tenido una buena relación, de la que la última escena había sido una animada comida –de cuatro horas la convivencia– en el restaurante Casa Bell, en la Zona Rosa de la capital, pero el fragor de la precampaña los distanció. Una interpretación negativa de Vicente en su autobiografía sobre el comportamiento de Fernández de Cevallos ante la elección presidencial de 1994, rompió toda comunicación entre ambos. Muchas veces lo buscó Fox por teléfono, pero nunca respondió a sus llamadas. Por fin, a dos días de la elección, intercambian cartas. Fox le escribe: "Nunca he dudado de tu amor a México y a la democracia, de tu convicción de que es sana la convivencia entre todos". Diego responde: "Todo agravio posible queda olvidado".

Las cuentas de Lino

El dinero alcanza apenitas. Hay que estirarlo, para cubrir la etapa postrera, la batalla definitiva por la presidencia de la república. "El PRI apostó a nuestro estrangulamiento económico", dice Lino Korrodi al hacer las cuentas finales de la campaña. "Le falló: nos alcanzó el parque y pudimos echar tiros hasta el último día. Si me preguntan cómo lo logramos, les contesto con toda franqueza que no lo sé."

Definitivo es el financiamiento obtenido de los amigos, de los empresarios, de los ciudadanos: unos 226 millones de pesos a final de

216

cuentas. Esos recursos completan las prerrogativas por unos 213 millones de pesos recibidas por el PAN y el PVEM y aportadas a la campaña. Así se sufraga el gasto total de 439 millones de pesos, abajo por 50 millones del tope oficial. "No fue fácil", dice Lino. "Hubo momentos duros, de gran tensión, porque los gastos superaban a los ingresos. Las televisoras nos presionaban: 'O nos pagan o bajamos del aire al candidato'. Hubo veces en que tuve que comprometerme personalmente a pagar. También se dieron jaloneos con la estructura financiera del PAN, de la que se esperaba mucho y en realidad no aportó gran cosa. Y así, a tirones, las cosas fueron saliendo."

Korrodi reconoce que la guerra sucia desatada contra Fox en la etapa final de la campaña y que incluye el linchamiento de que es víctima en los medios a raíz del "martes negro" inhibe de manera importante las aportaciones de empresarios y otros patrocinadores. "Nos pegó", dice. "Dejamos de captar entre 50 y 60 millones de pesos más que pudimos tener."

Los goles foxistas

"Nuestro acierto ha sido meter el gol en el momento preciso", dice en las vísperas Martha Sahagún, más confiada que nerviosa. "Teníamos un reto claro en la campaña: la apertura en los medios, especialmente la TV, para tener un tratamiento equitativo en los espacios noticiosos. Nuestro trabajo con los medios fue muy cuidadoso, muy responsable. Ellos recibieron muchas presiones del gobierno y el PRI. Lo sabíamos. Pero el trabajo de comunicación social no podía relegarse. Promovimos entrevistas con todos los medios. Hubo días en que Vicente concedió hasta 16, 18 entrevistas exclusivas. Y a base de entrevistas rompimos el cerco."

La coordinadora de comunicación social, mujer muy cercana al candidato, explica la teoría de Vicente sobre la comunicación. "El habla siempre de los dos círculos: el círculo rojo y el círculo verde. El círculo rojo, reducido, está conformado por gente que hace opinión, gente informada, analistas, columnistas, intelectuales. El círculo verde lo compone el pueblo, la ciudadanía, que es muy sabia y capta las cosas de una manera diferente. Esto fue claro en el dichoso martes negro. En el círculo rojo se captó y se manejó como un gran fracaso de Fox, su derrumbe, pero en el círculo verde la percepción fue otra, la gente lo vio bien y el supuesto fracaso se convirtió en el gran empujón del final de la campaña. La gente percibió la actitud de Vicente como tenacidad, perseverancia, honestidad."

—¿Pesó en el equipo ese episodio?

—Para nosotros fue sin duda un momento de mucha tensión, pero de ninguna manera un tropezón. Sabíamos que se había montado un escenario preparado para que Vicente no se sintiera seguro, cómodo. La verdad es que Labastida y Cuauhtémoc pretendían evadir el debate y Fox los obligó. En este sentido fue de entrada un triunfo. Viene en efecto el debate y Vicente lo gana de manera contundente. De ahí ya nadie lo para.

—El golpeteo sin embargo fue terrible, en los mensajes de televisión...

—Los priístas creyeron que Fox estaba acabado. En consecuencia diseñaron su estrategia posdebate: todo contra Fox. El 75 por ciento de su publicidad pagada se dedicó contra Fox. Fue un grave error estratégico. El PRD hizo algo similar.

—En las encuestas, sin embargo, el empate técnico persiste.

—Sí, pero con un creciente índice de indecisos, que obviamente no son tales. Algo sorprendente: Vicente es protegido por el propio electorado, que forma una coraza para que los golpes no lo dañen. El empate técnico se mantiene en efecto muchas semanas. Hasta que algo pasa, algo destraba. Y la gente empieza a creer que puede ganar. Los ciudadanos saben quién hablaba con la verdad y quién no.

—¿Por qué la insistencia machacona en pedir a Cuauhtémoc Cárdenas que se sumara a la candidatura de la Alianza por el cambio, aun al final, cuando las encuestas anuncian un muy posible triunfo de Fox?

—Vicente tiene muy claro que a mayor votación mayor gobernabilidad. Por eso no se conformaba con ir simplemente adelante en las encuestas. De ahí sus llamados a Cuauhtémoc. Siempre creyó que era posible unir a la oposición. Desde siempre. En la estrategia de la campaña las alianzas eran prioridad. Así lo asumió el propio

PAN. Creo que la de Vicente fue una actitud de coherencia hasta el final de la campaña.

Y hace Martha una comparación de final de campaña: "Nosotros, novatos, manejamos la campaña con gran profesionalismo. Trabajamos con amor, con una misión, con convicciones y entrega. Dimos golpes muy certeros, reales. Para nosotros las encuestas fueron herramientas para tomar decisiones; para ellos, los del PRI, elementos de mera mercadotecnia. Ellos apostaron a un pueblo ignorante y sin capacidad de análisis y raciocinio. Nosotros apostamos a la gran sabiduría del pueblo mexicano... Nunca lo menospreciamos."

Escenarios

La mañana del sábado primero de julio, Martha Sahagún recibe una inesperada llamada de la casa de campaña de Francisco Labastida. Esteban Moctezuma quiere hablar con ella. Le propone un encuentro. Ella acepta y asiste acompañada de dos escoltas, por si acaso. La reunión es cordial, breve la plática:

—¿Qué escenarios contemplas para mañana –pregunta Martha.

—Dos –dice el priísta–. Uno: una votación muy cerrada, pero gana Vicente. Y dos: Labastida gana por dos puntos y viene una catástrofe. ¿Y tú?

—Sólo uno –responde la panista–. Vicente gana por siete puntos y no hay catástrofe.

Fox pasa ese sábado en su rancho, a donde regresa el viernes 30 por la noche. Desayuna con sus hijos y su mamá. Luego invita a Juan Hernández a dar un paseo a caballo. Durante tres horas cabalgan solos, aunque por un rato se incorpora Vicente chiquillo, el hijo. Platican del campo, del ganado, de los cerros, de las víboras, del agua y la siembra. Hablan de las gratificaciones de la vida campirana. Del brócoli y las zanahorias. Ni una palabra de la elección del día siguiente, nada de política. De pronto, al rayar el mediodía, Vicente detiene su caballo. Bajo el sombrero mira fijamente a su acompañante: "*Ora* sí, Juan", le dice muy serio. "Ya todo está en manos de Dios."

3. EL DÍA "V"

Abre a:

Exterior. Madrugada del 3 de julio del 2000. Zona Rosa, México, DF.
Sam Quiñones aprieta el paso por la calle Florencia. Jadea. Como fardo cuelga de su hombro izquierdo la mochila con su *laptop*. Camina entre la gente que en tropel marcha hacia la rotonda del Ángel. Ya escucha el reportero-testigo-de-la-historia un rumor que crece y crece. Mira frente a sí, entre árboles y palmeras, el fulgor de las luces.

FOXISTAS. *(A coro, cada vez más fuerte y claro.)*—¡No nos falles! ¡No nos falles! ¡No nos falles!

Disolvencia a:

Rancho San Cristóbal. San Francisco del Rincón, Guanajuato. 8:40 horas del domingo 2 de julio de 2000.
Entre un enjambre de fotógrafos, camarógrafos y campesinos, Vicente Fox sale de la escuela primaria donde acaba de depositar su voto. Viste de manera informal, camisa sin corbata. Los lugareños aplauden. Él responde con una sonrisa. Los reporteros lo rodean y lo obligan a que se detenga. Hace declaraciones intrascendentes. Llega luego al portal del centro del pueblito, donde está dispuesta una larga mesa. Saluda de mano a quienes lo reciben, besa a los niños. Ocupa su lugar al lado de su madre y de sus hijos mientras una banda toca en el kiosco *Las Mañanitas*, que los presentes cantan. Este día cumple 58 años de edad. Sirven tamales, atole, nopalitos, café de olla. Picotea un tamal con desgano. Apenas lo prueba. Bebe en cambio el café de un trago. Platica con los parroquianos, como distraído. Está tenso.

VICENTE. *(Al tiempo que se levanta.)*—Nos vamos, jóvenes.

Corte a:

Exterior. Nuevo edificio (inconcluso) del CEN del PAN en la colonia del Valle, DF. 10:00 horas.

220

En la puerta de acceso hay un riguroso control. Previa identificación, los periodistas y visitantes pasan a un módulo para su registro. Reciben un gafete. Pasan luego un arco de seguridad. Sus bolsas, mochilas o portafolios son revisados. Llega gente a cuentagotas.

Corte a:

Exterior. Rancho San Cristóbal. 10:10 horas.
Doña Mercedes despide a su hijo a las puertas de su casa. Vicente agacha la cabeza para recibir la bendición.

DOÑA MERCEDES.—Cuídate mucho, hijo. Vas a tener una gran responsabilidad. Que tengas mucho éxito y que Dios te bendiga.

VICENTE. *(Sonriente.)*—No te apures, ma. No estés con pendiente. Todo va a salir bien.

Disolvencia a:

Interior. Segundo piso del nuevo edificio del CEN del PAN. 10:10 horas.
En un área totalmente restringida, se han habilitado varias salas de juntas. En una de ellas, la mayor, está reunido un equipo de respuesta inmediata. Hay teléfonos y aparatos de fax. Carlos Flores recibe permanentemente información de los estados. Rodolfo Elizondo se encarga de los enlaces políticos. Eduardo Sojo está listo para elaborar discursos del candidato. José González Morfín mantiene contacto con la estructura nacional del PAN. Juan Hernández atiende una encomienda confidencial.

Corte a:

Interior. Hotel Marquís. Paseo de la Reforma, México, DF. 11:15 horas.
En el centro de negocios ubicado en el segundo piso del hotel se ha habilitado un salón. Es el centro de operaciones de *Democracy Watch*. Varios empleados acaban de cubrir dos largas mesas con paños verdes. Rob Allyn atiende una llamada. Llega Jaime Gutiérrez Casas.

GUTIÉRREZ. *(Agitado.)*—¿Nos vamos?

ALLYN.—*Oquei*, vamos. Todo está listo.

Corte a:

Interior. Sala de prensa. Planta baja del nuevo edificio del CEN del PAN. 11:20 horas.

Tres, cuatro reporteros caminan entre los cubículos vacíos que se han dispuesto para los periodistas acreditados, con computadora, teléfono y aparato de fax. En dos monitores que cuelgan del techo se ven escenas de la votación en las casillas.

LOCUTOR. *(En* off.*)*—La jornada transcurre con absoluta tranquilidad. Los primeros reportes indican una copiosa votación. En Guadalajara...

Adyacente a esta área hay un gran salón con un estrado y 200 sillas. A ambos lados del estrado hay pantallas gigantes de TV. En la entrada, aburridos, charlan dos reporteros:

REPORTERO 1.—¿Ya llegó Fox?

REPORTERO 2.—No, dicen que apenas salió de León.

Corte a:

Interior. Oficinas de la empresa Mori de México. Calle Lluvia, Pedregal de San Ángel. México, DF. 12:05 horas.

Rob Allyn y Jaime Gutiérrez irrumpen en la oficina de Miguel Basáñez justo cuando el especialista en encuestas comenta con Pablo Parás el resultado de un primer sondeo de salida, que acaba de llegar. También están ahí y revisan papeles los expertos estadunidenses Douglas Shoen y Marcela Berland, diseñadores de la muestra y supervisores del proyecto.

BASÁÑEZ. *(A Rob Allyn.)*—No es nada todavía, pero Fox está arriba por dos puntos.

ALLYN. *(Ríe.)*—Bueno, ciertamente no es nada, pero es algo.

Corte a:

222

Interior. Segundo piso del nuevo edificio del CEN del PAN. 12:45 horas.

Jaime Gutiérrez pide ver a Juan Hernández. Espera un par de minutos. Hernández sale del salón:

HERNÁNDEZ. *(Ansioso.)*—¿Qué pasó?

GUTIÉRREZ. *(Sonriente.)*—Todo bien. Aquí está la primera encuesta. Vamos arriba, pero dice Rob que es todavía muy inconsistente.

HERNÁNDEZ. *(Animado.)*—Muy bien, muy bien. *Órale*, ahí estamos.

Corte a:

Interior. Segundo piso del nuevo edificio del CEN del PAN. 13:10 horas.

En un salón están reunidos con el candidato sus colaboradores más cercanos. Martha Sahagún, Eduardo Sojo, Pedro Cerisola, Carlos Flores, Francisco J. Ortiz, Rodolfo Elizondo, Juan Hernández y Felipe Zavala. Llega Luis Felipe Bravo y se incorpora al grupo, en torno de una mesa rectangular sobre la que hay dos charolas con sándwiches. Minutos más tarde se suman Adolfo Aguilar Zinser, Juan Ignacio Zavala. Comentan pormenores de la jornada. Incidentes. Temores. Suena el celular de Martha. Es Liébano Sáenz quien llama.

MARTHA. *(Al teléfono.)*—Sí. Qué informes tienen. ¿De veras? *Oquei, oquei.* Seguimos en contacto. Gracias, Liébano. *(Mientras cuelga el teléfono.)* Dice Liébano que hay una encuesta en la que estamos cinco puntos arriba.

Aplausos y gritos.

ELIZONDO.—¡Bravo!

BRAVO.—¡Bravo!

HERNÁNDEZ.—Qué buena señal, carajo.

VICENTE. *(Impávido.)*—'Ta bueno, 'ta bueno.

Llega en ese instante la familia de Fox. Entran su madre, sus hermanos y sus hijos.

MERCEDES, LA HERMANA.—¿De veras vamos ganando?

VICENTE.—Por supuesto.

223

Corte a:

Interior. Sala de prensa del PAN. 14:00 horas.
Aumenta notablemente la concurrencia. Los reporteros han "apartado" su respectivo cubículo con un improvisado letrero con el nombre de su medio: *La Jornada*, Azteca, *Reforma*, *Financiero*.

Algunos reporteros forman corrillos. Otros leen algún periódico o la nueva revista *Bajo palabra* –"Julio Scherer: la gran estafa", pone en la portada– que alguien repartió prolijamente. En el vestíbulo central del edificio departen directivos panistas con informadores. Se ha iniciado el servicio en el comedor de prensa. Corren los primeros rumores sobre resultados de encuestas de salida.

Corte a:

Interior. Oficinas de Mori de México. Calle Lluvia, Pedregal de San Ángel. 14:25 horas.
Douglas Shoen revisa el resultado de la segunda encuesta de salida. Lo observan en torno a una mesa redonda Basáñez, Allyn, Parás, Gutiérrez. Marcela Berland tiene la vista clavada en una gráfica.

SHOEN. *(Mesurado, analítico.)*—Esto ya indica una tendencia que puede ser definitiva. Son tres puntos de ventaja.

PARÁS.—Hay que tener presente que justamente a partir de esta hora es cuando suelen salir los mapaches a operar. Eso puede afectar esa tendencia.

BASÁÑEZ. *(Reflexivo.)*—Estoy de acuerdo. Hay factores que pueden todavía incidir.

Corte a:

Interior. Segundo piso del nuevo edificio del CEN del PAN. 14:40 horas.
El grupo continúa reunido. Fox atiende algunas llamadas en un privado adyacente y regresa a la sala. Meseros sirven la comida. Crema de espárragos, pollo a la cacerola, ensalada. Minutos después Martha recibe una nueva llamada de Liébano Sáenz.

224

MARTHA.—Dime, Liébano. Sí, sí. ¡Perfecto! Sí, sí claro. ¿A qué hora? Muy bien. Gracias.

Mientras habla, Martha escribe en una tarjeta: "Presidencia: Fox adelante por cuatro puntos". Se estira para entregarla al candidato. Al leerla, se le humedecen los ojos a Vicente.

VICENTE.—*Ahi* vamos, sólo hay que esperar un poco más

Corte a:

Exterior. Esquina del eje vial José María Rico y avenida Coyoacán. Colonia del Valle. 15:20 horas.
Automovilistas que circulan por ambas arterias hacen sonar el claxon de su vehículo con la "clave panista". Hay gran movimiento en el exterior del nuevo edificio del CEN. En la puerta se forma una fila de visitantes. Entra un conjunto de mariachis, con sus instrumentos musicales. Empiezan a tocar *Las Mañanitas*, mientras ingresan al vestíbulo. Fox asoma desde un balcón interior. Agita las manos para agradecer la serenata, la sonrisa prolongada.

Corte a:

Interior. Comedor de prensa. 15:30 horas.
Mientras comen, los reporteros comentan sobre los resultados de las encuestas de salida, que se han empezado a filtrar.

REPORTERO 1. *(Mientras se sirve del* buffet *de ensaladas dispuesto en una mesa alargada.)*—Dicen que hay una *exit poll* en la que Fox está cuatro puntos arriba.

REPORTERA. *(Se atraganta con el refresco.)*—¿Te cae? Yo hasta no ver no creer. Lo mismo están diciendo en el PRI, que va ganando Labastida.

REPORTERO 2.—La nota es que Creel le está poniendo una madriza a López Obrador, dicen. Y son fuentes del PRD.

REPORTERO 1.—No maaanches.

Corte a:

Interior. Segundo piso del nuevo edificio del CEN del PAN. 16:45 horas.

En la sala "restringida", un especialista explica por medio de gráficas en un rotafolio las tendencias que indican las diferentes encuestas de salida. Los presentes siguen con atención sus palabras.

EXPERTO. *(Con aire muy profesional.)*—En resumen, consideramos que las tendencias no sólo nos son favorables, sino que a estas alturas ya son irreversibles.

Los presentes se quedan como ausentes. Fox busca la mirada de Martha. Nadie parece ahora seguir las palabras del experto.

EXPERTO.—Podemos asegurar que el resultado final tendrá...

JUAN HERNÁNDEZ. *(En* off, *que se va perdiendo como un eco, mientras al fondo continúa la explicación del experto.)*—Es irreversible, es irreversible, es irreversi...

Corte a:

Interior. Oficinas de Mori de México. Calle Lluvia, Pedregal de San Ángel. 17:05 horas.

En mangas de camisa y en torno de la mesa, Basáñez, Schoen y Berland explican a Rob Allyn y a Jaime Gutiérrez, que acaban de regresar, el resultado del tercer muestreo del día, cerca ya de la hora de cierre de las casillas. Fox está cinco puntos porcentuales arriba.

SHOEN. *(Serio, mientras arquea la ceja izquierda.)*—La tendencia es contundente. Esto ya está. Es irreversible.

Gutiérrez se levanta con una copia en la mano izquierda y sale disparado de la oficina.

ALLYN. *(Grita, emocionado.)*—¡Espérame, Jimmy!...

Corte a:

Interior. Vestíbulo del nuevo edificio del CEN del PAN. 17:20 horas.

El espacio es un hormiguero. Panistas y periodistas van, vienen, se agolpan. Cunden las versiones. Jaime Gutiérrez, sudoroso, con su copia en la mano izquierda, se abre paso trabajosamente hacia la escalera que lleva al segundo piso. Llega Luis H. Álvarez. Los periodistas lo abordan. Llega Francisco Barrio, con todo y maleta. Ambos suben por la escalera resguardada por escoltas. Por ahí mismo baja Martha poco después, radiante. Saluda a un reportero.

MARTHA *(Al periodista, mientras recibe un beso en la mejilla.)*—Vamos ganando. Cinco puntos arriba.

La sala de prensa adjunta es un hervidero. Los reporteros se disputan los teléfonos, checan versiones, confirman. Empieza a cundir un ambiente de victoria. Rostros alegres. El diputado Carlos Arce, miembro del equipo de campaña, no disimula su contento.

ARCE. *(Entusiasmado.)*—¡Ya estuvo!

Corte a:

Exterior. Esquina del eje José María Rico y avenida Coyoacán. 18:00 horas.

Tránsito intenso. Los claxonazos forman un estruendo. Una multitud se ha reunido fuera del edificio del CEN del PAN. Los panistas llevan banderolas, pancartas, manoplas con la "v". La gente asoma entre las rejas. Inútil el ruego de algunos para que los vigilantes los dejen entrar. Discuten.

PANISTAS. *(A coro.)*—¡Ya ga-na-mos!, ¡ya ga-na-mos!

Corte a:

Interior. Segundo piso del nuevo edificio del CEN del PAN. 18:00 horas.

Gran agitación. Miembros del *staff* de Fox entran y salen de la sala de juntas. Usan los teléfonos. Dan instrucciones. Reciben llamadas. Se aprestan para la victoria.

Corte a:

Interior. Sala de prensa del PAN. 18:03 horas.

Un maremágnum. Reporteros de pie o sentados en los escritorios, sin saco, al teléfono. En los monitores se informa ya de resultados de encuestas sobre las elecciones estatales en Morelos y Guanajuato. Los panistas festejan a gritos y con aplausos.

LOCUTOR DE TV. *(En* off, *mientras aparecen gráficas en la pantalla.)*—Repetimos: son resultados extraoficiales. Según nuestra encuesta de salida, el PAN va adelante en la elección de gobernador en Morelos y Guanajuato...: A partir de esta hora empiezan a cerrar las casillas electorales en todo el país...

ARCE. *(Sudoroso, sonriente, a un reportero.)*—¿Ya viste? Ganó Juan Carlos Romero. ¡Arrolló!

Corte a:

Interior. Segundo piso del nuevo edificio del CEN del PAN. 18:45 horas.
Entre la algarabía y la actividad febril, suena el celular de Martha Sahagún.

Liébano otra vez.

LIÉBANO. *(En* off.*)*—El señor presidente va a hablar dentro de un rato con Vicente. Les pedimos un trato respetuoso.

MARTHA.—Perfecto, Liébano. Vicente lo tratará de presidente a presidente.

Corte a:

Exterior. Esquina del eje José María Rico y avenida Coyoacán. 19:00 horas.
Hay un embotellamiento de tránsito. La gente ha invadido el arroyo vehicular. El estruendo de los cláxones se confunde con las consignas a coro.

PANISTAS. *(A coro.)*—¡Vi-cen-te! ¡Vi-cen-te! ¡Vi-cen-te! *(Sobrepuesto al anterior, hasta predominar.)* ¡Hoy!, ¡hoy!, ¡hoy!

Corte a:

Interior. Segundo piso del nuevo edificio del CEN del PAN. 19:10.
Fox entra al privado para recibir la llamada del presidente Zedillo. Toma el teléfono celular.

228

VICENTE. *(Con tono serio, mientras mira a través del ventanal.)*—¿Qué pasó, Ernesto?

ZEDILLO. *(En* off, *con voz cordial.)*—Vicente, nuestras cifras coinciden con las de ustedes en que tú estas arriba. Te felicito. Lo reconoceré en un mensaje, pero es necesario cumplir las formas institucionales y esperar los conteos rápidos. Nos comunicamos en un rato.

VICENTE.—De acuerdo, Ernesto. Gracias y estamos en contacto.

Corte a:

Interior. Vestíbulo del nuevo edificio del CEN del PAN. 19:25 horas.

El espacio es insuficiente. La gente suda. La expectativa crece entre los reporteros en espera del resultado de las encuestas de salida de las televisoras, que por ley no se pueden dar a conocer antes de las 20 horas. Hay rumores de incidentes en diversas partes. Se especula que los dinos están "tronando" casillas. Los panistas están nerviosos.

MARTHA. *(Confidente, a un reportero.)*—En la de TV Azteca estamos arriba.

REPORTERO.—¿Y Televisa?

MARTHA.—Parece que también.

Corte a:

Interior. Segundo piso del nuevo edificio del CEN del PAN. 19:50 horas.

En el privado, a solas, Fox atiende una segunda llamada del presidente Zedillo.

ZEDILLO. *(En* off.*)*—Voy a dar un mensaje para reconocer tu triunfo en cuanto el IFE saque su informe. Te pido que me esperes y tú salgas después.

VICENTE. *(Emocionado.)*—De acuerdo, Ernesto. Gracias. Yo salgo después, de acuerdo. Así le hacemos.

Corte a:

Interior. Sala de prensa del PAN. 20:02 horas.
En los monitores la imagen de Joaquín López Dóriga. Da los resultados de la encuesta de salida de Consulta Mitofsky, encargada por Televisa. En la sala se hace un silencio de expectación.

LÓPEZ DÓRIGA. *(En pantalla, muy nítida su voz.)*—Francisco Labastida, treinta y ocho por ciento. Vicente Fox, cuarenta y cuatro por ciento. Cuauhtémoc Cárdenas, dieciséis por ciento.

El júbilo estalla en el cuartel panista. Hay abrazos, lágrimas, brincos. Jorge Castañeda, feliz, reparte abrazos en el vestíbulo.

Corte a:

Interior. Segundo piso del CEN del PAN. 20:02 horas.
En el privado, Vicente Fox ve y escucha a López Dóriga. Lo acompañan sus dos hijas, Martha Sahagún y Felipe Zavala.

LÓPEZ DÓRIGA. *(En pantalla.)*—Francisco Labastida, treinta y ocho por ciento; Vicente Fox, cuarenta y cuatro por ciento; Cuauhtémoc Cárdenas, dieciséis por ciento.

Vicente golpea con su puño derecho la palma de su mano izquierda. Se recarga en el respaldo de la silla. Sus hijas Paulina y Ana Cristina brincan.

PAULINA. *(Mientras se lanza a sus brazos.)*—¡Ganamos!, ¡ganamos!

ANA CRISTINA. *(Que ya se pelea por abrazarlo también.)*—¡Lo lograste, papá!

Fox se levanta y abraza a las dos con sus grandes brazos. Se le salen las lágrimas. Abraza a Martha, a Felipe, mientras se escucha la algarabía de la sala contigua, que entra con mayor fuerza cuando Vicente abre la puerta. Sale del privado y va en busca de su madre, que ya viene a su encuentro. Se abrazan largamente, sin hablar. Enseguida lo rodean sus siete hermanos y a cada uno abraza sonriente, emocionado, húmedos los ojos. Siguen abrazos a Cerisola, a Paco Ortiz, a Elizondo, a Lino...

Corte a:

Interior. Sala de prensa del PAN. 20:11 horas.

230

El griterío de los panistas impide escuchar bien los resultados de la encuesta de salida de TV Azteca. Brincan. Se abrazan. Ahogan la voz del locutor, Javier Alatorre.

ALATORRE. *(En pantalla.)*—Vicente Fox, de la Alianza por el cambio, treinta y ocho punto ocho por ciento. Francisco Labastida, del PRI...

PANISTAS. *(A coro, hacen inaudible la voz del locutor.)*—"¡Vicen-te! ¡Vi-cen-te! ¡Vi-cen-te!

Los reporteros se arremolinan bajo los monitores de TV, pero no pueden escuchar con claridad. Blanche Petrich, de *La Jornada*, pide con ademanes silencio. Fernando Mayolo López, de *Reforma*, pregunta a sus compañeros libreta en mano.

MAYOLO.—¿Cuánto, canijo? ¿Labastida cuánto?

PANISTAS. *(A coro.)*—¡Vi-cen-te! ¡Vi-cen-te! ¡Vi-cen-te!

ALATORRE. *(En pantalla, opacada su voz por el griterío.)*—Así es que de acuerdo a la encuesta de salida de Covarrubias y Asociados, Vicente Fox es el vencedor de las elecciones...

MAYOLO. *(Emocionado.)*—Esto es histórico, canijo, histórico; pero ¿cuánto saca Labastida?

PANISTAS. *(Se enciman los coros.)*—¡Ya ganamos, ya gana/ cen-te, Vi- cen-te/ namos, ya ganamos/ te...

Corte a:

Exterior. Plaza central del pueblo de San Cristóbal. San Francisco del Rincón, Guanajuato. 20:25 horas.
Hay fiesta. El pueblo entero está en la plaza, frente a la iglesia de la Inmaculada Concepción. Se escucha una banda de música que toca *Caminos de Guanajuato.* Un bullicio se apodera de la escena. Un jovencito hace tañer la campana del templo, a todo vuelo. Empiezan a estallar cohetones en el cielo.

Corte a:

Exterior. Esquina del eje José María Rico y avenida Coyoacán. México, DF. 20:30 horas.

Es ya un tumulto el que se forma frente al edificio del PAN, totalmente invadidos los arroyos de ambas vialidades y las banquetas. El patio exterior del edificio del PAN se ve lleno también con simpatizantes de Fox. Piden que el candidato asome por la terraza del segundo piso. No cesan los claxonazos.

FOXISTAS. *(A coro.)*—¡Que sal-ga! ¡Que sal-ga! ¡Que sal-ga!

Corte a:

Interior. Segundo piso del nuevo edificio del CEN del PAN. 20:30 horas.

A través de los ventanales llegan a la sala de juntas los gritos de los foxistas reunidos en el patio y en la calle.

PANISTAS. *(A coro, en* off.*)*—¡Que sal-ga¡ ¡Que sal-ga! ¡Que sal-ga!

Fox está en el privado con Eduardo Sojo. Le da indicaciones sobre el contenido del discurso que deberá preparar de inmediato. Sojo anota en una libreta. Irrumpe Bravo Mena.

BRAVO.—Vicente, está esperando la prensa.

VICENTE.—Ya vamos, ya vamos.

PANISTAS. *(A coro, en* off.*)*—¡Que sal-ga! ¡Que sal-ga!

Corte a:

Interior. Sala de prensa del PAN. 20:43 horas.

Fox aparece ante la prensa nacional e internacional en el estrado del atiborrado salón de conferencias adyacente a la sala de prensa. Relampaguean los *flashes* por decenas. Viste el candidato traje azul oscuro, corbata en tonos dorados. Lo acompañan sus hijas y miembros de su *staff* de campaña, todos con caras de victoria. Están ahí Pedro Cerisola, Juan Hernández, Rodolfo Elizondo, Francisco Ortiz Ortiz, Juan Antonio Fernández, Lino Korrodi, Carlos Arce Macías, José Luis Reyes, Carlos Medina Plascencia, Jorge González Torres. Martha Sahagún rompe en llanto cuando la abraza la periodista Sari Bermúdez. En un discurso improvisado, Vicente evita declararse vencedor.

VICENTE. *(Ante el micrófono, emocionado aunque contenido, conciliador.)*—Debemos congratularnos todos los mexicanos… Estamos sacando adelante esta transición, sin turbulencias ni intranquilidades… A los oponentes los felicito por su participación… Les digo que de ahora en adelante tenemos que unirnos para construir el desarrollo acelerado del país… Hago un reconocimiento al gobierno federal que ha sabido estar a la altura y también a los candidatos… Nuestro reconocimiento al IFE, que ha mostrado su eficacia como organizador de los comicios… No hay mancha importante, notoria o qué destacar…

Corte a:

Interior. Segundo piso del nuevo edificio del CEN del PAN. 21:15 horas.

En la batahola, no paran de sonar los celulares de Martha, de Felipe Zavala, de Juan Hernández. Llaman Emilio Azcárraga Jean, Joaquín Vargas, Ricardo Salinas Pliego. En persona aparece el obispo de Ecatepec, Onésimo Cepeda. Al teléfono de Zavala llaman el gobernador nayarita Antonio Echevarría, el guanajuatense Ramón Martín Huerta, el jalisciense Alberto Cárdenas. Llama Juan Carlos Romero Hicks, ganador en Guanajuato. Llega Porfirio Muñoz Ledo. Llega un grupo de embajadores encabezados por el representante de Francia. Llama Sergio Estrada, cuyo triunfo en Morelos se confirma. Juan Antonio Fernández da instrucciones para que se monte el escenario en el Ángel, para que los Amigos se movilicen. No cesan los gritos provenientes del patio y de la calle.

PANISTAS. *(A coro.)*—¡Que sal-ga! ¡Que sal-ga! ¡Que sal-ga!

Juan Hernández abraza a Jaime Gutiérrez en una esquina del salón atiborrado.

HERNÁNDEZ. *(Eufórico.)*—Todo perfecto, Jaime, perfecto. Échale un grito a Rob para que se venga a celebrar. Ya no se necesitó aquello, y qué mejor.

Corte a:

Interior. Vestíbulo principal del nuevo edificio del PAN. **21:35 horas.**

En el mar embravecido en que se ha convertido el espacio, navegan de un lado para otro –entre cientos de simpatizantes, reporteros, camarógrafos y fotógrafos– Felipe Calderón, Germán Martínez, Guillermo Cantú, Alejandro Vázquez, Adolfo Aguilar Zinser, Javier Livas, Luis H. Álvarez, Rodolfo Elizondo, Carlos Íñiguez, Porfirio Muñoz Ledo, Pancho Barrio, Salvador Beltrán del Río, Fausto Alzati, Jorge Castañeda. Reparten abrazos, parabienes, sonrisas, declaraciones, palmadas. Es la victoria, se palpa. Un tumulto se agolpa en el acceso a la escalera que lleva al segundo piso. Todos quieren subir. Sudan los guaruras. Se da acceso, por turno, a camarógrafos de televisión de cadenas nacionales e internacionales.

Corte a:

Exterior. Explanada del nuevo edificio del CEN **del** PAN. **23:08 horas.**

La multitud, que no ceja en sus coros y en sus llamados a Vicente, observa cómo en la pantalla gigante ahí instalada aparece el rostro de José Woldenberg, presidente del consejo general del IFE. Se aviva el júbilo cuando confirma la victoria de Vicente.

WOLDENBERG. *(Con tono solemne.)*—México pasó la prueba… Nuestro país ha probado que cuenta con un cauce para que su pluralidad pueda expresarse, recrearse y convivir de manera institucional…

Corte a:

Exterior. Explanada del nuevo edificio del CEN **del** PAN. **23:12 horas.**

De manera abrupta, apenas Woldenberg termina su mensaje, aparece en la pantalla gigante el rostro del presidente Ernesto Zedillo. Tanto quienes cubren la plaza como aquellos que desde la calle se agolpan sobre las rejas, guardan silencio y atienden la transmisión en vivo.

ZEDILLO. *(En pantalla, compungido.)*—La información de que disponemos nos indica que Vicente Fox Quesada será el próximo presidente de la república. He ofrecido al licenciado Fox que me ocuparé personalmente de que se realice una entrega transparente, pulcra y eficaz de la presente a la próxima administración federal…

Un estallido de euforia cubre la voz del presidente. Los panistas brincan, se toman de las manos y forman círculos que giran. Se abrazan, lloran…

ZEDILLO. *(Su voz disminuida por el bullicio.)*—De nuevo, ante todos los mexicanos, expreso, por el bien de nuestro querido México, mis muy sinceros votos por el éxito del próximo gobierno que presidirá el licenciado Fox… México es hoy un país maduro, con instituciones sólidas y confiables. Personalmente, supervisaré todos los aspectos de la transición gubernamental…

Entregados al festejo, pocos se percatan de que en la pantalla gigante aparece Francisco Labastida… Vuelven a reclamar la presencia de Vicente.

PANISTAS. *(A coro.)*—¡Que sal-ga! ¡Que sal-ga! ¡Que salga!

Corte a:

Interior. Segundo piso del nuevo edificio del CEN del PAN. 23:25 horas.

El equipo se apresta para la celebración de la victoria. Eduardo Sojo revisa con Vicente el discurso. Los asiste Rodolfo Elizondo. Al terminar, Fox se dirige a la terraza que da como balcón a la explanada.

Corte a:

Exterior. Terraza exterior del segundo piso del edificio del CEN del PAN. 23:36 horas.

Fox aparece en el balcón, frente a la multitud. Lo acompañan algunos dirigentes panistas y gente del *staff*. Abajo, no se distingue la división marcada por la reja metálica, entre la gente que está en la explanada y la que está fuera, en la calle. Vicente levanta, agita los brazos. Toma el micrófono.

VICENTE.—¡Ya ganamooos!… ¡La victoria es nuestra!… El pueblo de México votó por el cambio…

Cada frase provoca un alarido. Bravo Mena destapa una botella de champaña, cuya espuma chorrea. Se la entrega a Fox, que bebe un largo trago ante la algarabía de sus seguidores y devuelve la botella a Bravo Mena.

VICENTE. *(Mientras se limpia la barbilla con el dorso de su mano izquierda, el micrófono en la derecha.)*—Está más bueno el tequila...

Corte a:

Interior. Sala de prensa del PAN. 23:45 horas.

Nuevamente comparece Fox ante la prensa, en el gran salón de conferencias. Esta vez lee su discurso desde un atril, sobre el estrado. Se mira sereno, seguro.

Vicente. *(Emocionado.)*—Pido a todos los mexicanos que, con honor y sin reservas, nos demos la mano... Vamos a culminar la transición iniciada con esta alternancia pacífica, con respeto y sin venganzas...

Corte a:

Exterior. Zona Rosa. 1:07 horas del lunes 3 de julio.

FOXISTAS. *(A coro, que se va generalizando.)*—¡No nos falles!, ¡no nos falles!, ¡no nos falles!, ¡no nos falles!

Sam Quiñones casi corre por la calle de Florencia. Escucha cada vez más cerca, más claro, el griterío. Al fin se integra a la multitud reunida en torno al monumento a la Independencia, en Reforma y Florencia. Se abre paso a empellones, pero a los 10, 12 metros, no puede avanzar más. Está copado el reportero *free lance*. Desde ahí, sofocado, se levanta en puntas y trata de observar el final de la historia que esta misma noche escribirá, cuando el mitin de la victoria está a punto de terminar. Del lado contrario a la masa humana, donde desemboca Río Tíber, hay un alto templete, techado, profusamente iluminado. Sam alcanza a mirar a Vicente Fox que habla a sus seguidores.

VICENTE. *(A toda voz, exultante.)*—¡Claro que no les fallaré!

236

Desde la perspectiva de Fox se ve una mar de banderas mexicanas y panistas agitadas sin cesar, en medio del cual se yergue la columna de la Independencia.

VICENTE. *(Exhausto, sudoroso.)*—Amigos, vamos a dormir, porque desde mañana hay mucho trabajo.

FOXISTAS. *(A coro descomunal.)*—¡Hoy!, ¡hoy!, ¡hoy!, ¡hoy!, ¡hoy!...

(Alejamiento lento de cámara. Fin de secuencias.)

¿De quién es *Proceso*? En noviembre de 1994, al cumplir la revista 18 años de fundada, quienes entonces integraban el Consejo de administración de comunicación e información, s.a. de c. v., editora de *Proceso*, firmaron una carta en la que recordaban y subrayaban el origen y la naturaleza de la empresa. Vicente Leñero leyó esa carta, La carta, en una reunión con todos los trabajadores de CISA en el edificio administrativo de Fresas 7:

> Nunca será admisible olvidar el origen. Nuestra revista *Proceso* y nuestra agencia CISA (Comunicación e Información, S.A.) nacieron a raíz de un atentado. Fueron más bien la respuesta a un atentado contra la libertad periodística.
>
> Cuando en julio de 1976 el gobierno de Luis Echeverría, valiéndose de un grupo de ambiciosos, consiguió expulsar del periódico al director general de *Excélsior*, algunos de los trabajadores que salimos con él –convencidos de que el ataque al director nos involucraba a todos los que creíamos en la independencia y en la libertad del diario– decidimos fundar un semanario y una empresa periodística donde pudiéramos seguir ejerciendo nuestro oficio.
>
> Económicamente partimos de cero. Sólo teníamos lo que desde entonces hemos llamado una causa: la de desarrollar hasta sus últimas consecuencias esa libertad y esa independencia –al margen de todo compromiso partidario, político, económico, personal– sin las cuales el periodismo no puede manifestarse plenamente.
>
> Una convocatoria pública y las aportaciones morales monetarias de muchos simpatizantes, permitieron reunir el capital básico de la empresa que bajo la orientación del licenciado Jorge Barrera Graf fue dividido –de acuerdo con las disposiciones legales de una sociedad anónima– en acciones preferentes de la serie A y en acciones comunes de la serie B.

La posesión mayoritaria de esas acciones que irían creciendo con el tiempo dejaría el control de la empresa en manos de un consejo de administración. Según el plan original, sus integrantes tendrían el compromiso de marcar el rumbo de las actividades, defender el proyecto de posibles infiltraciones o traiciones, y mantener sobre todo el espíritu de nuestra tarea común.

Dado que ninguno de los miembros del grupo había aportado dinero propio a ese capital –o si lo había hecho fue con el espíritu de una donación–, ninguno debería sentirse dueño personal de las acciones. El capital pertenecía, y sigue perteneciendo desde entonces, a todos los trabajadores en activo de la empresa, independientemente de su cargo. Ser poseedor mayoritario de acciones A y acciones B sólo ha significado –independientemente de lo que representan como valor monetario ante la ley– ejercer una tarea de custodia del capital que encarna nuestra causa. La causa es lo único que vale.

Así se entendió en un principio, y desde entonces los poseedores mayoritarios de acciones, casi todos miembros del consejo de administración, de CISA y Editorial Esfuerzo –empresa derivada de la primera pero formalmente independiente–, se comprometieron a renunciar a los derechos económicos que nominalmente poseían, cuando decidieran por cualesquiera razones renunciar a la empresa.

Varios poseedores mayoritarios de acciones fueron renunciando a lo largo del camino, y al irse no objetaron ser fieles al compromiso inicial: sin alegar derechos, transfirieron "sus" acciones al consejo, y el consejo las asignó a nuevos miembros que se comprometieron a mantener el espíritu original y a actuar de igual manera en caso de una renuncia personal.

Eso se ha hecho en el transcurso de una breve historia y eso se continuará haciendo mientras existan *Proceso*, CISA y Editorial Esfuerzo.

Esta carta tiene por objeto reafirmar, por escrito, el compromiso inicial. Quienes la suscribimos, en nuestro carácter de poseedores mayoritarios de acciones A y B, estamos convencidos de que la causa que anima nuestra tarea periodística parte de un absoluto desinterés económico personal. El futuro económico de CISA y Editorial Esfuerzo es un futuro económico para todos, no para unos cuantos. Se traduce mensualmente, y con eso basta, a través de un salario que nos empeñamos en que sea justo. El capital pertenece a los trabajadores en activo, y si algún día –en un caso extremo– nuestras empresas tuvieran que clausurarse, ese capital se repartiría proporcionalmente de acuerdo con el sueldo, entre el conjunto de trabajadores de las áreas periodísticas y de administración.

A eso nos comprometemos al firmar esta carta. Y a eso se comprometerán quienes en el futuro se vayan incorporando a este consejo de administración que pretende definir y defender el espíritu original de nuestro trabajo.

Más que un documento legal, este escrito es un documento moral. Un pacto entre nosotros mismos. Una decisión animada por lo que ha sido y quiere seguir siendo el espíritu de la empresa: servicio periodístico para la comunidad y satisfacción íntima por ejercer el oficio que hemos ido aprendiendo a lo largo de nuestra carrera en *Proceso*.

México, DF, noviembre de 1994.

Julio Scherer García, Vicente Leñero, Enrique Sánchez España, Enrique Maza, Rafael Rodríguez Castañeda, Carlos Marín, Froylán M. López Narváez, Elena Guerra.

¿De quién es *Proceso*, Julio Scherer García?

—Además de la ilegalidad del despido, nos echaron de nuestra casa de la peor manera, como a rateros –reclamó Ortiz Pinchetti a los tres consejeros en aquella reunión del Sanborns.

—Ya no trabajaban ahí –respondió frío Scherer García.

—Es nuestra casa.

—Era, don Paco. Era.

Hubo todavía algo peor. Antes de dar por terminada la breve reunión –de no más de siete, ocho minutos– Scherer García tomó del antebrazo a Ortiz Pinchetti: "Esto, don Paco, no cambia en nada el aprecio y la admiración que le tengo, como siempre".

Es su estilo.

Miguel Ángel Granados Chapa –que fue fundador de *Proceso* como director-gerente y formó parte de su primer consejo de administración– escribió en su columna "Plaza pública" del diario *Reforma* el 21 de agosto de 2000:

La causa periodística y la estructura accionaria son dos factores que tiñen de particularidad el vínculo de Ortiz Pinchetti con *Proceso*, que ni jurídica ni moralmente puede ser roto con la frialdad y desconsideración con que se disolvió la relación laboral. Otros casos de alejamiento de *Proceso*, en que incluyo el mío propio, tuvieron otro cariz porque nacieron de la voluntad de quienes se fueron, no de la revista.

Proceso, por lo tanto, enfrenta el primer litigio laboral planteado por un miembro de su planta fundadora. A pesar de la manera en que se produjo el despido –reservando sus aspectos más ásperos a abogados ajenos a la relación personal de los involucrados– el asunto laboral se habría resuelto sin mayores complicaciones: están listos los cheques con la liquidación respectiva, calculada conforme a la ley. Pero persiste el problema de fondo, que clama por el respeto a la libertad profesional y a la consideración que merecen quienes vivieron a *Proceso* no como una chamba, sino como una causa.

No había ninguna razón laboral ni ninguna explicación lógica, coherente a lo ocurrido en *Proceso*. Era evidente en cambio que la censura y el despido contra Ortiz Pinchetti y Ortiz Pardo tenía un trasfondo político. Así lo consideraron diversos medios extranjeros, como el diario español *El País*, que bajo el título de "Prohibido hablar de Fox" incluyó el 21 de junio el caso de ambos reporteros entre las acciones de censura registradas al final de la campaña electoral: "Los periodistas Francisco Ortiz Pinchetti, el más veterano de la revista, y Francisco Ortiz Pardo fueron despedidos del semanario *Proceso* después de que denunciaran que un reportaje sobre Fox fue mutilado y ampliado con textos no escritos por ellos para perjudicar a ese candidato."

El columnista Carlos Ramírez –que fue destacado reportero de *Proceso* y jefe de información de su agencia de noticias–, denunció el caso de inmediato, solidario con sus colegas. En su "Indicador político" de *El Universal*, el 8 de junio del 2000 escribió que la protesta de los reporteros sobre la censura a su texto

... había comenzado a convertirse en un asunto político delicado porque reflejó que *Proceso* pudiera estar metiéndose en la guerra sucia contra Fox (…) Los dos periodistas publicaron en la edición 1230 una queja y dieron a conocer los párrafos mutilados. El subdirector editorial Pedro Alisedo acreditó el problema a un error propio de edición por computadora. Pero se trataba de más: cambiarle el sentido a un reportaje para dañar a Fox. El asunto involucró una carta de queja de Carlos Medina Plascencia, afectado intencionadamente en el reportaje. Pero en lugar de aceptar las tergiversaciones, la dirección de *Proceso* despidió a los reporteros.

Ricardo Alemán dedicó al tema su columna "Itinerario político" del 10 de agosto en *El Universal*:

De manera inexplicable, cuando en todo el medio periodístico se palpaba una feroz campaña antifoxista, estimulada en muchos casos desde el gobierno, y desde la campaña presidencial del priísta Francisco Labastida –en cuyo equipo de colaboradores presuntamente se encontraba el hijo de Julio Scherer– un reportaje sobre la relación de Fox con el PAN, trabajado por Francisco Ortiz Pinchetti y Francisco Ortiz Pardo, fue mutilado y alterado. Y no valieron ni las alianzas que ayudaron a que Rafael Rodríguez Castañeda llegara a la dirección de *Proceso*, ni que Ortiz Pinchetti fuera fundador del semanario y uno de los más notables cronistas de la historia político-electoral mexicana. No, Ortiz Pinchetti fue echado en un acto autoritario que recuerda a julio de 1976.

Álvaro Cepeda Neri, articulista de diversos medios, escribió en el semanario *La Crisis* del 29 de julio:

Desde los pasillos del poder (particularmente las huestes de Gobernación comandadas por Diódoro Humberto Carrasco y del bunker labastidista encabezados por Gamboa Patrón) se estuvo presionando como nunca antes para silenciar noticias, comentarios y opiniones sobre los hechos foxistas y cardenistas (incluso respecto a Manuel Camacho y Rincón Gallardo). Exigían los labastidistas que su candidato fuera ponderado más que sus adversarios, esto a pesar de que los monitores del IFE siempre exhibieron que en la radio, la televisión y la prensa escrita era muy superior la presencia del PRI-Labastida. Pero los priístas (también dirigidos por Marcos Bucio y Carlos Olmos, expertos en aceitar la maquinaria de los medios de comunicación) querían, de plano, que no se hablara ni se escribiera sobre Cárdenas y Fox. Y que en su lugar apareciera Labastida. En ese contexto de inquisiciones y presiones, amarradas con la amenaza de que "ganando" el priísta se desataría una cacería de periodistas que no hubieran acatado la consigna de presentar a Labastida como el virtual triunfador y "salvador" del país, uno de los hombrecitos al servicio de Emilio Gamboa y Bucio hasta llegó a decirle a un editor que mejor dejara de publicar su revista, ya que "Labastida no perdonará que lo hayas criticado". Estas eran las instrucciones priístas para censurar a quienes ejercían sus derechos de libertad de prensa. En caso contrario, las represalias. Algo así fue lo que sucedió con Francisco Ortiz Pardo y Francisco Ortiz Pinchetti. En un clima de terror, no solamente fueron objeto de inquisiciones administrativas, sino de censura. Y, finalmente, de venganzas, que incluyeron que salvajemente fueran despedidos de su trabajo… ¡De una revista, *Proceso*, que hace alarde de la libertad de prensa! (…) La mano negra de la censura priísta (de Scherer padre y Scherer hijo, por medio de Rafael Rodríguez Castañeda, autor éste del libro *Prensa vendida*) alteraron el reportaje de una manera perversa para los fines aviesos de los autores de la censura…

En las páginas de *Proceso* se ocultó el asunto de los reporteros despedidos. No se informó absolutamente nada. Tampoco se publicaron decenas de cartas enviadas al semanario en protesta por la represión. La única mención del caso fue hecha –a contrapelo de los editores, a los que no les quedó más que apechugar, y pese a los fallidos intentos del mismísimo Scherer García de "persuadirlo" para que no lo hiciera– por el ex dirigente nacional panista Felipe Calderón Hinojosa (líder de la bancada de su partido en la Cámara de diputados a partir del 1° de septiembre del 2000). A raíz de la victoria de Fox, le pidieron para el semanario una colaboración especial sobre el largo trayecto del PAN hasta la conquista del poder presidencial. En su artículo, Calderón escribió:

De la lucha del PAN de los ochenta y de los noventa hay un cronista inigualable: Francisco Ortiz Pinchetti, periodista honesto a carta cabal, fundador de *Proceso*. Ortiz Pinchetti describió en las páginas de *Proceso* una historia que muchos quisieron ocultar. De manera imparcial y profesional, acucioso en los datos, escribió algo que es parte ya de la historia nacional. Su visión crítica, aguda, fue siempre respetuosa de la verdad. La mutilación y distorsión de un texto suyo sobre la campaña de quien será presidente de la república, Vicente Fox, cuya responsabilidad fue asumida por la mesa de edición de *Proceso*, motivó al menos en parte su lamentable ausencia de las páginas de la revista que él contribuyó a fundar…

A Diego Fernández de Cevallos, líder ya de la fracción del PAN en el Senado de la república, pidieron el 19 de septiembre una entrevista para *Proceso*. "Después de lo que le hicieron a Paco Ortiz Pinchetti y a su hijo no compro su revista –respondió El Jefe–. Tengan la bondad de no contar conmigo. Asumo las consecuencias de esta decisión."

Además del despido injustificado, ilegal, que los dejó sin su fuente de trabajo, los reporteros reclamaron una serie de agravios que vulneran derechos fundamentales. Al dar a conocer ante la prensa su decisión de demandar laboralmente a la empresa editora de *Proceso*, Ortiz Pardo y Ortiz Pinchetti denunciaron el daño moral que sufrieron después de su despido por la forma arbitraria, ofensiva y amenazante en que fueron obligados a abandonar las instalaciones de la empresa: Una expulsión infame, que envilece a quienes la ordenaron. Además, dijeron, el despido, ejecutado sin mediar motivo alguno y sin explicación por parte de la empresa, pone en entredicho su reputación como periodistas y como trabajadores, al dar lugar a especulaciones sobre hechos no aclarados, lo que también les inflige grave daño moral. Fueron víctimas también de una flagrante violación a la garantía constitucional de libertad de expresión y libertad de prensa al impedírseles el ejercicio de su profesión.

Reclamaron asimismo el despojo moral de su participación en la propiedad de la empresa y de la causa periodística que le da razón de ser, como quedó ratificado en la carta del consejo de administración de noviembre de 1994, según la cual en virtud de un pacto moral entre sus fundadores, *Proceso* es propiedad de todos los que en ella laboran.

En el aspecto meramente laboral, los reporteros interpusieron una demanda (expediente número 834/2000) ante la Junta local de conciliación y arbitraje reclamando su reinstalación en su trabajo y el pago de prestaciones y salarios caídos.

Dijo Ortiz Pinchetti en esa conferencia de prensa del 10 de agosto:

> Como fundador de *Proceso*, este agravio múltiple me indigna, pero también me entristece. *Proceso* fue para mi una causa y una casa. Una casa que los reporteros construimos con entrega y trabajo aun en condiciones tan precarias que nosotros mismos teníamos que cortar el papel sobrante de las bobinas de impresión para elaborar nuestras cuartillas. Pese a los riesgos que implicaba un periodismo independiente y crítico, edificamos semana tras semana el prestigio de nuestro semanario, al que hoy la irresponsabilidad, la censura, las ambiciones y el autoritarismo han convertido en una publicación absolutamente prescindible. La mediocridad está acabando con ella. Por lo demás, el hecho hace evidente la necesidad de una legislación que garantice a la ciudadanía el libre acceso a la información y proteja los legítimos derechos de los informadores frente a sus propios medios.

Publicó el 21 de agosto Jorge Meléndez Preciado, en su columna "Botica" de *El Financiero*:

> Por primera vez en 24 años, dos reporteros de *Proceso* demandan a la revista por despido injustificado y atentado a la libertad de expresión, pues el impreso dejó de publicar información de la campaña de Vicente Fox e incluso la tergiversó. Los Ortiz –quienes sorpresivamente continúan apareciendo en el directorio del hebdomadario, número 1242–aseguran que Julio Scherer dijo que era intolerable publicar cartas aclaratorias de los periodistas que han sufrido manipulación en su información. Ortiz Pinchetti afirma que Scherer no pasó la "prueba del ácido", respecto a que el semanario dirigido por éste más de dos décadas tuviera independencia y libertad en las pasadas elecciones. El lío será largo y difícil.

El caso de los periodistas de *Proceso* fue motivo de numerosas notas, comentarios y entrevistas en diversos medios de prensa, radio y televisión. Agencias internacionales, como la *France Press* y la *Asociated Press*, incluyeron el asunto en sus despachos. El jueves 6 de julio se publicó en el diario *Reforma*, a plana entera, un nuevo desplegado en el que el número de reporteros que se solidarizaban con sus compañeros superó ya los 300, de prácticamente todos los medios y de diversas entidades del país. En las semanas siguientes continuaron las adhesiones de más y más periodistas a esa protesta, que apoyaron también académicos universitarios, trabajadores del medio artístico y cultural y decenas de lectores que ofrecieron no volver a comprar el semanario cuestionado. *Proceso* guardó significativo silencio. Nada respondió. Y no sólo eso: durante semanas y semanas –hasta el 20 de agosto– mantuvo los nombres de los reporteros en el directorio del semanario para ocultar a sus lectores lo ocurrido. Para engañarlos, pues. Esta es la protesta publicada en *Reforma*:

ORTIZ PINCHETTI Y ORTIZ PARDO: ¡ESTAMOS CON USTEDES!

Lamentamos la represalia sufrida por los reporteros Francisco Ortiz Pinchetti y Francisco Ortiz Pardo, quienes sin ninguna justificación y en violación de sus derechos más elementales como periodistas fueron despedidos del semanario *Proceso*.

Los compañeros Ortiz Pinchetti y Ortiz Pardo (el primero de ellos fundador de *Proceso* y con casi 24 años como reportero de esa publicación y el segundo con 12 años de antigüedad) habían reclamado públicamente graves adulteraciones a un texto suyo, las que la propia revista reconoció y dio por ellas disculpas también públicas. Sin embargo, ahora se ejerce contra los informadores una medida inaceptable al separarlos de su empleo. Nos solidarizamos con nuestros compañeros.

Fernando Ramírez de Aguilar (*El Financiero*), Salvador Guerrero Chiprés (*La Jornada*), Carlos Ramírez (*El Universal*), Pedro López Martínez (Grupo ACIR-DDN), José Reveles (*El Finan-*

ciero), Germán Dehesa, Carlos Fazio, Daniel Moreno, Adela Macswiney (Notimex), Juan Antonio Jiménez (Radio Fórmula), Alberto Nájar (*La Jornada*, Sitrajor), Carlos Mendoza (Canal 6 de Julio), Ignacio Ramírez, Jorge Meléndez, Pedro Valtierra, Eduardo Monteverde (Canal 40), Víctor Wario (*El Informador*, Guadalajara), Sonia Morales, Angélica Pineda (Radio Educación), Rebeca Castro Villalobos, Víctor Ballinas (*La Jornada*), Anabel Hernández García (*Milenio diario*), Patricia Rodríguez Calva (Imagen Informativa), José Antonio Vázquez (*Época*), Lorenzo Martínez Vargas, Jorge A. Medellín (*El Universal*), Alejandro Benítez (*Crónica*), Esperanza Fernández (*El Sol de México*), Arturo Loyola (*El Imparcial de Hermosillo*), Alberto García (TV Azteca), Arelí Quintero (*El Economista*), Wilbert Torre, Luis Ramírez (*Novedades*), Víctor Manuel Suberza Blanco (Monitor de Radio Red), Guillermo López Portillo, Juan Manuel Venegas (*La Jornada*), Verónica Reynolds Reyes (*To2*.México), Javier Corral Jurado (*Norte de Juárez*, *Crónica* y Agencia *Proceso*), Francisco Pizarro (*Diario de Chihuahua*), Bertha Teresa Ramírez (*La Jornada*), Fausto Fernández Ponte (*México Hoy*), Guillermo Rivera (Guadalajara), Mariana Escobedo (Canal 11), Miroslava Breach (*Norte de Juárez*), Gaudencio García Rivera (*El Universal*, corresponsal en Jalapa), Abel Hernández Ugalde (*El Informador*, Guadalajara), Andrés Campuzano (*El Reportero*, Guerrero), Francisco Javier Mares Ponce (*Guanajuato Hoy*), Alejandro Núñez (*La Jornada*, Fremac), José Mendoza (*El Occidental*, Guadalajara), Marco Díaz Canchola (Bajo Palabra), Omar Cruz Sánchez (*Público*, Guadalajara), Ernesto Soto Páez (*Etcétera*), Jorge E. Rodríguez (*Op cit*), Rogaciano Méndez (SNRP), Raúl Lechuga (*Diario de Chihuahua*), Iván J. Fortuni (RTV), Frida Hartz (*La Jornada*), Everardo Monroy (*Diario de Juárez*), Beatriz García de la Cadena (*Público*, Guadalajara), Agustín del Castillo (*Público*, Guadalajara), José Antonio Villagrán (*El Dictamen*, Veracruz), Alfredo Piña (*El Heraldo de Chihuahua*), Fernando Castillo (Micphoto Press), Francisco Gómez Maza, José Antonio Román (*La Jornada*), Carlos Padilla Ríos (Radio Educación), José Contreras (*Crónica*) Carlos Ibarra Hernández (Agencia Detrás de la Noticia), Leoncio Acuña (Chihuahua), Héctor Moctezuma (*Ovaciones*), Marco Antonio García (*Excélsior*), José Quintero Arias (*Unomásuno*), Andrés Quezada (GRD Noticias, Chihuahua), José

García, Lénica Ávila (Radio Educación), Javier Rodríguez Gómez (El Financiero), Adrián Ojeda Román (X-Net-CMN), Alberto González Martínez, Víctor Manuel Mejía (Grupo Acir-DDN), Rafael Flores (Formato 21), Guadalupe Ortiz Tapia (Trasfondo, Jalapa), José Cevallos (Radio Grupo DK, Guadalajara), Octavio García Ortiz (IMER), Roberto Calleja Fernández (ABC Radio), Arturo Ramírez Hernández (Radio 13), Martín Ortiz (*Unomásuno*), Martín Andrés Carreón (Radio Mil), Gina Domínguez (*Diario AZ*, Veracruz), Mario Padilla (MVS Radio), Manuel Ávalos Tejeda, Susana González (*La Jornada*), Gustavo Durán (*Excélsior*), Rafael Ortega Ramírez, Jorge Espíndola (*El Financiero*), Carlos Zamarrón (*El Sol de México*), Gustavo del Castillo Negrete (*Diario de México*), Eva Jiménez (*El Financiero*), Mónica Cavaría, Irma Quezada Camarillo (Veracruz), Raúl Llanos (*La Jornada*), Ramsés Ancira (Canal 40), Irma Pilar Ortiz, Alejandrina Aguirre Arvizu (*Contenido*), Alberto Vieyra Gómez (Cadena Rasa), Rogelio Hernández López (*El Día*), Consuelo Aguilar, David Saúl Vela (*Crónica*), Ana Laura Meza (*Ovaciones*), Alejandro Díaz (RTV), Román Alarcón (RTV), Arturo Ríos (*Sur de Veracruz*, *Diario del Istmo*), Miguel Zacarías, Rafael Ortega Ramírez, Ricardo Olayo (*La Jornada*), Martín Víctor Maldonado Rodríguez (*Noticias*, Veracruz), Raúl Correa, Fortino Longinos (Radio Educación), Gustavo Benítez (Notimex), María Esther Ibarra (*La Jornada*), Héctor A. González (*Bajo Palabra* y *Ovaciones*), Verónica Valdés (*Época*), Sósimo Díaz Díaz (Radio Educación), Luis Silva (Chihuahua), José Sánchez López (*Cuestión*), Raquel Quintero (*Bajo Palabra*), Federico Campbell Peña (*Bucareli 8/El Universal*), Javier Livas Cantú (*El Norte*, Monterrey), Dolores Corrales (*Op cit* y *México hoy*), José Luis Estrada (Radio UDG), Édgar Ávila Pérez (*Sur de Veracruz* y *Diario del Istmo*), Enrique Méndez (*La Jornada*), Pilar Cantero (*El Día*), Juan Pablo García Vallejo (*Acontecer*), Bogotá (cartonista *Bajo Palabra*), José Martínez, Blanca Arroyo Jiménez (Avan Radio, Jalapa), Martín González (*La Guillotina*), Carlos Olvera Aguirre (Guanajuato), Francisco Muñoz Flores (Radio Educación), Gustavo Gutiérrez (RTV), Otón González (Presidenciables.com), Daniel Romero Rivera (*Contenido*), Lilia Saúl Rodríguez, Gabriel León Zaragoza (*La Jornada*), Claudia Adeath, Claudio Rodríguez (*El Independiente*, Hermosillo), Teresa Gil, Jorge Ramos Pérez, Rubén Bautista (Guadalajara), César Carlos Soto (*El Heraldo de*

México), Alberto Morales (*Política*, Jalapa), Armando Landa Amorós (*El Mundo*, Córdoba y Orizaba), Felipe Fierro (*Tiempo Digital*, Chihuahua), Rafael Morales Vargas (*Novedades*), Joaquín Bustamante, Reyes Alarales Rico (*El Financiero*), Gerardo Luna Gómez (*Diario de la Mañana*, Jalapa), Guadalupe Domínguez (*Contenido*), Jean Fover, Javier Méndez (*México Hoy*), Armando Espitia, Alejandro Lelo de Larrea, Carlos Amgal (*El Occidental*, Guadalajara), Jorge Vega (*Ovaciones*), Javier Méndez (*México Hoy*), Rosalinda Sánz (*El Heraldo de México* y *Gráfico*, Jalapa), Ana María Gómez E. (*Contenido*), Blas A. Buendía (Grupo Radio Sureste), Carla Casillas Bermúdez (*El Financiero*), Carlos Alberto García (Núcleo Radio Mil), Judith Coronel M. (*Ovaciones*), Carlos Jesús Rodríguez (*Sur de Veracruz* y *Diario del Istmo*), Alberto Navarrete (*Excélsior*), José Luis Hernández (Hermosillo), Jesús Yánez, Adriana de la Mora, Francisco Muñoz (Chihuahua), Juan Frías (Radio Educación), Groselda Arreguín (XEPU, Monclova), Ana Santamaría García (Chiapas), Amalia Rivera de la Cabada (*La Jornada*), Enrique Gómez (Triple A Radio, Guadalajara), Jorge Pino Reyes (*Diario de Jalapa*), Agustín Fernández Soto, Mario Chanún Díaz (Seis en Punto Noticias, Veracruz), Juan Marcial, Gustavo González (*El Municipal*), Roberto Contreras (*La Jornada*), Feliciano Hernández (*Época*).

Corresponsales extranjeros: Sam Quiñones (*San Francisco Examiner*), Irane Contreras (*The World* BBC), Alfredo Corchado (*The Dallas Morning News*), Víctor Flores, José Fernández Ramos, Amparo Trejo, Marck Swenth, Jo Tucman, Guadalupe Ortiz (AP).

Organizaciones: Red de protección a periodistas y medios de comunicación, Asociación mexicana de derecho a la información (EMEDI), Fraternidad de reporteros de México (Fremac), Sindicato independiente de trabajadores de *La Jornada* (Sitrajor), Sindicato nacional de redactores de prensa (SNRP), Centro nacional de comunicación social (Cencos), Asociación de periodistas de Jalisco "Comunicación y Cultura, A.C.", Sindicato de radiotelevisión de Veracruz, Sindicato de trabajadores del *Diario de Jalapa*, Opción, S.C.

Comunicadores: Beatriz Solís (UAM), Virgilio Caballero (UAM), Carlos Ulises Mata (Divulgación, Universidad de Guanajuato), Alfredo Peñuelas (videoasta), Óscar Campos (edición de TV), Alejandra Orozco, Edné Balmori (comunicación gráfica), Adolfo

250

Cárdenas (realización de TV), Jenny Zapata (vocera ONG), Alfredo Fieytal, Salvador López (producción de TV), José Fragoso (edición de TV), René Hernández (publicidad), Rafael Pardo (producción de TV), Adriana León (comunicación gráfica), Arisbeth Rosas (producción de TV), Cyntia Villagómez (comunicación gráfica), José Manuel Villarreal (comunicación gráfica), Guadalupe Fragoso (comunicación social), María Eugenia Jara (ilustradora), Rocío García, Tania Martínez (teatro).

Profesores y estudiantes de la Escuela de periodismo "Carlos Septién García": Beatriz A. González, María del Consuelo Aguirre, Guisela Frid Chernitzky, Mario Humberto Morales, Yanira León, Carla Rodríguez, José Ramón Garriudo, Alberto Benítez, Berenice Valverde, Paula Castro, Miguel Ángel Marín, Mario del Villar, María Eugenia Garduño, Flor Hernández, Olivia Aguayo, Sacnité Bastida, Hugo Salvatierra, Marisa Ruiz, Sandra Olivera, Hilda Escalona, Jared Durán, María Elena Salazar.

A propósito de la aparición del desplegado, Manuel Gil Antón publicó en el periódico *La crónica de hoy*, el 10 de julio:

El gremio advierte al dinosaurio vivo y tronante en su propio espacio y se inconforma. ¿Sigue en pie ese infortunado refrán de que la ropa sucia se lava en casa? ¿Prevalece la hipocresía como norma autoritaria? Ojalá no sea cierto. Valgan estas líneas como apoyo solidario a estos dos Pacos: hicieron lo correcto y su actitud nos hace mejores. A una prensa que respete los derechos de sus trabajadores aspiramos, donde se pueda escribir con entera libertad, donde el dinosaurio priísta no resurja, camuflado. ¿Qué pasó, don Julio? No era así el periodismo que nos enseñó a apreciar a lo largo de los años, no era así… No se vale.

Raúl Trejo Delarbre, en su columna "Sociedad y poder" del mismo diario, comentó por su parte el 18 de agosto:

Lamentablemente la exigencia de pulcritud y transparencia que ha sido bandera de *Proceso* para otros escenarios de la vida pública, no siempre la ha cumplido esa revista en el desahogo de sus asuntos internos. Cualquier diario o revista es, antes que nada, hechura de los periodistas que allí trabajan. Pero más que muchas otras publicaciones *Proceso* ha sido resultado de un esfuerzo colectivo, de periodistas profesionales, sin duda orientado por la mano sensible pero también dura de don Julio. Por eso el despido de dos de sus reporteros resulta especialmente contradictorio con la historia de esa revista.

Paco Huerta abrió los micrófonos de su programa Voz Pública, en Radio Fórmula, a los reporteros despedidos de *Proceso*. Solidario, invitó repetidas veces a Ortiz Pinchetti –con quien compartió en 1990 el premio "Manuel Buendía" a la trayectoria periodística, otorgado por 30 universidades del país– y a Ortiz Pardo para que denunciaran el atropello de que fueron víctimas.

Sergio Sarmiento, por su parte, entrevistó a Ortiz Pinchetti en su emisión televisiva "La entrevista", en el canal 7 de TV Azteca, el lunes 21 de agosto. Al día siguiente reprodujo en su artículo de *Reforma* frases esenciales de la conversación:

Francisco Ortiz Pinchetti y su hijo Francisco Ortiz Pardo están exigiendo su reinstalación como reporteros en la revista *Proceso*. Los dos fueron despedidos por protestar públicamente debido a que una de sus crónicas de la campaña de Vicente Fox fue modificada por ser considerada demasiado favorable al panista. Pero, ¿acaso no tiene cualquier medio de comunicación el derecho de tener una línea editorial? Sí, responde Ortiz Pinchetti; pero en *Proceso*, desde su fundación, "la línea era el periodismo".

Ignacio Ramírez fue durante casi 20 años destacado reportero de *Proceso*. Sufrió también un despido infame dos años atrás, luego de haber sido hostigado y "congelado" durante meses al grado de que se le *prohibió* –así, literalmente– escribir sobre los temas en los que es especialista, como seguridad nacional, guerrilla, narcotráfico. Con la denuncia del caso de sus ex compañeros Ortiz Pinchetti y Ortiz Pardo, inició Nacho una serie de reportajes bien documentados en la nueva revista quincenal *Bajo Palabra*, dirigida por Héctor González, en los que destapó la historia oscura del semanario y sus dirigentes, precisamente la historia que en aras del apotegma de que la ropa sucia se lava en casa se ha ocultado a los lectores de la propia revista y a la opinión pública, algo inadmisible en cuanto el semanario –la casa– pertenece y debe su existencia a la sociedad civil.

Ramírez –ahora reportero de asuntos especiales de *El Universal*–, descubrió y publicó en esos trabajos la forma en que *Proceso* compraba información, para lo cual entrevistó a un ex agente de Gobernación, José de Jesús García Ramón, que recibió paga de Carlos Marín y el gerente Enrique Sánchez España por pasarles documentos e informaciones confidenciales diversos. El denunciante –que se acreditó ante el reportero con credenciales y certificados oficiales– precisó en entrevista grabada detalles de esas transacciones y acusó a sus patrocinadores de haberlo abandonado finalmente a su suerte, por lo cual fue encarcelado durante casi diez años. Nacho documentó asimismo los casos de otros trabajadores vejados y despedidos injustificadamente, como la secretaria Oralia Rojas Medina, con 16 años de antigüedad en editorial Esfuerzo, el taller de *Proceso*, que luego de ser acosada y maltratada fue echada de manera ruin –le dieron, después de meses de amenazas, insultos, presiones y regateos, una "indemnización" de 30 mil pesos– sin que Scherer García atendiera sus reiteradas súplicas de justicia a través de varias cartas y llamadas telefónicas jamás respondidas. También descubrió el "enriquecimiento inexplicable" del gerente Sánchez España, de quien documentó la existencia de numerosos cheques a su nombre que presuntamente cobraba "por fuera" por trabajos realizados en Editorial Esfuerzo e inclusive fotos de sus cabañas de madera a todo lujo. Relató la forma como Scherer García se opuso varias veces a la formación de un sindicato de los trabajadores de la empresa y amenazó, ante la redacción en pleno, con considerarlo "una traición". Ignacio Ramírez publicó asimismo pormenores de los "enjuagues" entre el propio gerente y el director Rodríguez Castañeda y recordó la existencia de un "fondo secreto" de *Proceso*, una reserva millonaria en dólares, cuyo destino se desconoce... Nada, tampoco, contestó *Proceso*.

Eso sí, a raíz de la caída del canalla Regino Díaz Redondo como director y presidente de *Excélsior*, Scherer García habló de deslealtades. Rompió su costumbre de callar sobre el tema y se apresuró a escribir en *Proceso* del 22 de octubre de 2000: "Regino y los suyos hicieron de la traición una manera de vivir. Fueron desleales con su oficio y desleales con su país. La evidencia está ahí para mirarla: después de 24 años se ganaron, bien ganado, el desprecio público. A los trabajadores dignos, que batallarán con escombros, sólo me cabe desearles éxito".

Invitados por colegas veracruzanos para denunciar su caso ante los medios de comunicación de su entidad, los reporteros viajaron a Jalapa y al puerto de Veracruz los días 19 y 20 de agosto. En ambas ciudades ofrecieron conferencias de prensa y, como en otros estados a los que habían concurrido, tuvieron presencia en prácticamente todos los medios locales, tanto escritos como electrónicos. Al regresar al DF encontraron que el domicilio de Ortiz Pardo en la colonia del Valle –casi justamente frente a *Proceso*– había sido allanado. Desconocidos abrieron violentamente la puerta de su departamento –en un pequeño edificio de apenas cinco viviendas en el que nunca, en más de 25 años, había ocurrido robo alguno– y se llevaron precisamente la unidad CPU de la computadora en la que elaboraban su libro sobre la campaña de Fox y la censura en *Proceso*. Robaron el disco duro con materiales básicos, lo que significó un retraso de dos, tres semanas en el trabajo. El delito fue denunciado ante la agencia del Ministerio público núm. 31 del DF, que inició la averiguación previa 3162/00-08.

"A ustedes los corrió Julito, no le den vueltas. O mejor dicho, Labastida a través de Julito". La confidencia no carecía de sustento. Provenía de un político conocedor de los vericuetos del sistema priísta, bien informado, amigo de plena confianza de los reporteros despedidos. Había elementos para creerlo.

Julito, como le dicen en el medio a Julio Scherer Ibarra, tenía una larga trayectoria al amparo siempre del poder priísta, el mismo sistema corrupto y antidemocrático al que desde *Proceso* Scherer García fustigaba implacable, despiadado. Mientras el padre golpeaba a los políticos, el *junior* ligaba uno tras otro cargos públicos, gracias generalmente a los amigos de su papá, como Eduardo "El Gordo" Pesqueira, Everardo Espino o Javier García Paniagua, de quien Scherer Ibarra fue secretario particular cuando ocupó la presidencia nacional del PRI. Trabajó también en la gerencia del ingenio Yautepec –depen-

254

diente de Espino de la O, que dirigía la Comisión nacional azucarera y fue procesado por fraude en su sector–; pasó a Nutrimex, de la Secretaría de agricultura, cuando el titular era Pesqueira Olea. También trabajó en Almacenes nacionales de depósito y fue efímero director de Ruta 100 –por escasos 15 días– cuando la empresa estatal entró en liquidación.

Al amparo de sus relaciones políticas Julito incursionó también en el sector privado. En 1998, recomendado por el ex secretario de Hacienda salinista, Pedro Aspe –uno de los pocos funcionarios a los que Scherer García elogiaba delante de los reporteros de *Proceso*– entró como director del Consorcio azucarero escorpión, Caze, propiedad del magnate refresquero Enrique Molina Sobrino, con fuertes vinculaciones en el mundo político y empresarial, que fue socio de Carlos Hank Rhon y Carlos Cabal Peniche y participó en el comité de financiamiento de la campaña de Carlos Salinas de Gortari en 1988.

Como director general de Caze, Scherer Ibarra se vio envuelto –en julio de 1999, meses antes de la campaña electoral– en el escandaloso caso de las "exportaciones virtuales" de azúcar. Se descubrió que dicha empresa había simulado exportaciones que nunca realizó por más de 114 mil toneladas del dulce –con un valor superior a los 20 millones de dólares en el mercado internacional– sólo en 1999. La operación había incluido adulteración y falsificación de documentos, permisos, pedimentos. Ese azúcar presumiblemente había sido introducido subrepticiamente al mercado nacional, con el consecuente impacto negativo en el precio del producto. El senador Alberto Santos de Hoyos, presidente de la Cámara de la industria azucarera, solicitó inclusive la intervención de las secretarías de la Contraloría, Hacienda y Comercio para que el asunto fuera investigado. Molina y Scherer Ibarra hicieron tácitamente responsable a su director de comercialización, Nicolás Badín, a quien Julito había llevado a la empresa y colocado en ese cargo desde que asumió la dirección general del consorcio. Badín desapareció de la escena, supuestamente despedido como castigo a su deslealtad, pero tres meses después, cuando la tormenta había pasado, reapareció tan campante: siguió en su puesto, como si nada, inclusive con posibilidades de ocupar la dirección que su amigo Scherer Ibarra –a punto del truene el consorcio que debió reestructurar, endeudado por 800 millones de dólares– dejó a principios de 2000 como quien suelta una papa caliente. Caze reconoció sus falsas "exportaciones" y tuvo que reponer al fideicomiso de exportaciones las 114 mil toneladas "fantasmas". Con ello el asunto pareció finiquitarse. Sin embargo, para otros empresarios de la industria azucarera lo ocurrido fue mucho más que un simple incidente, un hecho grave al que no puede darse simple carpetazo. Y el asunto siguió pendiente.

Nada de raro tuvo por todo esto la participación de Scherer Ibarra como asesor cercano del candidato presidencial del PRI, Francisco Labastida, a cuyo triunfo apostaba. De ahí su activismo febril con informadores y comentaristas políticos durante las semanas previas a la elección, incrementado precisamente en los días en que ocurrió en *Proceso* la represión de los dos periodistas que tenían a su cargo la campaña del más peligroso rival de Labastida, el panista Vicente Fox.

Y derrotado Labastida, caído en desgracia el PRI, Julito buscó entonces cobijo –con una congruencia que lo describe de cuerpo entero– ¡en el equipo de Vicente Fox!... Efectivamente, Scherer Ibarra intentó colarse por el área de comunicación social del futuro gobierno federal. Se atrevió inclusive a presentar un "hermoso" proyecto sobre el tema. Y al mismo tiempo la buscó por el lado del sector agropecuario y hasta logró ser mencionado en algún medio como integrante del equipo foxista. Alternaba esa autopromoción ante gente cercana al panista candidato electo con su activismo entre columnistas y directores de medios, ahora para desvirtuar las verdaderas razones del despido de los reporteros de *Proceso*. ¿Por qué él?

También volvió por cierto a su calidad de "asesor externo" de la empresa editora cuyo consejo preside su padre. Ya en 1997, Scherer Ibarra –de su amistad presume Rodríguez Castañeda– había participado oficiosamente en una reestructuración administrativa de CISA-*Proceso*. De hecho, el nombramiento de un solo director en sustitución de la terna que entonces dirigía, se pospuso entre otras razones por una recomendación suya, dadas las irregularidades que existían en la conformación del consejo de administración.

Proceso retardó la aparición de su edición del domingo 2 al martes 4 de julio para incluir el resultado de las elecciones. Desde el sábado anterior, los editores tenían ya lista una fotografía de foxistas supuestamente abatidos frente a las botas de su candidato para ilustrar la portada, que presentaría al panista como "el gran derrotado". Tuvieron que cambiarla. La victoria del candidato de la Alianza por el cambio fue un duro golpe para el semanario. Le dio la razón a los reporteros que fueron reprimidos por informar lo que realmente ocurría en la campaña. Y denotó la pequeñez de quienes tomaron en sus manos la conducción del semanario. Ante un acontecimiento de magnitud histórica –el fin de la hegemonía priísta de 70 años y el advenimiento por la vía democrática de una nueva era en la vida política de México, sin duda el hecho más importante desde la fundación de la revista–, la cabeza de portada de *Proceso* –sobre la fotografía de un ataúd del PRI asido por la multitud– delataba su orfandad: "Y ahora qué", ponía desconsolado.

Julio Scherer García llegó poco después a la redacción de Fresas 13. Delante de varios reporteros prendió fuego a su credencial de elector. "No sirve para nada", dijo.

Postmortem

Los contrastes marcaron la asunción del poder por Vicente Fox, el ranchero atrabancado y pendenciero que acabó con la hegemonía priísta de 71 años y que por principio de cuentas se aventó como en las bodas de pueblo un festejo de tres días que incluyó actos solemnísimos, comilonas, misas, giras, mítines y verbenas en los que hizo añicos costumbres y protocolos.

Contraste entre la miseria y el desamparo de los niños de la calle, con quienes desayunó tamales y atole en el barrio capitalino de Tepito el viernes 1º de diciembre y el banquete ostentoso que compartió horas más tarde en el patio central de palacio nacional con la nueva *elite* política foxista a la que se sumaron sin recato uno que otro connotado priísta así como dirigentes perredistas, magnates empresariales y altos prelados de la iglesia católica.

Contraste entre la solemnidad todavía con aroma priísta de la ceremonia oficial en la Cámara de diputados de San Lázaro y el desparpajo innovador del grandote guanajuatense que para empezar modificó la fórmula sagrada de la protesta constitucional al agregarle que se comprometía también a trabajar prioritariamente a favor de los pobres y los marginados de este país —"desacato" que provocaría que legisladores priístas y perredistas se rasgaran las vestiduras— y que ya en su discurso reconvirtió en dos plumazos el concepto de poder en México: "En esta nueva época de ejercicio democrático, el Presidente propone y el Congreso dispone", dijo rotundo. "Esa es la nueva realidad del poder en México."

Contraste entre la actitud populachera del flamante presidente, investido su pecho por la banda tricolor, que asoma al balcón central de palacio nacional para ser aclamado y sin más se despoja del saco de su traje gris y corre palaciegas escaleras abajo mientras bota la banda presidencial y la corbata y se remanga la camisa para salir así a la plaza de la Constitución —donde lo aguardan unos 40 mil partidarios– y treparse al templete lleno de niños y niñas, y la solemnidad casi porfiriana de la cena de gala en el alcázar del castillo de Chapultepec, bajo candeleros y a la luz de velas colocadas en cada mesa, a la que asiste otra vez la crema y nata social y una treintena de jefes de estado invitados a la toma de posesión.

Contraste también entre la primera escala de su gira del sábado 2, Oaxaca, tierra de pobreza y marginación, donde asiste por la mañana a un encuentro con cinco mil indígenas en la plaza de la Danza, y la magna concentración nocturna en Monterrey, tierra de prosperidad y riqueza, a la que asisten no menos de 40 mil regiomontanos eufóricos.

Y contraste también entre la reunión típicamente priísta con 600 líderes campesinos en Metepec, estado de México, la mañana del domingo 3, y la foximanía desbordada de los panistas jaliscienses que colmaron esa tarde la plaza de la Liberación de Guadalajara, en el acto final de las celebraciones. En aquella, contrastaron la retórica de los dirigentes de la Confederación nacional campesina y del Consejo agrario permanente con el discurso antisolemne y pragmático del nuevo presidente de México. En ésta, el contrapunto lo marcó el entusiasmo popular mitinero con el esquema oficial, rígido, del acto.

La foxifiesta tuvo de todo.

Para empezar, de *jeans* y en mangas de camisa –azul, por supuesto–, Fox acudió a la basílica de Guadalupe para postrarse, luego de librar el desenfreno de sus admiradores que lo coparon en pleno templo, a los pies de la Virgen Morena , recibir la comunión y ganarse el título de "Primer presidente guadalupano de México" que le endilgó feliz el sacerdote Antonio Macedo Tenllano, rector interino del recinto, que encabezó al cabildo en pleno.

Con los niños de la calle se miró un Vicente Fox a pleno gusto, en lo suyo, que departió con los ocho chiquillos privilegiados sentados a su mesa a los que él mismo sirvió el atole, mientras otros 300 niños y jóvenes sin hogar, sin nada, algunos notoriamente drogados, se atragantaban los tamales en las largas mesas dispuestas en la tepiteña calle Libertad. "Buena onda El Fox, me cae", decía tembloroso Fidel García Núñez, de 13 años de edad.

Y se le hizo tarde al de las botas, que se metió a una casa del barrio para cambiarse de ropa. Ocho, nueve minutos después, reapareció hecho un figurín, impecable su traje gris Oxford nuevecito y brillantes sus botas infaltables. El convoy partió raudo, pero cuando llegó al recinto de San Lázaro ya se había cantado el Himno Nacional y el presidente saliente Ernesto Zedillo empezaba a temer que el guanajuatense lo hubiera dejado como novia de pueblo. Pero no: a las 11:06 horas irrumpió Fox en la sala de sesiones y cinco minutos más tarde recibía de manos del diputado panista Ricardo García Cervantes –quien por cierto, qué paradoja, era dentro del CEN del PAN uno de los más radicales antifoxistas allá en los meses de la precipitada precampaña del gobernador de Guanajuato– la banda tricolor que él mismo se colocó sobre el saco, con la ayuda solícita del flamante jefe del Estado mayor presidencial, general José Armando Tamayo Casillas.

Sorprendió a todos su discurso, que de entrada dedicó a sus cuatro hijos, a quienes nombró uno por uno antes del ritual "honorable Congreso de la Unión". El innovador concepto del poder presidencial y un llamado a la formación de una gran alianza nacional para sacar adelante el país enmarcó la enumeración de medio centenar de propuestas en materia económica, social, política, educativa, agropecuaria y de seguridad pública. Sobrado el grandulón, no se inmutó ante los gritos del priísta Eduardo Andrade y el perredista Félix Salgado Macedonio. Tampoco frente al coro de los legisladores del PRI que ante la reiteración foxiana de que la educación pública seguirá siendo laica y gratuita, inopinadamente evocaron al Benemérito: "¡Juárez! ¡Juárez! ¡Juárez!" Y "Juárez, Juárez, Juárez, Juárez", respondió con sorna el presidente. Guasón jugó con el "no, no, no, no" para enfatizar que no se privatizará la Comisión federal de electricidad ni Petróleos mexicanos. Y por supuesto se solazó con el "hoy, hoy, hoy" convertido ya en emblema foxista.

Esa noche, en palacio nacional, la escena culminante de la jornada ocurrió cuando el flamante presidente corrió escaleras abajo luego de asomar por el balcón central y advertirle ante la multitud al cantante Mijares –que entonó *a capella* el himno nacional– que "¡ahí te voy, Mijares". En su descenso a zancadas por los escalones de mármol, Fox se quitaba el saco, la corbata, la banda presidencial, se arremangaba la camisa blanca. Entregaba cada prenda a una no menos presurosa Martha Sahagún, que bajaba a su lado. Y tras ellos, azorado, trastabillaba el general Tamayo en pos de su comandante supremo.

A Fox le estorban no solamente el saco y la corbata, sino también las estrictas reglas del protocolo y el rigor cuadrado de los elementos del Estado mayor que lo custodian. Por eso en cuanto pudo se deshizo del saco y una y otra vez rompió él mismo vallas y ordenamientos para acercarse a la gente. Tinta sudaron los custodios al ver al jefe del ejecutivo meterse entre la multitud, como ocurrió en Oaxaca, o cuando inesperadamente cambiaba el guanajuatense de dirección para arrimarse en Guadalajara a un niño en silla de ruedas o a una viejecita que le tendía la mano. Parecía seguir en campaña.

Algo es cierto: Vicente Fox, con su estilo, su lenguaje, sus ideas controvertidas, inauguró de sopetón una nueva época. Para bien o para mal.

Remate

Justo seis meses después de ser injustificadamente despedidos, el 11 de diciembre de 2000, Francisco Ortiz Pinchetti y Francisco Ortiz Pardo fueron indemnizados por *Proceso*. El represor confesó así, de manera tácita, su infamia. La remuneración finiquitó exclusivamente la demanda laboral interpuesta por los reporteros. Ellos se reservaron su derecho de emprender cualquier otra acción legal contra esa empresa periodística y el presidente de su consejo de administración para exigir el resarcimiento de los otros agravios de que fueron víctimas.

Índice onomástico

Hartz, Frida 248
Hellmer, Lucero 152
Hernández, Feliciano 250
Hernández, Flor 251
Hernández García, Anabel 103, 248
Hernández, José Luis 250
Hernández, Juan 76, 84-5, 87, 91, 115, 146, 148, 212-3, 219, 221, 223, 226, 232-3
Hernández Juárez, Francisco 120
Hernández López, Rogelio 249
Hernández, René 251
Hernández Ugalde, Abel 248
Hesselbach, Hilda 152
Hidalgo, Miguel (cura) 106, 212
Hills, Carla 113
Huerta, Bolívar 61
Huerta, David 122
Huerta, Paco 252
Huerta, Ramón Martín 52, 233
Ibarra Hernández, Carlos 248
Ibarra, María Esther 249
Ibarra, Rosario 184
Iglesias, Artemio 57
Íñiguez, Carlos 234
Jara, María Eugenia 251
Jiménez Remus, Gabriel 128, 129
Jiménez, Eva 249
Jiménez, Juan Antonio 248
Jiménez, Paul 96
Jones, James 114
Jones, Jefrey 211
Kerry, Bob 113
Korrodi, Lino 34, 75-6, 79-80, 83, 128, 145-7, 212, 215-7, 230, 232
Krauze, Enrique 79, 122, 173
Labastida Ochoa, Francisco 9, 10, 66, 68, 74, 90, 92, 95, 106, 107, 110, 113, 115, 119, 120, 125, 128-9, 131, 133-4, 136, 147, 150, 153-4, 160, 162, 167-8, 172-81, 183-4, 189, 191-2, 207, 209, 213, 215, 218, 219, 225, 230-1, 235, 243-4, 254, 256
Laguna, María Eugenia 77
Laguna, Victoriano 48
Lanche, Nabor 155
Landa Amorós, Armando 250
Lara Alatorre, Martha 124
Lara, Gido 78
Lechuga, Raúl 248
Lelo de Larrea, Alejandro 250
Leñero, Vicente 201, 239, 241
León, Adriana 251
León, Yanira 251
León Zaragoza, Gabriel 249
Leos Noriega, José de Jesús 141
Ling Altamirano, Alfredo 16
Ling Altamirano, Federico 75
Livas Cantú, Javier 234, 249
Longinos, Fortino 249
López, Claudia 78
Lopéz Dóriga, Joaquín 174, 230
López, José Luis 200
López Martínez, Pedro 247
López Narváez, Froylán M. 241
Lopéz Obrador, Andrés Manuel 153, 225
López Portillo, Guillermo 103, 248
López Rodríguez, Luis Ignacio 200
López, Salvador 251
Loyola, Arturo 103, 248
Luján Peña, Guillermo 125, 211
Luna Gómez, Gerardo 250
Luna, Roberto Jesús 48, 49
Llanos, Raúl 249
Macedo Tenllano, Antonio 260
Macías, Fernando 96
Mackay, Kenneth "Buddy" 114
Macswiney, Adela 102, 248
Madrazo, Roberto 124, 149, 157, 210
Madrid, Miguel de la 123, 165

271

Índice

Nota: entre las páginas 144 y 145, selección de fotografías de Alfonso Murillo.